2024年版　九州経済白書

人手不足時代に立ち向かう九州

～労働供給制約下の持続的成長に向けて～

公益財団法人 九州経済調査協会
KYUSHU ECONOMIC RESEARCH CENTER

はしがき

九州地域（九州・沖縄・山口）では、少子高齢化の進展により、総人口に占める生産年齢人口（15～64歳人口）の割合が長期にわたって低下してきた。このため、東日本大震災や新型コロナウイルス感染症（以下コロナ）拡大など、景気の急激な後退期を除いて、慢性的な人手不足の状況が続いている。

そうしたなかで、働き方改革関連法が2019年から順次施行され、時間外労働の上限規制や年次有給休暇の取得義務化が強化されてきた。特に2024年４月からは、自動車運転業務の時間外労働時間の上限が制限されるため、「2024年問題」として大きな関心を集めており、人手不足に拍車がかかるものとみられる。

一方、労働者の就労状況をみると、コロナを契機として一気に普及が進んだリモートワークは、コロナ禍を脱出した現在も一定の割合で定着している。また、企業の働き方改革に対する認識が深まり、ワークライフバランスをより重視する労働者が増えたこともあり、例えばフレックスタイム制度の導入や男性の育児休業の取得促進、副業の容認などを取り入れる企業が増えつつあるなど、労働者の就労形態の多様化が進んでいる。さらに、ロボット・AI の普及に加えて、生成 AI の導入が進むことにより、今後働き方に大きな影響を及ぼすものと見込まれる。

加えて、技能実習制度は廃止の方向で準備が進んでおり、既に、「技能実習」から「特定技能」へ在留資格を移行する外国人が多数に上るなど、外国人労働者を取り巻く環境も大きく変化しつつある。

このように、構造的な人手不足の時代にあって、外国人を含めた労働者の就労環境は大きく変貌しつつある。九州経済白書では、そうした変化の実態を明らかにするとともに、アンケート調査や取材などを通じて、九州地域の企業がどのような対応を行っているのかを調査している。その上で、人手不足に対して、企業単位、あるいは国・地域のレベルでどのような対応が求められるのかを明らかにし、人手不足時代における成長戦略について考察した。

九州経済白書が企業、自治体、大学にとって人手不足時代を乗り越えるための参考となるとともに、九州地域の発展の一助となれば幸いである。

最後に、九州経済白書の作成にあたり、ヒアリングやアンケート、データ提供などで多くの企業・行政機関等からご協力を頂いた。この場を借りて九州経済白書の作成にお力添え頂いた皆様に対して、深く感謝の意を申し上げる。

2024年２月

公益財団法人　九州経済調査協会
理事長　縄田真澄

目　　次

本書における「九州」は九州７県を指し、「九州・沖縄」は九州７県と沖縄県の８県、「九州地域」は九州７県、沖縄県、山口県の９県を指す。
また、地域ブロックは、「北海道」は北海道、「東北」は青森県、岩手県、宮城県、秋田県、山形県、福島県、「北関東」は茨城県、栃木県、群馬県、「南関東」は埼玉県、千葉県、東京都、神奈川県、「甲信越」は新潟県、山梨県、長野県、「東海」は静岡県、岐阜県、愛知県、三重県、「北陸」は富山県、石川県、福井県、「近畿」は滋賀県、京都府、大阪府、兵庫県、奈良県、和歌山県、「中国」は鳥取県、島根県、岡山県、広島県、山口県、「四国」は徳島県、香川県、愛媛県、高知県、「沖縄」は沖縄県を指す。「関東」は北関東と南関東の計を指す。その他の地域区分を用いる場合は注記する。

総　　論

はじめに

九州地域（九州、沖縄県、山口県）は全国に先んじて人口減少社会を迎え、人手不足に伴う社会・経済への影響も先行して表面化している。団塊世代が後期高齢者となり、生産年齢人口の減少が本格化するなか、地域経済の成長を持続するためには、労働供給の確保と、質の向上が重要となる。近年は働き方改革法案の施行や多様な働き方への対応、外国人労働者受入政策の転換など、労働や働き方をめぐる環境が変化しており、それらへの対応が求められる局面にある。

2024年版九州経済白書では、九州地域における労働力の需要と供給、人手不足の現状を分析し、地域・企業が人手不足を改善し持続的な成長を実現するための対応策を検討する。

1　九州の労働市場の構造変化

1）労働市場の動向

縮小する全国と九州の有効求人倍率差

2023年の有効求人倍率は、新型コロナウイルス感染症（以下コロナ）拡大下の2020年を底に上昇傾向にある。有効求人倍率は、求職者１人に対して何件の求人があるかを示すもので、景気変動とほぼ一致して動く指標である。近年は、コロナ禍を経た求人数の回復が求職者の増加を上回ることで上昇している。

近年の九州地域の有効求人倍率は、過去にない傾向を示している。それは、全国、さらに首都圏との差が縮小し、ほぼ同水準となっていることである。九州地域の有効求人倍率は、長らく全国よりも低い水準にあった。その要因は有効求人数の差である。有効求人倍率は、景気拡大期に大都市（首都圏）で労働需要が拡大することで求人が増加し、地方部の求人数との格差が拡大していた。景気後退期は逆の動きとなり、都市部での求人が減少することで倍率差は縮小する。これまではこのサイクルのもとで、全国と九州地域の格差が維持されていた。

しかし、2010年代より、景気拡大期においても全国、首都圏と九州地域の倍率差が拡大する現象が認めらず、九州地域と全国、さらに、より労働需要が大きい首都圏（南関東）の有効求人倍率がほぼ同水準で推移している（図表１）。九州南部（熊本県、宮崎県、鹿児島県）ではその傾向がより強く、直近の2022年から2023年にかけては景気回復期ながら九州南部が南関東を上回っている。

有効求人倍率は、求人数と求職数の双方の要因から変動するが、近年、全国との倍率差が

図表１　全国、南関東、九州地域の有効求人倍率

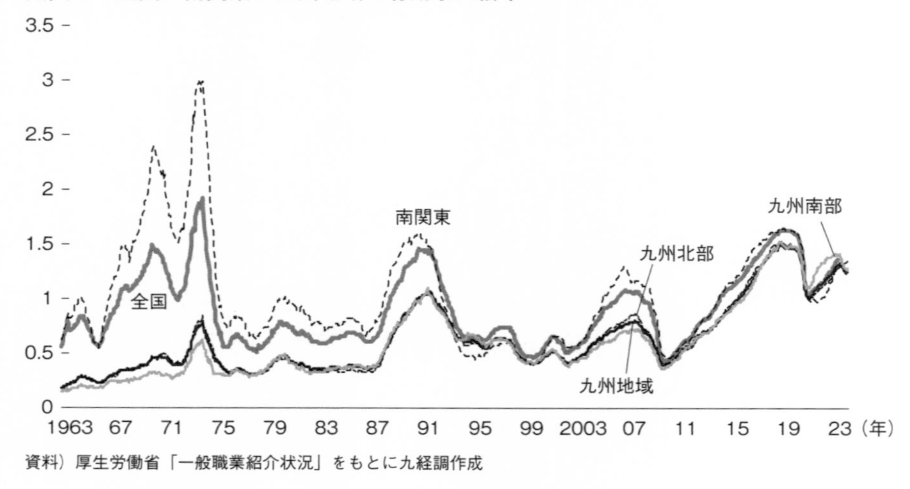

資料）厚生労働省「一般職業紹介状況」をもとに九経調作成

図表２　九州地域の有効求人数・有効求職者数全国シェア

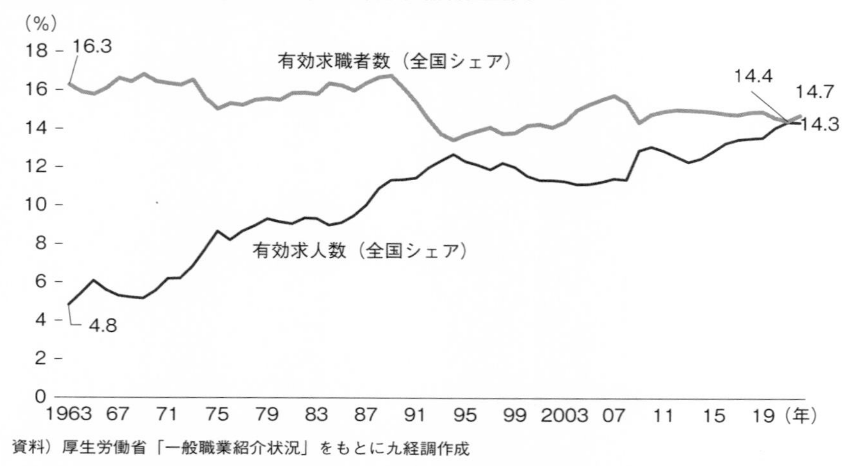

資料）厚生労働省「一般職業紹介状況」をもとに九経調作成

縮小している要因は求人側にある。九州地域の有効求人数、有効求職者数の全国シェアをみると、有効求職者数のシェアは生産年齢人口の減少などから漸減傾向にあるが、有効求人数のシェアは上昇を続けている（図表２）。2021年の求人数シェアは14.4%となり、1963年以降で初めて求職者数シェアと同水準となった。景気の好不調に関係なく地方で求人が増加し、全国と九州地域の差が縮小しているのである。

地方で拡大する職業別ミスマッチ

全国、九州・沖縄の失業率は低下傾向にあるが、その変化要因を分解することで、求人倍率差が縮小した理由がみえてくる。完全失業率を、労働需要の不足によって生じる「需要不足失業率」と、それ以外の要因である「均衡失業率」（労働需要に関係なく起こる失業）に分解すると、全国では前者の需要不足失業率が2015年以降０を下回り、失業率の上昇要因となっていない（図表３）。九州・沖縄も同様であり、均衡失業率のマイナスは全国より大きい。均衡失業率は全国、九州・沖縄ともに横ばいであるため、労働需要の増減以外の要因で失業率が変動していることになる。

労働需要不足以外の失業率の変動要因として、雇用のミスマッチが挙げられる。企業から

図表３　失業率の要因分解

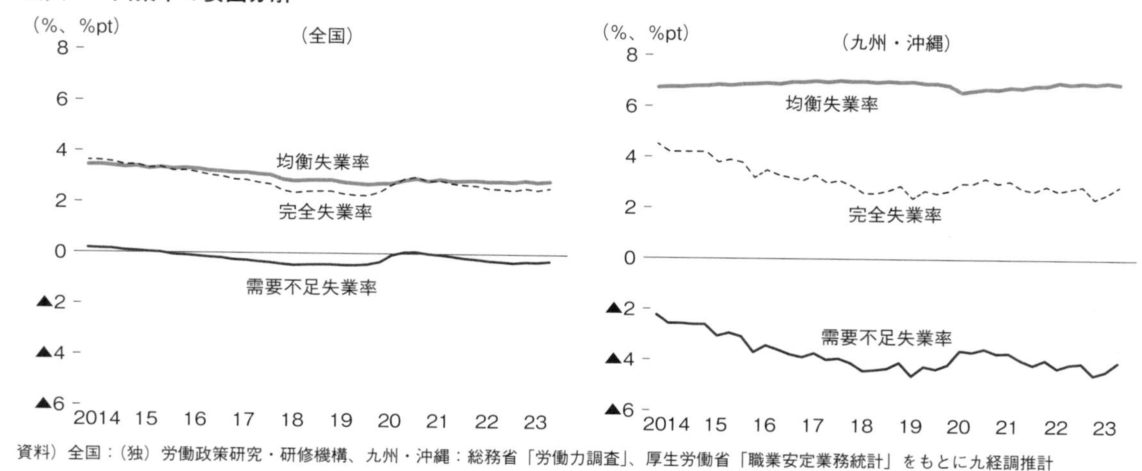

資料）全国：（独）労働政策研究・研修機構、九州・沖縄：総務省「労働力調査」、厚生労働省「職業安定業務統計」をもとに九経調推計

図表４　ミスマッチ指数の推移

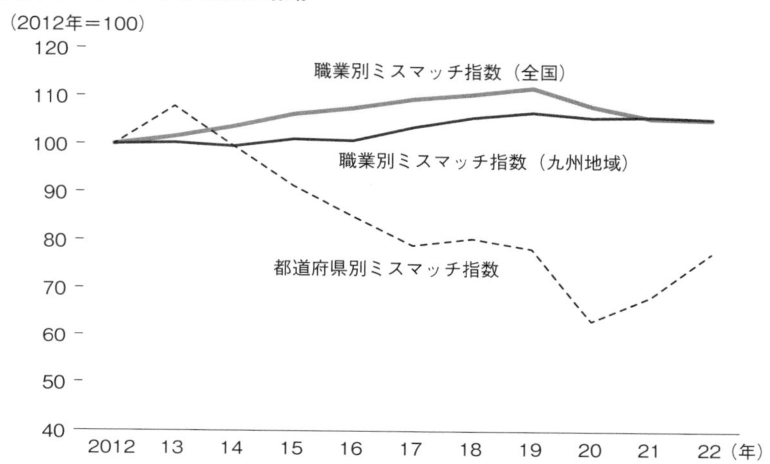

注）ミスマッチ指数は求人数と求職者数の差を合成した指標である。都道府県別ミスマッチは双方の都道府県毎の差、職業別ミスマッチは双方の職業分類毎の差を合成したものである。図表４はそれらを2012年平均＝100に変換したものである。
資料）厚生労働省「職業安定業務統計」をもとに九経調推計

の求人に対し、何らかの理由で求職者が応じない場合、求人は維持されて積み上がり、増加する。ミスマッチにはいくつかの要因があり、例えば求人地と求職地での件数のギャップや、企業が必要とする職種と求職者が希望する職種のギャップなどがある。ここで、求人と求職のギャップを示す「ミスマッチ指数」を計測し、その推移をみると、求人地と求職地の件数のギャップを示す「都道府県ミスマッチ指数」は低下傾向にあり、2012年以降、10年で緩和へと向かっている（図表４）。他方、求人と求職の職業での件数ギャップである「職業別ミスマッチ」は、全国では2019年をピークに緩やかな低下傾向にあるが、九州地域は微増が続いている。背景には、当該職に対する関心の低下や、労働に対して求める賃金・労働条件に対するギャップがあり、後述するように、特に賃金面の要素は大きいと推察される。よって、九州地域では、職業別ミスマッチから求人の増加が継続している。

エッセンシャルワーカーで生じる求人と求職のギャップ

職業別ミスマッチは、求職者不足（求人＞求職）と、求職過剰（求人＜求職）の双方から生じる。九州地域の職業別ミスマッチ指標を要因分解すると、求職者が不足している職業は「介護サービスの職業」「社会福祉の専門的職業」「飲食物調理の職業」「保健師、助産師等」「接客・給仕の職業」など、いわゆるエッセンシャルワーカーの職が上位に並ぶ（図表５）。求職不足の職の多くは地域住民向けに提供されるサービス業で、景気の好不調に関わらず需要があり、かつ高齢化の進行から需要が減りにくい職である。九州地域でのミスマッチの拡大は、地域の生活維持の観点からも社会問題化する可能性がある。

図表５　ミスマッチ指数の増減寄与度

			全国	九州地域
求人＞求職	1	介護サービスの職業	▲3.17	▲2.75
	2	社会福祉の専門的職業	▲1.59	▲1.84
	3	飲食物調理の職業	▲1.69	▲1.36
	4	保健師、助産師等	▲1.02	▲1.21
	5	接客・給仕の職業	▲1.24	▲1.14
	6	建築・土木技術者等	▲1.09	▲1.05
	7	自動車運転の職業	▲1.16	▲0.99
	8	製品製造・加工処理	▲0.78	▲0.99
	9	商品販売の職業	▲1.05	▲0.98
	10	その他の保安職業	▲1.42	▲0.93
求人＜求職	10	その他の輸送の職業	0.06	0.08
	9	その他の専門的職業	0.08	0.10
	8	情報処理・通信技術者	▲0.23	0.10
	7	生産関連・生産類似	0.08	0.12
	6	製造技術者	0.15	0.15
	5	事務用機器操作の職業	0.18	0.20
	4	会計事務員	0.34	0.28
	3	美術家、デザイナー等	0.59	0.52
	2	その他の運搬等の職業	3.26	3.20
	1	一般事務員	7.58	6.36

資料）厚生労働省「職業安定業務統計」をもとに九経調推計

２）賃金水準の変化と地域格差

30年ぶりの賃上げ率３％超え

2023年の春闘では、定期昇給相当込み賃上げ率が総合で3.58%、中小企業でも3.23%と大きく伸び、30年ぶりに３%を超える水準となった（図表６）。日本企業は長らくベースアップに対して慎重な姿勢であったが、円安・原材料価格高騰に伴う物価上昇や人材獲得のための環境整備を背景に、賃金水準上昇の兆しがみえている。同値は労働組合を組織しない企業は含まれないが、それらが含まれる所定内給与（毎月勤労統計）も全国、東京都、九州地域のいずれも上昇傾向にある（図表７）。ただし、2023年１月以降の九州地域の給与の伸びは

図表６　春闘賃上げ率の推移（全国）

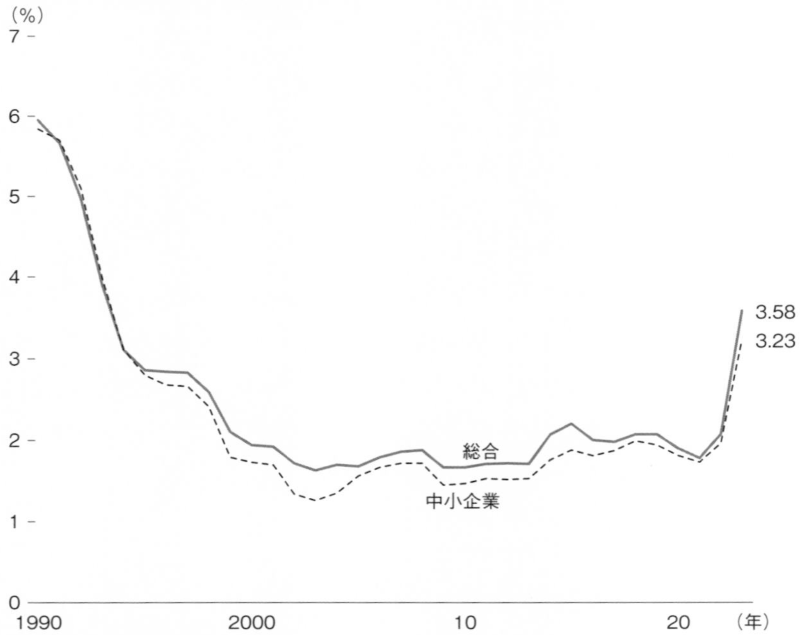

資料）日本労働組合総連合会

図表７　所定内給与（前年同月比）の推移

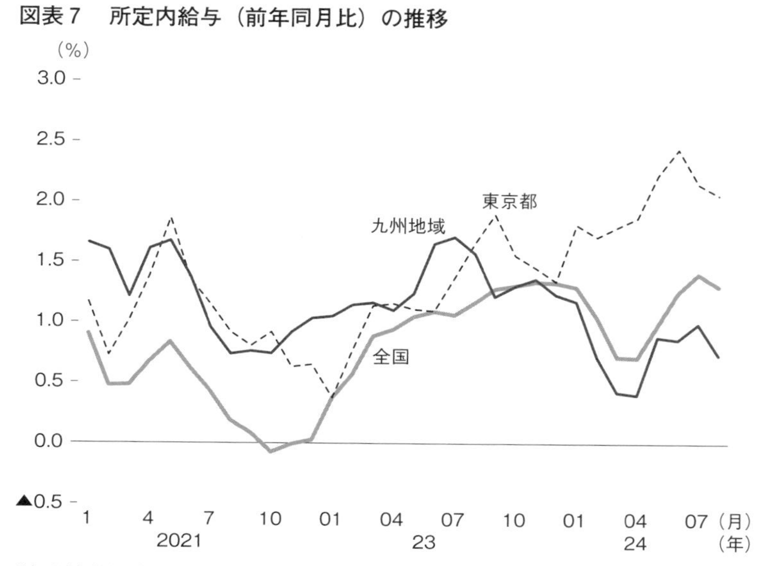

注）九州地域は各県の金額を労働力人口で加重平均し算出
資料）厚生労働省、各都県「毎月勤労統計」をもとに九経調作成

図表８　最低賃金の推移

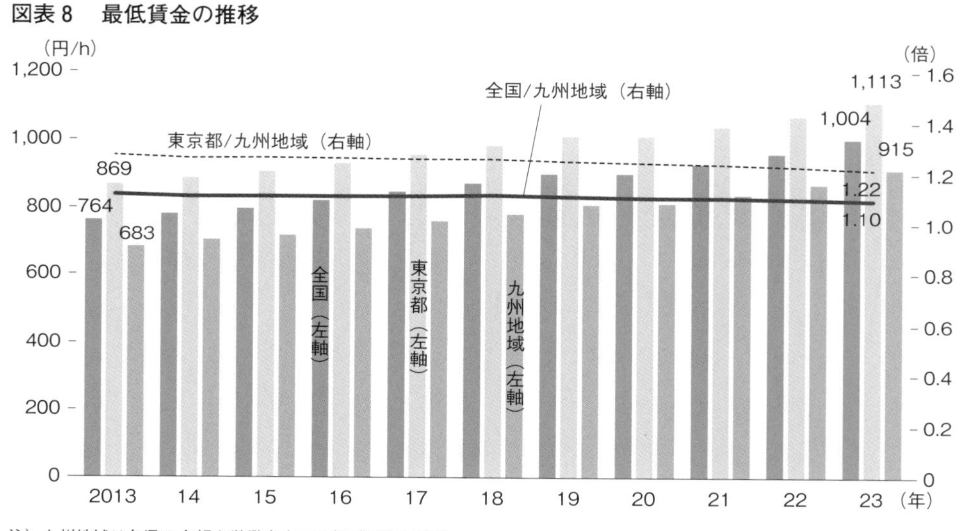

注）九州地域は各県の金額を労働力人口で加重平均し算出
資料）（独）労働政策研究・研修機構資料をもとに九経調作成

全国を下回り、また東京都とも差が開いている。

最低賃金も同様の傾向となり、2023年度の全国値は1,004円／hと初めて1,000円の大台を超えた（図表８）。九州地域も前年差43円／hの915円となったが、全国との格差は1.10倍、東京都との格差は1.22倍あり、その傾向は大きく変化していない。

継続する全国・東京都との格差

2022年度の九州地域における現金給与総額（全産業）は28.4万円／月となり、前年を1.5%上回った（図表９）。春闘の結果と同様に給与総額も上昇している。他方、全国の増加率は同＋2.0%、東京都は同＋2.8%となり、全国や東京都よりも伸び率は小さい。

賃金上昇を背景に、現金給与総額（賃金水準）に労働力人口を乗じた総雇用者所得も2020

図表9　総雇用者所得の推移

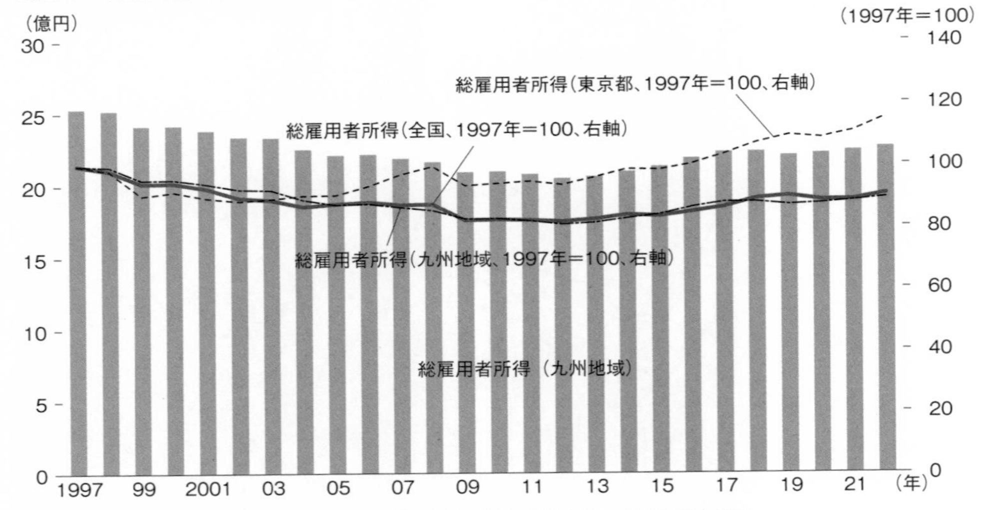

注）九州地域の総雇用者所得のうち、現金給与総額は各県の金額を労働力人口で加重平均し算出
資料）厚生労働省、各都県「毎月勤労統計」、総務省「労働力調査」をもとに九経調作成

図表10　総雇用者所得（前年比）の要因分解

（東京都）

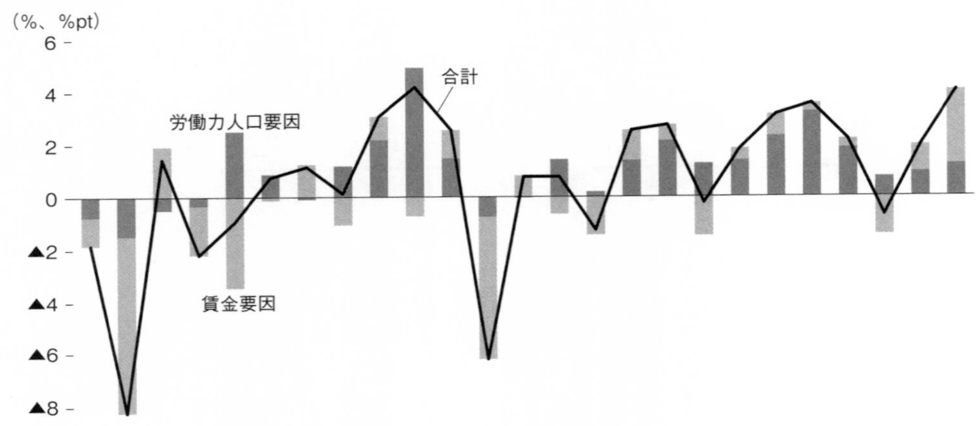

（九州地域）

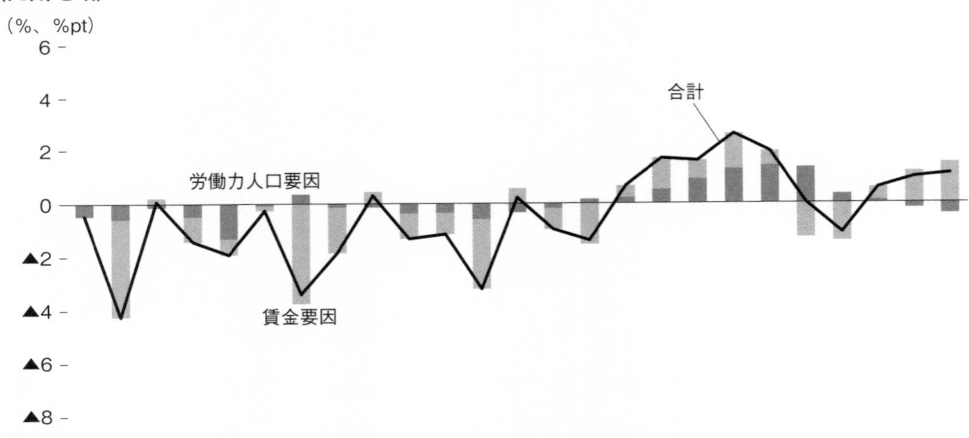

注）九州地域の総雇用者所得のうち、現金給与総額は各県の金額を労働力人口で加重平均し算出
資料）厚生労働省、各都県「毎月勤労統計」、総務省「労働力調査」をもとに九経調作成

年以降上昇している。ただし、1997年を基準とする推移をみると、全国と九州地域は同水準であるが、東京都との差は広がっている。九州地域は東京都に比べて賃金要因、労働力人口要因のいずれも小さく、特に近年は賃金要因が差異の要因となっている（図表10)。

人手不足業種の賃金上昇に課題

2022年の主要15業種の総雇用者所得をみると、九州７県は2017年比で3.4%上昇しているが、全国の同7.2%を下回っている（図表11)。業種別にみると、所得額のボリュームが大きい建設業、製造業、医療，福祉、サービス業（他に分類されないもの）の伸び率の差が要因となっている。このうち建設業は、労働力人口の減少に加え、賃金が全国に比して伸びていないことが原因である。医療，福祉は労働力人口は増加しているものの全国より伸びが小さく、かつ賃金水準が全国よりも大きく低下している。サービス業は、労働力人口の伸びは全国並みながら、賃金水準は全国とは逆に低下している。産業全体としては賃金は上がっているが、人手不足となっている業種を中心に賃金水準の改善が途上にあることがわかる。

図表11　主要15業種の総雇用者所得（2022年）と変化要因（2017～2022年）　（単位：百万円、%、%pt）

	総雇用者所得(2022)		22／17　増減率		労働力人口要因		賃金要因	
	全国	九州７県	全国	九州７県	全国	九州７県	全国	九州７県
建設業	206.7	19.6	5.9	▲3.1	▲3.8	▲1.9	10.1	▲1.3
製造業	408.4	24.8	0.7	▲3.0	▲0.8	▲7.5	1.5	4.8
電気・ガス・熱供給・水道業	17.8	1.7	11.2	6.0	10.3	0.0	0.8	6.0
情報通信業	135.7	5.3	29.7	23.6	27.7	20.0	1.6	3.0
運輸業，郵便業	127.4	9.1	7.8	8.0	3.2	7.1	4.4	0.8
卸売業，小売業	306.1	25.3	3.2	3.3	▲2.9	▲2.9	6.3	6.4
金融業，保険業	77.0	5.9	▲5.7	▲10.3	▲4.8	▲12.5	▲1.0	2.5
不動産業，物品賃貸業	55.6	3.4	23.2	33.0	12.8	22.2	9.2	8.8
学術研究，専門・技術サービス業	124.2	8.4	17.0	18.9	10.4	16.7	5.9	1.9
宿泊業，飲食サービス業	49.1	5.3	▲1.6	10.8	▲2.6	▲2.6	1.0	13.8
生活関連サービス業，娯楽業	48.6	4.7	0.2	5.1	▲3.8	▲4.3	4.2	9.9
教育，学習支援業	129.9	12.1	7.6	13.5	10.8	13.3	▲2.9	0.1
医療，福祉	274.3	31.1	11.1	0.1	11.5	3.7	▲0.4	▲3.5
複合サービス事業	18.5	2.5	▲15.3	▲0.1	▲12.3	0.0	▲3.4	▲0.1
サービス業（他に分類されないもの）	124.3	10.3	12.4	6.3	7.9	7.5	4.2	▲1.1
15業種計	2,103.4	169.6	7.2	3.4	3.1	1.1	4.1	2.3

注）九州地域は各県の金額を労働力人口で加重平均し算出
資料）厚生労働省、各都県「毎月勤労統計」、総務省「労働力調査」をもとに九経調作成

3）九州地域における人手不足の実態

地方で増加する未充足求人

人手不足はどこで、どの職種で生じているのか。その実態をみるため、ここでは「仕事に従事する者がいない状態を補充するため」に行う「未充足求人」に着目する。

2022年上期時点の未充足求人数は全国で133万人、九州・沖縄では16.6万人にのぼる（図表12)[1]。このうち北九州（福岡県、佐賀県、長崎県）は7.3万人、南九州（熊本県、大分県、

図表12　地域ブロック別未充足求人数

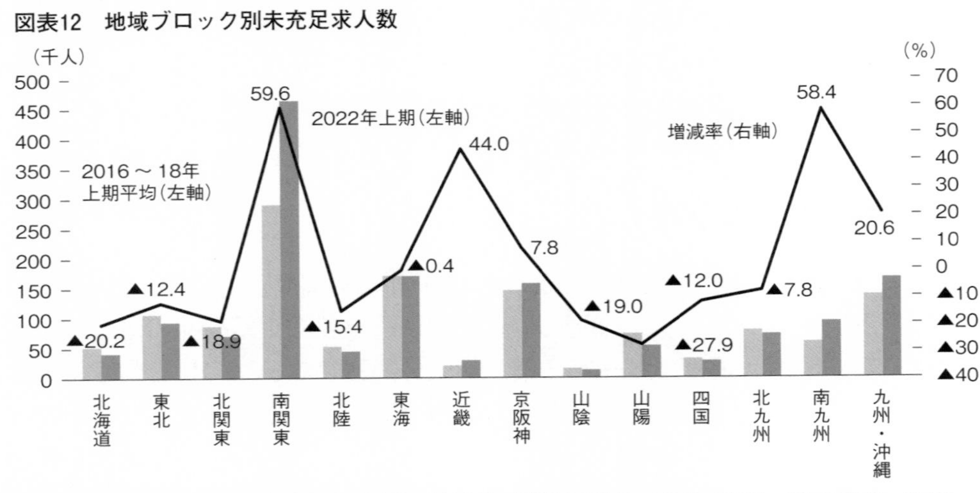

注）北関東に長野県を含む。近畿は滋賀県、奈良県、和歌山県、京阪神は京都府、大阪府、兵庫県、山陰は鳥取県、島根県、山陽は岡山県、広島県、山口県の合計
資料）厚生労働省「雇用動向調査」をもとに九経調作成

宮崎県、鹿児島県、沖縄県）は9.4万人となり、労働需要の総数が少ない南九州が北九州を上回っている。未充足求人数は、約５年前（2016～2018年度平均[2]）に比べて減少した地域が多いなか、九州・沖縄では20.6%増加している。北九州は減少しているものの、南九州は南関東に次ぐ増加幅となり、九州・沖縄計でも南関東、近畿に次ぐ増加幅である。九州地域では全国より、また他地域と比べても人手不足が進行してきたことがわかる。

顕著となる中小企業の人手不足

増加する九州・沖縄の未充足求人は、その構成に特徴がある。2022年の九州・沖縄の未充足求人数16.6万人のうち、約半数にあたる7.4万人は従業者５～29人の小規模企業で生じている（図表13）。小規模企業の人手不足はそれ以上の規模の企業に比べて５年で進行してお

図表13　企業規模別未充足求人数の増減率（2022年上期／2016～2018年上期平均）

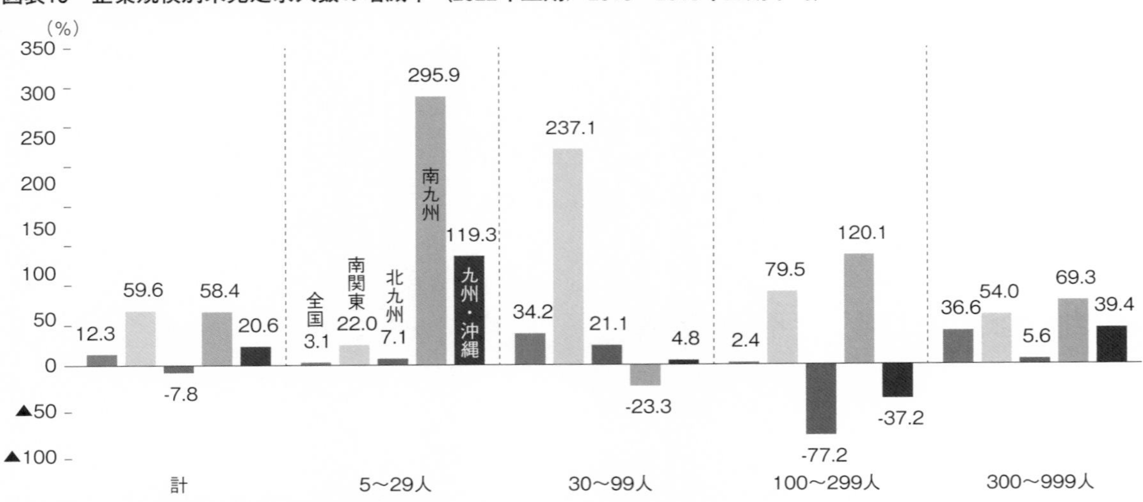

資料）厚生労働省「雇用動向調査」をもとに九経調作成

[1] 職業安定業務統計の有効求人数から就職件数を除くことで未充足求人を算出した場合、この値より大きくなるが、職業安定業務統計の数値は、ハローワークに求人を出したもののハローワーク以外の経路で就職が決まった場合の就職件数がカウントされていないため、やや過大である可能性がある
[2] 同統計の数値は年度によって不規則な変動が確認されるため、３カ年の平均値で分析

図表14　産業別未充足求人数（2022年上期）　（単位：千人、％）

	全国	九州・沖縄	全国シェア	増減率	北九州	南九州
計	1, 330	166	12. 5	20. 6	73	94
鉱業、採石業、砂利採取業	0	0	0. 0	－	0	0
建設業	98	13	13. 6	19. 8	10	4
製造業	142	6	4. 2	▲40. 6	3	3
電気・ガス・熱供給・水道業	2	0	0. 0	－	0	0
情報通信業	28	1	2. 1	▲80. 6	1	0
運輸業、郵便業	115	5	4. 5	▲4. 3	4	1
卸売業、小売業	242	53	21. 9	38. 8	22	31
金融業、保険業	6	－	－	－	－	－
不動産業、物品賃貸業	23	1	4. 9	▲34. 0	1	0
学術研究、専門・技術サービス業	36	2	5. 3	3. 6	2	0
宿泊業、飲食サービス業	194	19	9. 9	▲33. 4	9	11
生活関連サービス業、娯楽業	41	3	7. 8	▲52. 9	2	1
教育、学習支援業	20	3	13. 7	▲50. 6	2	1
医療、福祉	228	40	17. 4	165. 2	8	32
複合サービス事業	5	1	13. 3	－	0	0
サービス業（他に分類されないもの）	152	20	12. 9	103. 5	10	10

注）増減率は2016～2018年上期平均との比率
資料）厚生労働省「雇用動向調査」をもとに九経調作成

り、北九州で7. 1%の増加、南九州では約４倍（295. 9%）の増加、九州・沖縄の合計で２倍以上（119. 3%）増加している。

産業別にみると、九州・沖縄で未充足求人数が最も多い産業は「卸売業，小売業」の5. 3万人、次いで「医療，福祉」「サービス業」「宿泊業，飲食サービス業」「建設業」となっている（図表14）。このうち卸売業，小売業、医療，福祉、建設業は全国シェアが人口比（11. 3%、2020年）より高く、かつ５年前からの増加率も大きく、九州・沖縄で人手不足が顕著に進行している産業である。

なお、トラックドライバーの時間外労働960時間上限規制と改正改善基準告示が適用され、労働時間が短くなることで輸送能力が不足する「2024年問題」は、主として図表14の「運輸業，郵便業」で生じるが、2022年上期時点では0. 5万人の不足に留まり、未充足求人数は他産業よりも少ない。ただし、同産業のうちドライバーにあたる職業の不足数は1. 4万人、倉庫内作業等の職の不足数は3. 5万人となっており、ドライバー以外の作業員の不足数は５年前から約３倍に増加している。2024年４月以降は、輸送能力を維持するためドライバーの需要が高まることは間違いなく、運輸業、郵便業も、ほぼ確実に深刻な人手不足産業となるであろう。

中小企業全般に広がる人手不足

本書では、九州地域の人手不足の状況や働き方改革、人的資本経営の取り組み状況を把握するため、九州地域の中小企業を対象にアンケート調査を実施した。図表15はアンケート回答企業における、現在の人員の状況を示している。人員が「適正」とする企業は12%、82%は不足としており、大半の中小企業で人手不足の状態にある。

アンケートでは、人員の状況に加え、採用活動のスタンスについても質問している。採用

図表15　人員の状況と人材採用スタンス

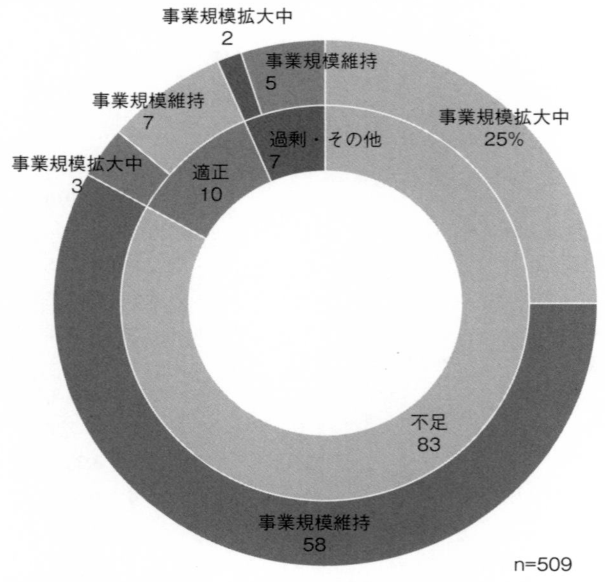

資料）九経調「働き方改革・人的資本経営に関するアンケート」

活動のスタンスを「事業規模・範囲の拡大に向けた採用」「事業規模の維持・事業継続のための採用」「人材採用は積極的に行っていない」に分類すると、人材不足の企業のうち事業規模を拡大するための採用は約３割（全体の25%）、残り７割（全体の58%）は事業規模を維持する方針で採用活動を行っている。人員が適正とする企業でも約３：７と近い傾向にあり、事業規模を拡大している企業でもそうでない企業でも、人手不足が発生している。

都市部と非都市部の傾向が変化

次に県よりも小さい地域単位となる公共職業安定所（ハローワーク）の管轄区域別に、労働需給の傾向をみる。

近年の特徴は、都市部と非都市部で求人倍率の変化幅に差が生じていることである（図表17）。2010年の有効求人倍率は、福岡県の福岡中央や小倉、長崎県の長崎、熊本県の熊本、沖縄県の那覇など、都市部の求人倍率が比較的高い傾向があった。佐賀県の伊万里や鳥栖、長崎県の諫早、熊本県の菊池、大分県の宇佐や佐伯、山口県の岩国など、製造業等が集積する地区の求人倍率も比較的高かった。他方、2010年から2022年の12年間で、都市部よりも非都市部の求人倍率が上昇し、その差が縮小している。福岡県の田川や大牟田、朝倉、長崎県

図表16　都市部と非都市部での求人・求職の変化と求人倍率の上昇要因

	都市部 ・製造業集積地域	非都市部
求人増加	○	◎
求職増加	○	△
求人倍率 上昇要因	立地産業の成長	職業別ミスマッチ

の西海や五島、熊本県の球磨や水俣、大分県の中津や日田、鹿児島県の出水や指宿、山口県の宇部や下松でとくにその傾向が顕著である。

非都市部で有効求人倍率が上昇し、都市部との差が縮小した要因は、求人の増加、高止まりにある。2010年から2022年の有効求人倍率の上昇要因を、求人数の増加による上昇（求人要因）と、それ以外の求職者の減少による上昇（求職要因）等に分解すると、大半の地域で求人要因がプラスに寄与している（図表19）。さらに求人要因は、地域によって傾向が異な

図表17　公共職業安定所別有効求人倍率

（単位：倍、pt）

		2010	2022	2015-2010	2022-2015
福岡	福岡中央	0.72	1.63	1.19	▲0.28
	福岡東	0.34	1.23	0.75	0.14
	福岡南	0.30	0.75	0.49	▲0.04
	福岡西	0.20	0.54	0.23	0.11
	八幡	0.50	0.98	0.47	0.01
	小倉	0.69	1.43	0.65	0.09
	行橋	0.49	0.91	0.25	0.17
	飯塚	0.54	1.28	0.35	0.39
	直方	0.42	1.16	0.48	0.26
	田川	0.45	1.44	0.29	0.70
	大牟田	0.44	1.32	0.74	0.14
	久留米	0.47	1.04	0.44	0.13
	八女	0.39	1.06	0.68	▲0.01
	朝倉	0.46	3.52	1.01	2.05
佐賀	佐賀	0.53	1.38	0.48	0.37
	唐津	0.47	1.26	0.40	0.39
	武雄	0.53	1.32	0.23	0.56
	伊万里	0.62	1.60	0.32	0.66
	鳥栖	0.55	1.35	0.58	0.22
	鹿島	0.55	1.36	0.33	0.48
長崎	長崎	0.53	1.04	0.44	0.07
	西海	0.33	1.39	0.68	0.38
	佐世保	0.47	1.37	0.70	0.20
	諫早	0.58	1.39	0.58	0.23
	大村	0.42	1.14	0.46	0.26
	島原	0.50	1.29	0.43	0.36
	江迎	0.31	1.21	0.48	0.42
	五島	0.42	1.31	0.41	0.48
	対馬	0.35	1.28	0.59	0.34
	壱岐	0.48	1.06	0.31	0.27
熊本	熊本	0.60	1.56	0.58	0.38
	上益城出張所	0.44	1.60	0.40	0.76
	八代	0.41	1.13	0.71	0.01
	菊池	0.54	1.35	0.91	▲0.10
	玉名	0.45	1.26	0.52	0.29
	天草	0.42	1.11	0.43	0.26
	球磨	0.39	1.48	0.52	0.57
	宇城	0.41	1.41	0.80	0.20
	阿蘇	0.54	1.53	0.55	0.44
	水俣	0.35	1.65	0.78	0.52

（単位：倍、pt）

		2010	2022	2015-2010	2022-2015
大分	大分	0.57	1.64	0.53	0.54
	別府	0.56	1.01	0.44	0.01
	中津	0.52	1.34	0.45	0.37
	日田	0.54	1.34	0.45	0.35
	佐伯	0.63	1.22	0.43	0.16
	宇佐	0.69	1.33	0.49	0.15
	豊後大野	0.63	1.40	0.63	0.14
宮崎	宮崎	0.50	1.43	0.58	0.35
	延岡	0.40	1.31	0.45	0.46
	日向	0.36	1.27	0.48	0.43
	都城	0.59	1.83	0.75	0.49
	日南	0.49	1.04	0.49	0.06
	高鍋	0.42	1.28	0.45	0.41
	小林	0.55	1.49	0.81	0.13
鹿児島	鹿児島	0.47	1.38	0.55	0.36
	熊毛出張所	0.49	1.60	0.30	0.81
	川内	0.49	1.32	0.25	0.58
	宮之城出張所	0.56	1.54	0.33	0.65
	鹿屋	0.49	1.44	0.44	0.51
	国分	0.43	1.20	0.40	0.37
	大口出張所	0.40	1.29	0.28	0.61
	加世田	0.53	1.20	0.30	0.37
	伊集院	0.50	0.96	0.19	0.27
	大隅	0.53	1.40	0.36	0.51
	出水	0.41	1.63	0.43	0.79
	名瀬	0.36	1.31	0.32	0.63
	指宿	0.39	1.48	0.42	0.67
沖縄	那覇	0.35	0.92	0.71	▲0.14
	沖縄	0.25	0.84	0.36	0.23
	名護	0.28	1.06	0.53	0.25
	宮古	0.42	1.69	0.58	0.69
	八重山	0.33	1.48	0.85	0.30
山口	山口	0.63	1.57	0.65	0.29
	下関	0.68	1.60	0.72	0.20
	宇部	0.62	1.64	0.59	0.43
	防府	0.53	1.31	0.59	0.19
	萩	0.77	1.59	0.57	0.25
	徳山	0.74	1.43	0.60	0.09
	下松	0.56	1.72	0.52	0.64
	岩国	0.77	1.43	0.51	0.15
	柳井	0.47	1.43	0.72	0.24

資料）各県「職業安定業務統計年報」をもとに九経調作成

図表18　公共職業安定所エリア別有効求人倍率
（2022年平均）

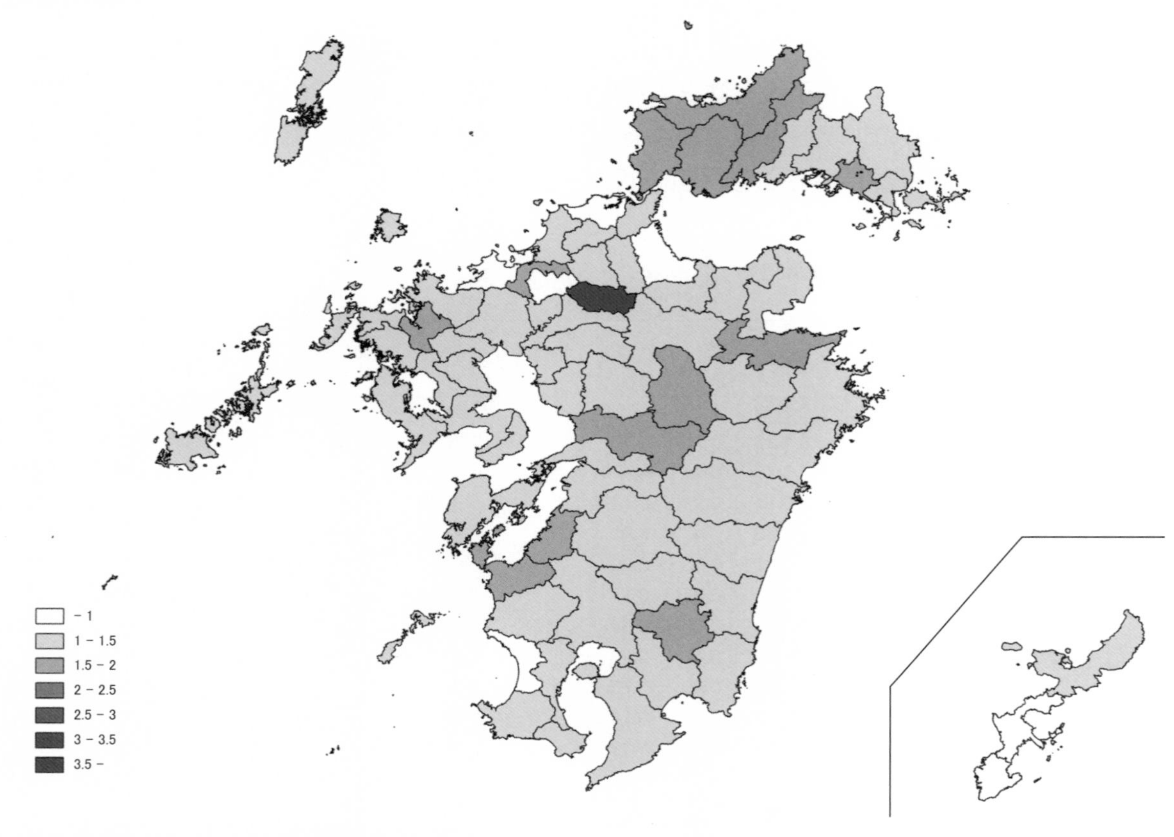

（2015年有効求人倍率－2010年有効求人倍率）

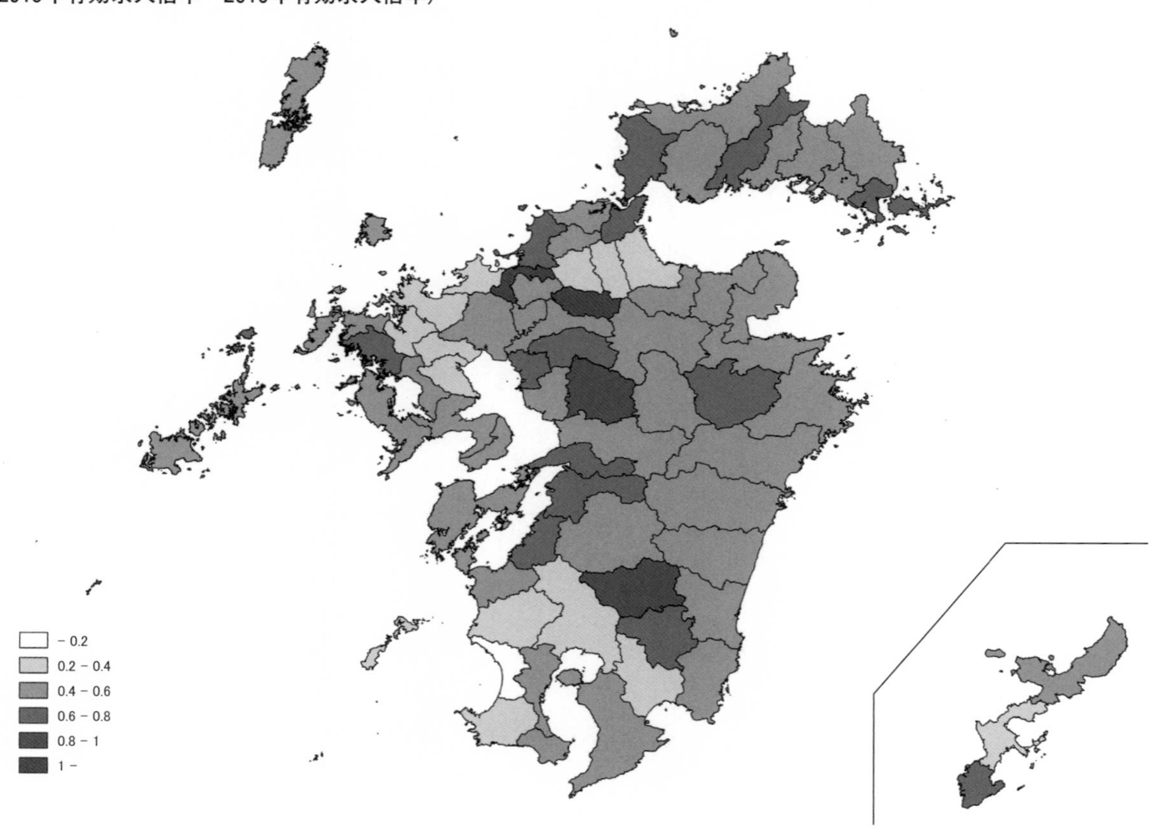

（2022年有効求人倍率－2015年有効求人倍率）

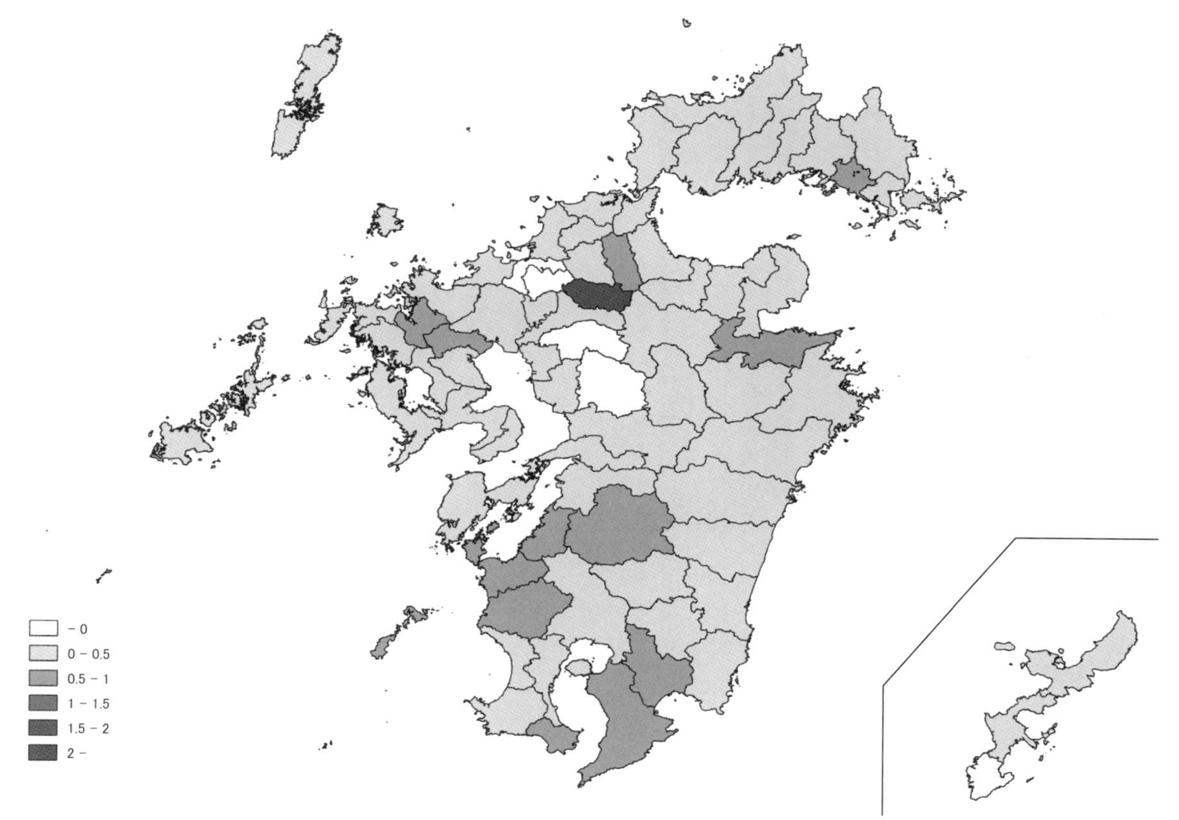

資料）各県「職業安定業務統計年報」をもとに九経調作成

るものの、概ね都市部よりも非都市部で求人要因が大きくプラスに寄与している。同期間、景気回復による求職者増加も起こり、それによる求人倍率の押し下げ効果もまた都市部より非都市部で大きかったが、大半の地域でそれを求人要因が上回っている。

つまり、九州地域の労働需給の概略を地域別にイメージ化すると、都市部より非都市部で求人の増加が求職者の増加を上回ることで求人倍率が上昇し、これが都市部や製造業集積地域と非都市部での倍率差の縮小となっている。都市部と非都市部では求人倍率上昇の意味が異なり、非都市部では、地域の成長を牽引する産業からの求人増による求人倍率の上昇ではなく、前出のミスマッチ職種における求人の高止まりが顕著に発生していると推察される。

図表19　2010～2022年の有効求人倍率差の要因分解

（単位：pt）

		求人倍率増減	2010-2022 求人要因	2010-2022 求職要因等
福岡	福岡中央	1.68	1.0	0.7
	福岡東	1.35	1.0	0.3
	福岡南	0.74	0.5	0.3
	福岡西	0.40	0.4	0.0
	八幡	0.69	0.5	0.2
	小倉	1.09	0.8	0.3
	行橋	0.53	0.4	0.1
	飯塚	0.69	0.9	▲0.2
	直方	1.02	1.1	0.0
	田川	0.68	2.2	▲1.5
	大牟田	1.06	1.6	▲0.5
	久留米	0.74	0.6	0.1
	八女	0.72	0.8	▲0.1
	朝倉	2.80	5.4	▲2.6
佐賀	佐賀	0.74	1.2	▲0.4
	唐津	0.60	1.0	▲0.4
	武雄	0.52	0.9	▲0.4
	伊万里	0.62	1.3	▲0.7
	鳥栖	1.07	1.0	0.1
	鹿島	0.54	1.0	▲0.4
長崎	長崎	0.50	0.5	0.0
	西海	0.84	2.6	▲1.7
	佐世保	1.01	2.2	▲1.2
	諫早	0.96	1.0	0.0
	大村	0.63	1.1	▲0.4
	島原	0.61	2.0	▲1.4
	江迎	0.82	2.4	▲1.6
	五島	0.64	1.6	▲1.0
	対馬	0.92	1.6	▲0.6
	壱岐	0.66	0.7	0.0
熊本	熊本	1.26	1.1	0.1
	上益城出張所	1.29	2.0	▲0.7
	八代	1.13	1.2	0.0
	菊池	1.10	1.0	0.1
	玉名	0.83	1.7	▲0.9
	天草	0.70	0.9	▲0.2
	球磨	0.94	2.1	▲1.2
	宇城	1.28	1.5	▲0.2
	阿蘇	0.95	3.8	▲2.9
	水俣	1.01	▲7.0	8.0

（単位：pt）

		求人倍率増減	2010-2022 求人要因	2010-2022 求職要因等
大分	大分	1.04	1.7	▲0.6
	別府	0.59	0.4	0.2
	中津	0.88	1.3	▲0.4
	日田	0.77	1.4	▲0.6
	佐伯	0.76	0.5	0.3
	宇佐	0.90	0.6	0.3
	豊後大野	0.67	1.0	▲0.3
宮崎	宮崎	1.07	1.1	0.0
	延岡	0.67	6.0	▲5.4
	日向	0.76	1.9	▲1.2
	都城	1.20	1.7	▲0.5
	日南	0.62	0.6	0.0
	高鍋	0.68	1.2	▲0.5
	小林	0.91	1.6	▲0.7
鹿児島	鹿児島	0.81	1.2	▲0.4
	熊毛出張所	0.70	1.3	▲0.6
	川内	0.75	1.1	▲0.3
	宮之城出張所	0.95	1.3	▲0.3
	鹿屋	0.82	1.5	▲0.6
	国分	0.84	0.8	0.0
	大口出張所	0.59	1.3	▲0.7
	加世田	0.55	0.8	▲0.2
	伊集院	0.56	0.5	0.1
	大隅	0.69	1.3	▲0.7
	出水	0.90	3.5	▲2.6
	名瀬	0.62	1.5	▲0.9
	指宿	0.90	2.4	▲1.5
沖縄	那覇	0.93	0.6	0.3
	沖縄	0.62	0.7	▲0.1
	名護	0.92	1.0	▲0.1
	宮古	0.99	1.3	▲0.3
	八重山	1.19	1.5	▲0.3
山口	山口	0.93	▲1.5	2.4
	下関	0.97	0.4	0.6
	宇部	0.86	0.1	0.8
	防府	0.88	▲0.5	1.3
	萩	0.86	0.5	0.4
	徳山	0.81	0.5	0.3
	下松	0.69	▲1.8	2.4
	岩国	0.68	0.7	0.0
	柳井	1.03	▲0.1	1.1

資料）各県「職業安定業務統計年報」をもとに九経調作成

2 人手不足地域・九州の未来

1）2030年の人手不足数

全国の人手不足数の将来予測

現在の人手不足の状態と職種構成が今後も続いた場合、将来の人手不足はどうなるであろうか。ここでは、（株）リクルート（東京都千代田区）リクルートワークス研究所「未来予測2040」における全国の職種別人手不足数の将来推計をベースに、九州地域の将来の人手不足数を推計する。

同研究は、（独）労働政策研究・研修機構（JILPT）（東京都練馬区）による労働需給モデルの推計手法を用いて国全体の労働需要量、労働供給量を推計し、そのギャップを「供給不足」（人手不足数）としている。推計では、2030年の人手不足数は全国で342万人、2040年に

図表20　労働需給シミュレーション（全国）

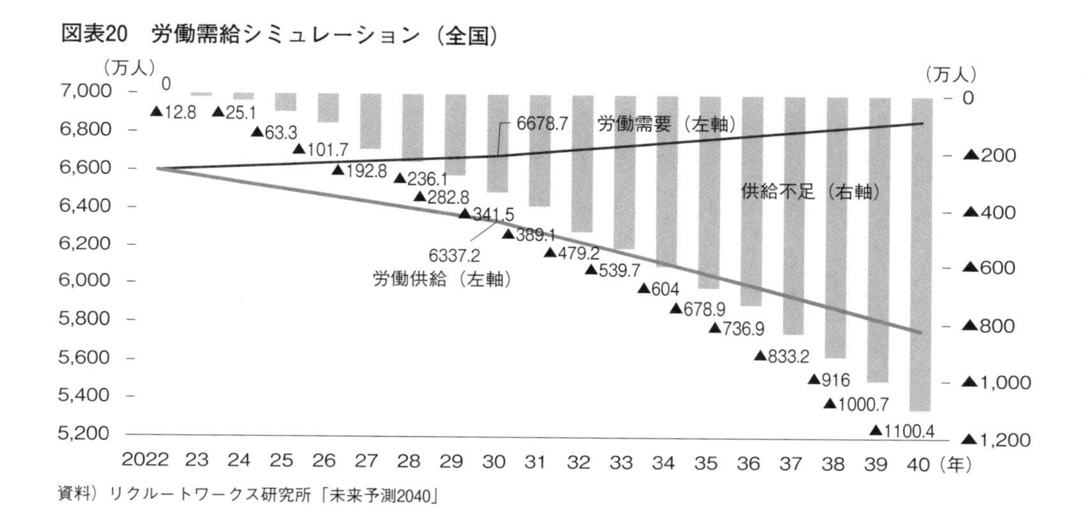

資料）リクルートワークス研究所「未来予測2040」

図表21　労働需給シミュレーションによる職業別人手不足数（全国）

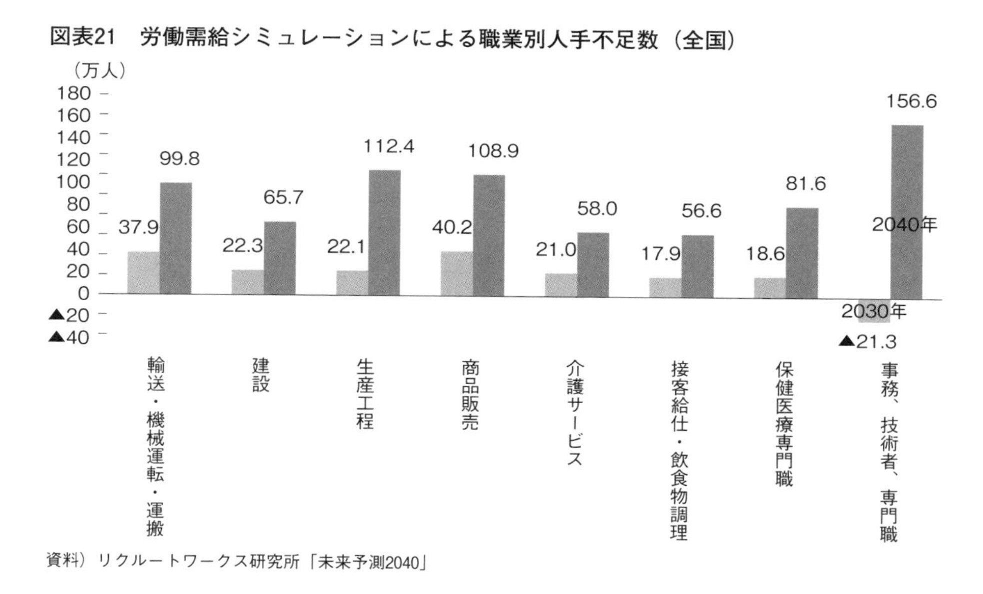

資料）リクルートワークス研究所「未来予測2040」

は1, 100万人に達するとしている（図表20）。生産年齢人口の減少から労働供給が減少する一方で、高齢化率が高まり、生産年齢人口ほどには総人口は減少しないため労働需要は維持され、労働需給ギャップは現在よりも拡大することとなる。

職業別の労働需給シミュレーションも行われている。ドライバー（輸送・機械運転・運搬）や建設、生産工程、介護サービス、保健医療専門職など、エッセンシャルワーカーに相当する職業では減少が著しく、職の担い手が不足することで生活維持が困難となる可能性が指摘されている（図表21）。

九州地域の人手不足数は2030年に約50万人へ

同研究では地域別・職業別の人手不足数は推計されていない。しかし、同研究も「（東京都が将来も労働供給不足とならないことを理由に）東京からは労働供給制約の実態は見えない」と指摘するように、人口減少ペースは地方のほうが速く、労働需要の高止まりに対応するエッセンシャルワーカーの構成も地方の方が高いため、人手不足は地方でより深刻となるはずである。そこで本稿では、同研究による推計をベースに、2030年時点の都道府県別・職業別人手不足数を推計した。まず、2020年時点の地域別・職業別従業者数の構成が2030年まで維持されると仮定し、地域別・職業別の労働需要量を推計した。労働需要の地域分布は総人口の減少の差にも影響を受けると仮定し、地域別の推計人口（総人口）の地域差も加味した。次に、労働供給も同様の仮定を置き、かつ地域別の生産年齢人口推計値をもとに全国と地域の人口減少ペースの差を反映させ、労働供給量を推計した。両者の差分を将来の「人手不足数」とした。

推計の結果、2030年の九州地域における人手不足数は49. 5万人となった（図表22）。2022年時点の人手不足数が先述の未充足求人数16. 6万人とすると、2030年は現在の約３倍の人手不足が想定される。人手不足数の全国シェアは、現在の12. 5%から15. 6%まで高まることとなる。

同じ手法で推計した2030年の南関東の人手不足数は49. 5万人となり、2022年時点の46. 4万人よりも増加するが、増加幅は九州地域よりもはるかに少ない。首都圏よりも地方において人手不足は深刻となる可能性が高い。

図表22　全国、南関東、九州地域の人手不足数推計値

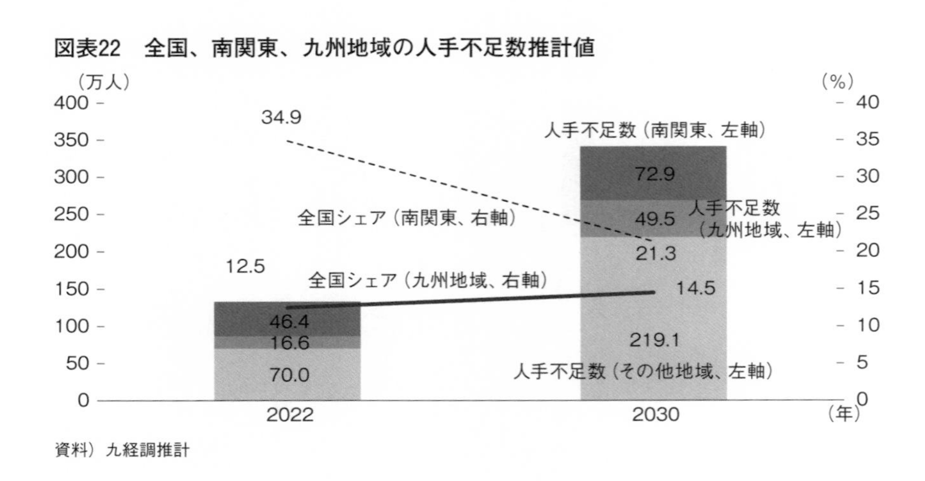

資料）九経調推計

今後も人手不足は地方を中心に深刻化

2030年の人手不足数を地域ブロック別にみると、九州の全国シェア12.1%は南関東（21.3%）、近畿（13.5%）に次いで高い（図表23）。2030年時点の生産年齢人口と比べると、都市と地方の差は明白となり、南関東、近畿、東海の三大都市圏と中国以外の地域で生産年齢人口の比率を上回る規模で人手不足が生じることとなる。

人手不足数を職業別にみると、「商品販売」「ドライバー（輸送・機械運転・運搬）」「保健医療専門職」の順に多い。「事務、技術者、専門職」は、全国計では21.3万人の余剰となるが、南関東（9.8万人）、近畿（2.2万人）、東海（1.8万人）、中国（1.2万人）、北陸（0.2万人）以外の地域では不足となり、九州地域計では0.8万人の不足となる。不足数の全国シェアは全ての職種で生産年齢人口シェア9.2%よりも高くなり、とくに保健医療専門職（16.3%）は九州地域の不足数が人口対比で多くなる見通しである（図表24）。

図表23　地域ブロック別労働需給、人手不足数

（単位：万人、%）

	労働需要	労働供給	人手不足数	全国シェア	（参考）生産年齢人口全国シェア
全国	6,679	6,337	342	－	－
北海道	267	249	19	5.5	3.7
東北	460	424	36	10.5	5.8
北関東	370	350	21	6.0	5.0
南関東	1,973	1,900	73	21.3	31.3
甲信越	283	266	17	5.0	3.5
北陸	166	158	8	2.3	2.1
東海	831	795	36	10.6	11.7
近畿	1,004	958	46	13.5	15.8
中国	385	368	17	5.0	5.4
四国	186	175	11	3.3	2.5
九州	671	630	41	12.1	9.2
沖縄	71	66	5	1.5	1.2

資料）九経調推計

図表24　職業別人手不足数（九州地域計）

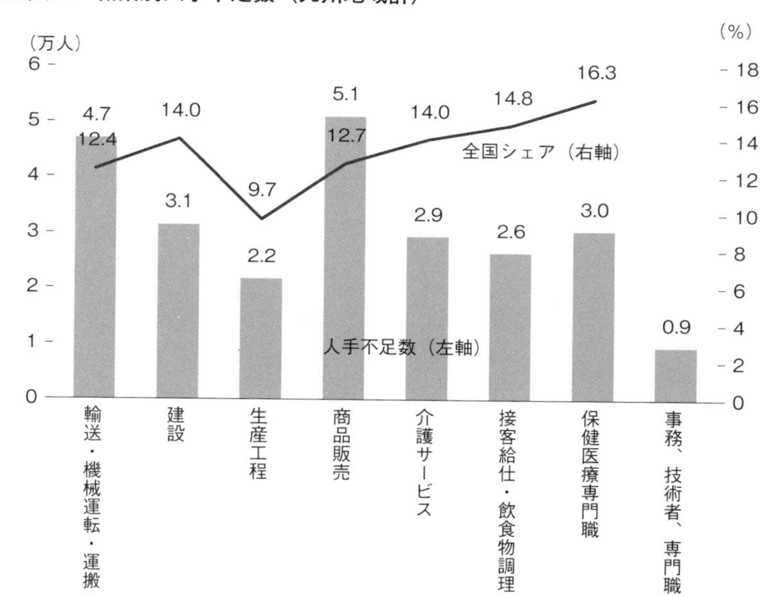

注）事務、技術者、専門職は全国値の不足数がマイナスのため、シェアを計算していない
資料）九経調推計

労働需要の高止まりに対応できない恐れ

図表25は2030年における九州地域各県の人手不足数を示している。不足数は福岡県（11.6万人）、鹿児島県（6.7万人）、熊本県（6.5万人）の順に多いが、2030年の生産年齢人口比では長崎県（10.0%）、鹿児島県（9.2%）、宮崎県（7.9%）で高く、福岡県、山口県以外で全国の水準（4.8%）を上回る見通しである。3県は、他県に比べて生産工程、介護サービス、保健医療専門職、事務、技術者、専門職の構成比が高い。

現在の労働参加率の構造が変化しない場合、数だけで言えば南関東では人手不足数を失業者、非労働力人口でまかなうことが可能である。他方、九州地域では、生産年齢人口に対する人手不足数の比率が高い。2015年時点の非就業人口比率18.6%の水準が維持されるとすると、地域内の非就業者で労働供給をまかなえる余地は極めて少なく、労働参加率の向上や新たな労働参加、ミスマッチの解消、人手不足を低減させる省人化を進めない限り、労働需要に対応できないこととなる。

図表25　九州地域の県別人手不足数　（単位：万人、%）

	全国	南関東	九州地域	福岡県	佐賀県	長崎県	熊本県	大分県	宮崎県	鹿児島県	沖縄県	山口県
2030年　労働需要	6,679	1,973	810	265	46	68	94	58	57	83	71	68
2030年　労働供給	6,337	1,900	761	253	43	61	88	55	53	77	66	65
2030年　人手不足数 (a)	▲341.5	▲72.9	▲49.5	▲11.6	▲3.1	▲6.2	▲6.5	▲3.3	▲4.0	▲6.7	▲5.2	▲3.0
2030年　生産年齢人口(b)	7,076	2,216	801	284	41	62	87	55	50	73	85	66
a/b*100	4.8	3.3	6.2	4.1	7.6	10.0	7.5	5.9	7.9	9.2	6.1	4.5

資料）九経調推計

2）地方中小都市別の特徴

大半の都市で進む人手不足

本稿では、都道府県別に加え、九州地域の人口10万人以上の34都市を対象に2030年の人手不足数を推計した。労働需給ギャップによる人手不足は、地方中小都市でより進むという結果となった（図表26）。

推計では、34都市全てで人手不足となる。2030年時点の生産年齢人口比でみると、県庁所在都市は県平均よりも不足数が相対的に少なく、地方中小都市で多くなる。大牟田市や唐津市、諫早市、八代市、延岡市、鹿屋市、周南市等でその傾向が比較的強い。

中小都市でより増加する人手不足

人手不足数を県・都市別にみると、福岡県では大牟田市の人手不足数が生産年齢人口に対して多い。北九州市、福岡市、久留米市などの都市部では事務職・専門職や商品販売で不足数が大きい。北九州市や飯塚市ではドライバーや建設での不足数も大きい。

佐賀県では、佐賀市は事務職・専門職や商品販売で不足数が大きい。唐津市は生産年齢人口に対する不足数が大きく、職種別ではドライバーや建設での不足数が大きい。

長崎県では、長崎市、佐世保市、諫早市の３市とも似た傾向にあり、事務職・専門職や商品販売、保健医療専門職で不足数が大きい。長崎市は生産年齢人口に対する不足数の比率が県庁所在都市で最も大きく、不足が顕著である。

図表26　主要都市別・職業別人手不足数（2030年）

（単位：百人、％）

	計	生産年齢人口比	輸送・機械運転・運搬	建設	生産工程	商品販売	介護サービス	接客給仕・飲食物調理	保健医療専門職	事務、技術者、専門職	その他
福岡県	▲1, 163	4. 1	▲140	▲77	▲27	▲170	▲72	▲61	▲69	91	▲638
北九州市	▲142	2. 9	▲24	▲14	3	▲21	▲14	▲ 5	▲18	▲16	▲33
福岡市	▲321	3. 0	▲39	▲24	▲ 0	▲60	▲19	▲14	▲33	▲57	▲75
大牟田市	▲22	4. 5	▲ 3	▲ 2	▲ 1	▲ 3	▲ 2	▲ 1	▲ 3	▲ 3	▲ 5
久留米市	▲72	4. 3	▲10	▲ 4	▲ 1	▲ 8	▲ 5	▲ 3	▲ 8	▲10	▲22
飯塚市	▲10	1. 5	▲ 3	▲ 1	2	▲ 2	▲ 2	▲ 0	▲ 2	1	▲ 3
筑紫野市	▲26	4. 2	▲ 3	▲ 2	▲ 1	▲ 4	▲ 1	▲ 1	▲ 2	▲ 6	▲ 6
春日市	▲27	4. 0	▲ 3	▲ 2	▲ 0	▲ 4	▲ 1	▲ 1	▲ 2	▲ 5	▲ 7
大野城市	▲21	3. 4	▲ 2	▲ 2	▲ 0	▲ 4	▲ 1	▲ 1	▲ 2	▲ 4	▲ 5
佐賀県	▲308	7. 6	▲28	▲20	▲19	▲27	▲17	▲15	▲18	▲13	▲151
佐賀市	▲66	5. 2	▲ 6	▲ 5	▲ 2	▲ 8	▲ 4	▲ 3	▲ 7	▲13	▲18
唐津市	▲39	7. 3	▲ 4	▲ 4	▲ 2	▲ 3	▲ 3	▲ 2	▲ 3	▲ 6	▲12
長崎県	▲615	10. 0	▲47	▲38	▲39	▲50	▲38	▲33	▲42	▲60	▲269
長崎市	▲161	8. 4	▲13	▲10	▲ 9	▲15	▲13	▲ 9	▲19	▲38	▲35
佐世保市	▲62	5. 4	▲ 7	▲ 6	▲ 2	▲ 7	▲ 5	▲ 3	▲ 5	▲ 9	▲19
諫早市	▲57	8. 7	▲ 5	▲ 5	▲ 4	▲ 5	▲ 4	▲ 3	▲ 6	▲11	▲15
熊本県	▲650	7. 5	▲54	▲39	▲33	▲61	▲37	▲32	▲42	▲29	▲324
熊本市	▲225	5. 4	▲20	▲15	▲ 7	▲29	▲13	▲11	▲25	▲47	▲58
八代市	▲38	6. 7	▲ 4	▲ 3	▲ 2	▲ 3	▲ 3	▲ 1	▲ 3	▲ 6	▲13
大分県	▲328	5. 9	▲33	▲22	▲15	▲33	▲22	▲17	▲20	1	▲166
大分市	▲120	4. 5	▲15	▲12	▲ 3	▲15	▲ 8	▲ 5	▲13	▲22	▲26
別府市	▲19	3. 4	▲ 2	▲ 1	0	▲ 3	▲ 2	▲ 1	▲ 3	▲ 2	▲ 5
宮崎県	▲397	7. 9	▲32	▲24	▲21	▲34	▲23	▲20	▲23	▲19	▲201
宮崎市	▲118	5. 3	▲11	▲ 8	▲ 4	▲14	▲ 8	▲ 6	▲12	▲25	▲30
都城市	▲36	4. 5	▲ 4	▲ 3	▲ 1	▲ 4	▲ 3	▲ 1	▲ 3	▲ 5	▲11
延岡市	▲32	6. 1	▲ 4	▲ 4	▲ 2	▲ 3	▲ 3	▲ 1	▲ 3	▲ 6	▲ 8
鹿児島県	▲671	9. 2	▲56	▲39	▲37	▲57	▲40	▲36	▲45	▲51	▲310
鹿児島市	▲208	6. 5	▲21	▲15	▲ 7	▲26	▲13	▲11	▲24	▲47	▲44
鹿屋市	▲34	7. 0	▲ 3	▲ 2	▲ 1	▲ 2	▲ 3	▲ 2	▲ 3	▲ 6	▲12
霧島市	▲41	6. 3	▲ 4	▲ 3	▲ 3	▲ 3	▲ 3	▲ 2	▲ 3	▲ 8	▲12
沖縄県	▲520	6. 1	▲43	▲35	▲17	▲48	▲23	▲34	▲27	▲36	▲257
那覇市	▲78	4. 3	▲ 7	▲ 4	▲ 1	▲10	▲ 3	▲ 5	▲ 6	▲19	▲22
宜野湾市	▲22	3. 4	▲ 2	▲ 2	▲ 0	▲ 3	▲ 1	▲ 1	▲ 2	▲ 5	▲ 5
浦添市	▲29	4. 1	▲ 3	▲ 2	▲ 1	▲ 4	▲ 2	▲ 1	▲ 3	▲ 7	▲ 7
沖縄市	▲37	4. 3	▲ 3	▲ 4	▲ 1	▲ 4	▲ 3	▲ 2	▲ 3	▲ 7	▲10
うるま市	▲33	4. 5	▲ 3	▲ 4	▲ 1	▲ 3	▲ 2	▲ 2	▲ 3	▲ 5	▲10
山口県	▲296	4. 5	▲36	▲22	▲ 9	▲32	▲23	▲14	▲17	22	▲164
下関市	▲46	3. 9	▲ 8	▲ 4	0	▲ 5	▲ 5	▲ 2	▲ 5	▲ 6	▲12
宇部市	▲20	2. 5	▲ 4	▲ 3	1	▲ 3	▲ 3	▲ 1	▲ 3	▲ 1	▲ 5
山口市	▲43	4. 1	▲ 5	▲ 4	▲ 0	▲ 5	▲ 4	▲ 2	▲ 4	▲ 8	▲11
防府市	▲14	2. 3	▲ 3	▲ 2	2	▲ 2	▲ 2	▲ 0	▲ 2	▲ 1	▲ 4
岩国市	▲21	3. 6	▲ 3	▲ 3	0	▲ 2	▲ 2	▲ 1	▲ 2	▲ 2	▲ 6
周南市	▲29	4. 4	▲ 4	▲ 3	▲ 1	▲ 3	▲ 2	▲ 1	▲ 3	▲ 5	▲ 7

注）職業中分類別の就業者数が把握できる人口10万人以上の都市を対象に推計
資料）九経調推計

熊本市は事務職・専門職や商品販売で不足数が大きい。同値は台湾の半導体ファウンドリTSMCの進出による影響を反映していないため、半導体製造業や関連産業で労働需要が大きく増加した場合、人口減少下ではそれを満たすことは難しく、このままではより不足状態が進む可能性がある。

大分市は、県全体に占める不足数のシェアが県庁所在都市のなかで最も大きい。事務職や商品販売の職のほか、ドライバーや建設での不足数も他の県庁所在都市より相対的に多くなっている。

宮崎県では、宮崎市は事務職・専門職や商品販売で不足数が大きい。都城市や延岡市は、ドライバーや建設で人手不足が大きく、さらに延岡市では生産工程の不足も相対的に多くなる。

鹿児島県では、鹿児島市は事務職・専門職や商品販売で不足数が大きい。3都市ともドライバーや建設で人手不足が比較的多く、霧島市では生産工程の不足数も相対的に多い。

沖縄県5都市は、事務職・専門職や商品販売で不足数が多い点は比較的似ている。他方、沖縄市やうるま市は建設での不足が多い特徴がある。

山口県では、事務職・専門職に余剰が出ていることに加え、生産工程で余剰が出る都市がある点に特徴がある。

3 構造的人手不足に対応する九州企業の特徴

本書では、働き方改革法案の施行や多様な働き方への対応、人的資本経営への関心の高まり、外国人労働者受入政策の転換等、労働や働き方をめぐる環境が変化し、九州地域の中小企業においても対応が求められる局面にあることを踏まえ、企業における人材不足や働き方改革への対応に関する実態把握を行うため、アンケート調査を実施した。次項ではその調査結果を中心に、九州地域の企業の傾向と特徴を明らかにする。

1）人的資本経営への意識と成果

高まる人的資本経営への意識

近年、限られる人材を“資本”ととらえ、その価値を最大限に引き出すことで企業価値の向上につなげる「人的資本経営」が注目されている。その背景には、イノベーションのためのアイディアを創出できる人的資本が企業の成長に欠かせないものとなっていること、消費者や投資家に対して人材育成やダイバーシティなどの取り組みを行っていることを示すため等がある。また、地方企業においては、首都圏よりも労働供給量が限られるなかでの人材獲得、育成、定着がより重要な経営課題となっているため、「人的資本経営」が強く意識されるようになっている。

九州企業における人的資本経営への意識は高く、中小企業を対象としたアンケートでも9割以上が重要と認識している（図表27）。パーソルホールディングス（株）（東京都港区）が

図表27　人的資本経営への意識

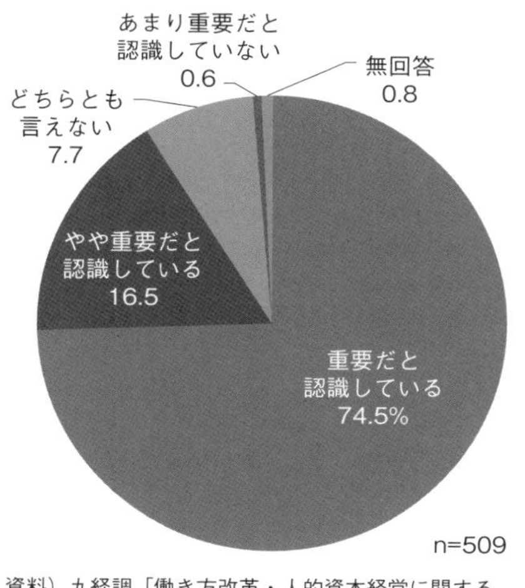

資料）九経調「働き方改革・人的資本経営に関するアンケート」

図表28　人的資本経営の重視度と関連する人材の状況

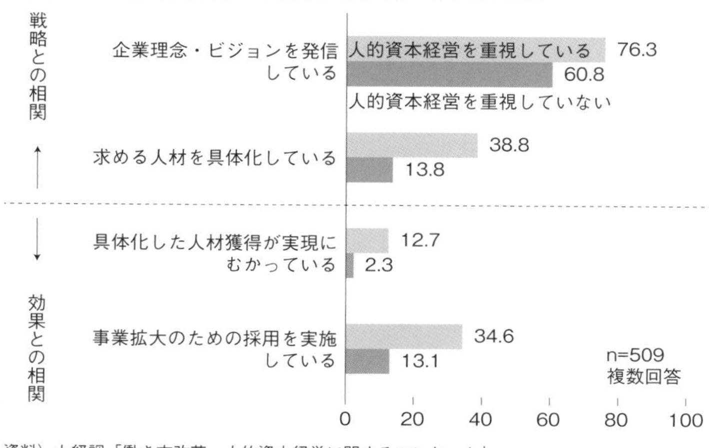

資料）九経調「働き方改革・人的資本経営に関するアンケート」

2022年９月に実施した全国アンケートでは、人的資本経営に関心が高い企業は全体の81.5%、中小企業では75.8%となり、今回のほうが高くなっているが、おそらく１年を経て、企業規模の大小や地域に限らず人的資本経営への意識が高まったことによるものと思われる。

人的資本経営を重視する企業には一定の共通する特徴がある。例えば、九州地域で人的資本経営を重視する企業は、他に比べて企業理念・ビジョンを発信している企業、求める人材を具体化している企業が多い（図表28）。求める人材を具体化し、かつ人材確保を実現しつつある企業も多い特徴があり、人的資本経営への意識を高めることにより、自社の目指す経営戦略と、それを実現するための人材獲得をうまく連動させていることがわかる。また、事業規模の維持ではなく、拡大のための人材採用を行う企業が多い点も共通している。

大企業に遅れをとる人的資本経営の取り組み

人的資本経営への意識が高まる一方、具体的な取り組みへの落とし込みは、経営リソースが豊富な大企業と地方中小企業では当然ながら差がある。三菱 UFJ リサーチ＆コンサルティング（株）（東京都港区）が大企業を含む253社[3]を対象に実施した全国アンケート調査結果と比較すると、取り組みが比較的多い「人事情報基盤の整備・人事業務のデジタル化」「社員のエンゲージメント（企業に対する従業員の思いや態度）レベルの把握及び改善」「企業理念等を社員の具体的行動や姿勢への紐づけ」「将来の事業構想を踏まえた人材ポートフォリオの策定および人材の再配置」において、大企業と九州企業で差が大きい（図表29）。また、「外部からの専門人材等の獲得」も差が開いている。

「経営陣と社員の対話の場の設定」は、企業規模が小さいほど進めやすいと考えられ、大企業より九州企業のほうが取り組む割合が高い。しかし、企業規模に関わらず実施が可能と思われる項目でも取り組みが進んでいないものが多く、人的資本経営をアクションに落とし込めている企業はまだ少なく、取り組みは途上と言える。

[3] アンケート対象は従業員数3,001人以上47社（18.6%）、1,001人以上3,000人以下70社（27.7%）、1,000人以下136社（53.8%）であり、多くが中堅企業以上の規模と推察される

図表29　人的資本経営の具体的な取り組み

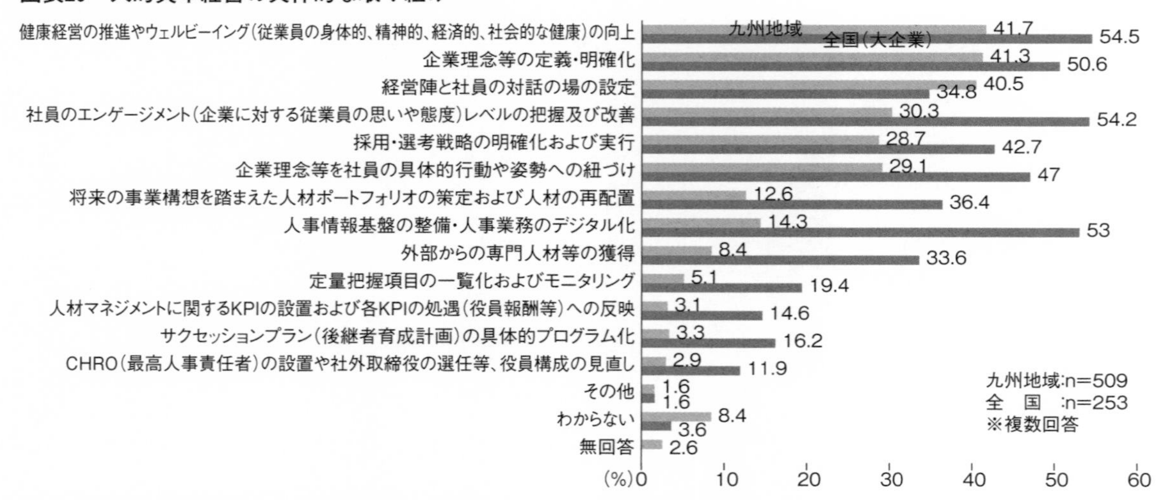

資料）九州地域：九経調「働き方改革・人的資本経営に関するアンケート」、全国：三菱 UFJ リサーチ＆コンサルティング「第４回人事・退職給付一体サーベイ（人的資本編）～詳細版～」

２）労働者の意識変化と働き方改革、D&I の取り組み状況

労働時間の減少と個人・家族時間の増加

九州地域における総労働時間は、過去10年間で一般労働者は３～４%前後、パートタイム労働者は10～15%前後減少した（図表30）。並行して労働者の時間の使い方も変化しており、九州地域の有業者における１日の時間の使い方は、2001年から2021年にかけて仕事時間が13分減少し、休養とくつろぎの時間は37分増加している（図表31）。最新調査年がコロナ感染拡大下ではあるものの、身の回りの用事に割く時間や趣味・娯楽の時間が増加しており、ライフスタイルの変化を示唆している。

労働時間への意識とともに就業地に対する意識も変化がみられ、キャリア人材における地方移住への関心はコロナ禍で高まり、足元の2023年３月時点でもより強くなっている。ただし、実際に移住に向けて行動に移す人の割合は低く、コロナ禍でみられた「東京一極集中緩和」の動きについても、足元の2023年時点では元に戻りつつある（図表32）。地方移住を実行していない第１の理由は仕事や収入であり、依然として地方移住へのハー

図表30　地域別　労働時間の推移

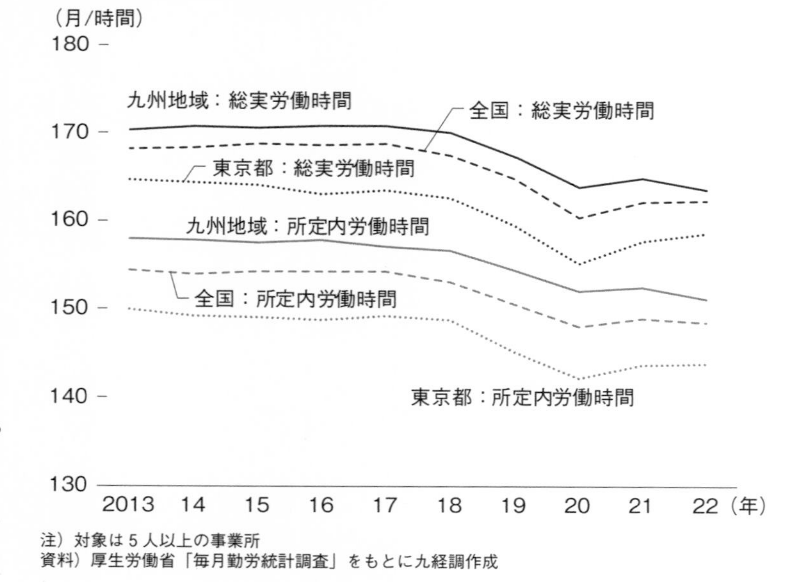

注）対象は５人以上の事業所
資料）厚生労働省「毎月勤労統計調査」をもとに九経調作成

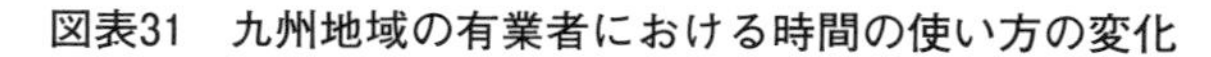
図表31　九州地域の有業者における時間の使い方の変化

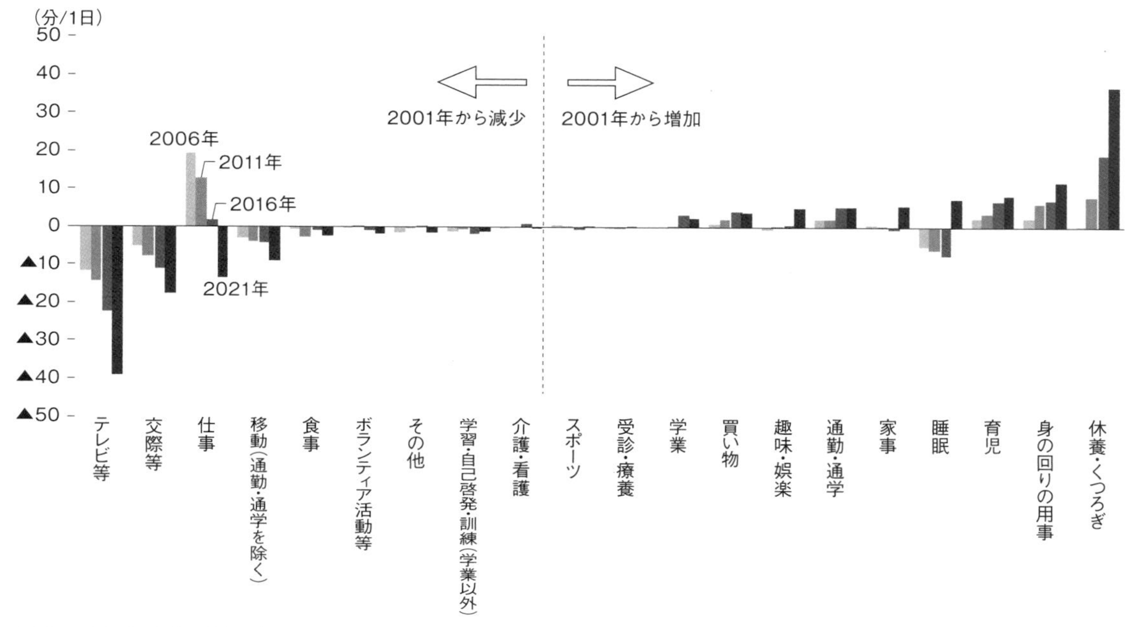

資料）総務省「社会生活基本調査」をもとに九経調作成

図表32　転入超過数の推移

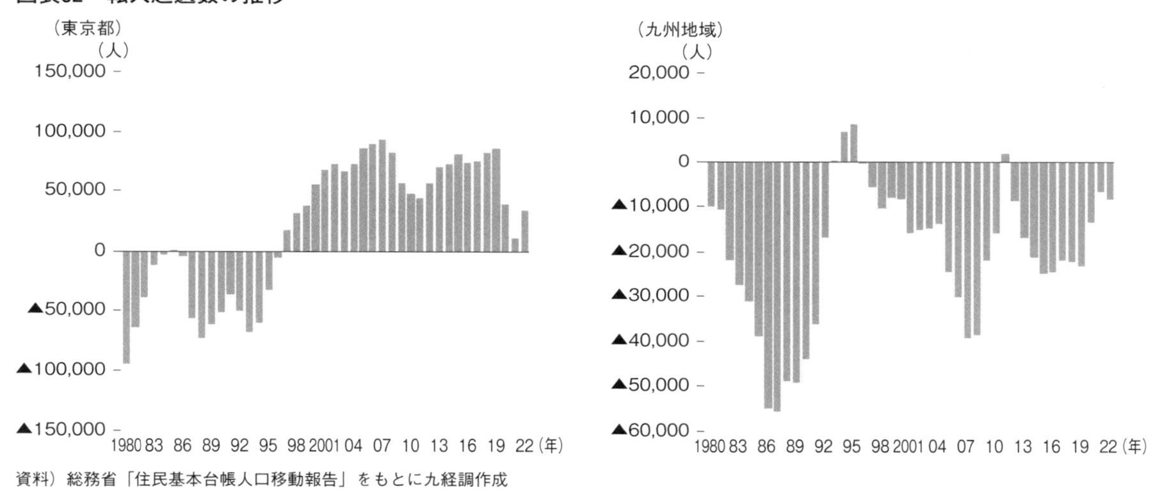

資料）総務省「住民基本台帳人口移動報告」をもとに九経調作成

ドルは高い。

なお、国立社会保障・人口問題研究所の研究によると、東京圏から九州地域を始めとする非東京圏への人口移動には、出身者によるUターンが多くの割合を占めている。しかし、東京圏では、東京都出身者の割合が増加を続けており、東京圏から地方へのUターンの流れが年々弱くなっている。このことからも、東京への人の流れは容易に変えられないと考えられる。

立ち後れるテレワークの実施環境整備

九州地域におけるテレワークの実施頻度は全国平均や東京都と比較して著しく低く、労働時間のうち「80%以上」でテレワークを行っている割合は1.2%にとどまる（図表33）。「60

～80%未満」でも0.5%、「40～60%未満」でも0.7%と低い。実施頻度が低い要因のひとつは産業構成の違いにあり、九州地域は対面業務を要する医療・福祉や建設業、農林漁業の就業者比率が高く、実施頻度全体を押し下げている。他方、テレワークの導入が比較的容易な電気・ガス・熱供給・水道業、情報通信業、金融業，保険業、学術研究，専門・技術サービス業でも差があり、実施環境整備自体にも差がみられる（図表34）。

内閣府調査によると、仕事や生活への満足度、雇用環境・賃金への満足度において、テレワーク実施者が全体平均を上回っている。通勤時間の削減や通勤のストレス軽減、オフィス

図表33　テレワークの年間実施頻度（2022年）

割合は、1年間あたりのテレワーク実施の頻度

全国
東京都
九州地域

20%未満　20～40%　40～60%　60～80%　80%以上

（%）0　10　20　30　40

資料）　総務省「令和4年就業構造基本調査」をもとに九経調作成

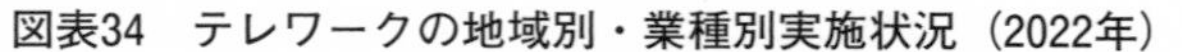
図表34　テレワークの地域別・業種別実施状況（2022年）

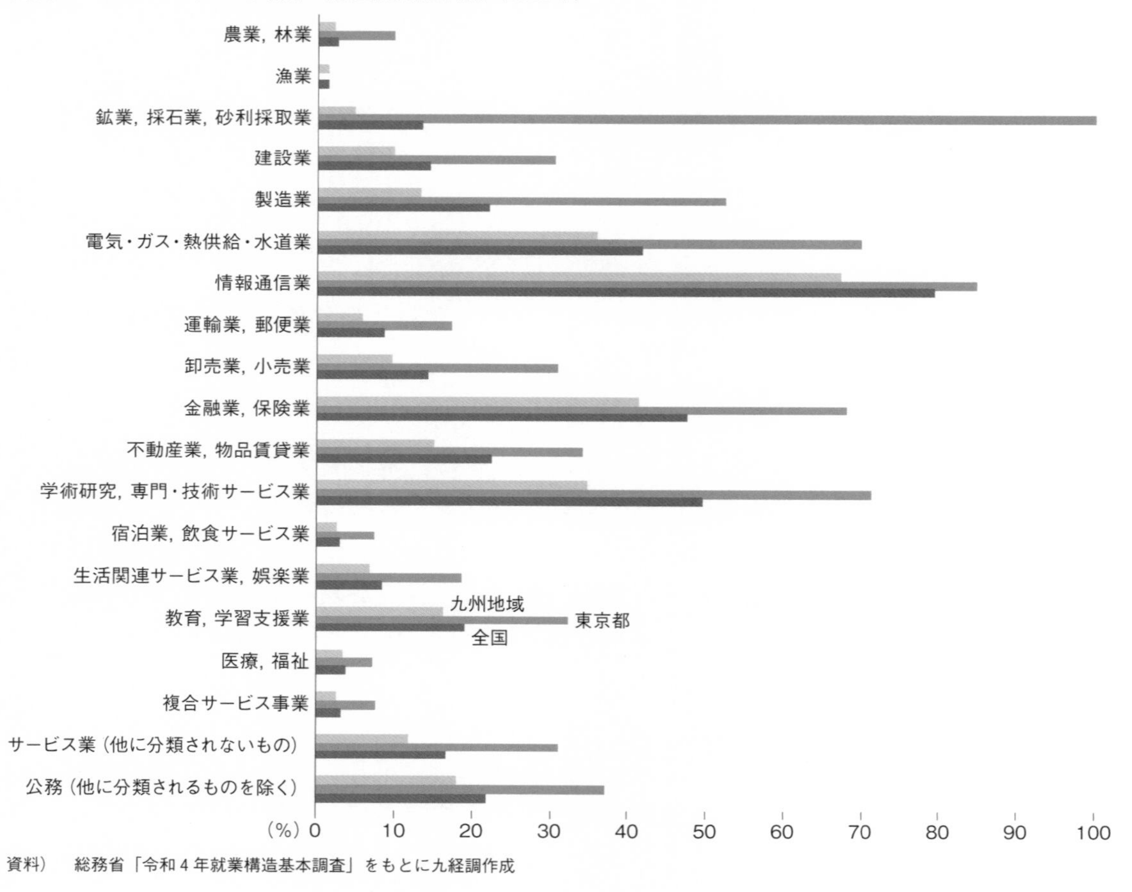

資料）　総務省「令和4年就業構造基本調査」をもとに九経調作成

外での作業環境の快適さや家族との時間を増やすことができる点など、生活の質の向上に寄与していると考えられる。

相反する労働者と経営者のリモートワークへの意識

内閣府調査の独自集計によると、全国、九州地域のいずれもリモートワークの継続意向は強く、全国ではリモートワーク実施者の４割、九州地域では３割が継続を希望している（図表35）。（株）パーソルキャリア（東京都千代田区）が2023年10月に三大都市圏の企業向けに実施した調査でも同様の傾向となっており、リモートワークの継続意向は強い。

図表35　地域別にみたテレワークの継続利用希望（2023年）

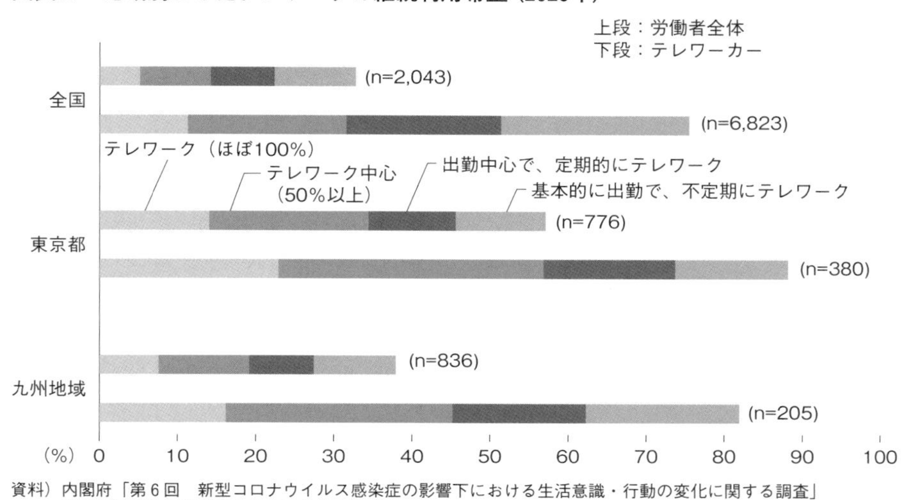

資料）内閣府「第６回　新型コロナウイルス感染症の影響下における生活意識・行動の変化に関する調査」調査票情報の再集計値をもとに九経調作成

他方、日本よりもリモートワークの普及が進んでいるアメリカでは、リモートワーク実施の意向に対して、労働者と経営者で意識の乖離がみられる。労働者のリモートワーク継続意向は日本の調査と同様に高く、上昇傾向にある一方、経営者は、コロナのリスクがなければ自社の企業文化を維持するため週５日勤務に戻したいとの比率は21%、週４日18%、週３日で30%となっている（図表36）。出勤を求めない経営者の比率は５%と著しく低い。

図表36　米国経営者におけるオフィス出勤への意向
問：コロナが懸念事項でない場合、会社独自の文化を維持するために従業員はオフィス勤務の必要があると思うか

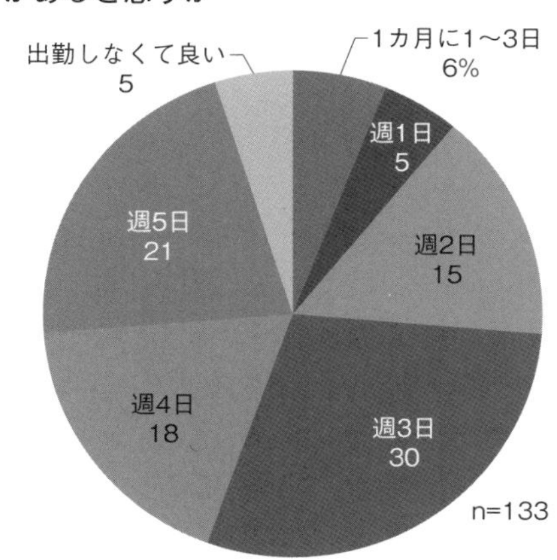

注１）米国の executives（経営者）に対する調査
注２）日本語訳は九経調作成
資料）PwC US Remote Work Survey

格差が拡大する東京と九州の労働・リスキル環境

九州地域の労働者の生活満足度を時系列でみると、ワークライフバランスに関して2023年に満足度が微増、不安度が上昇しているが、東京圏では満足度、不安度ともに改善している。

図表37　生活における満足度と不安度の推移

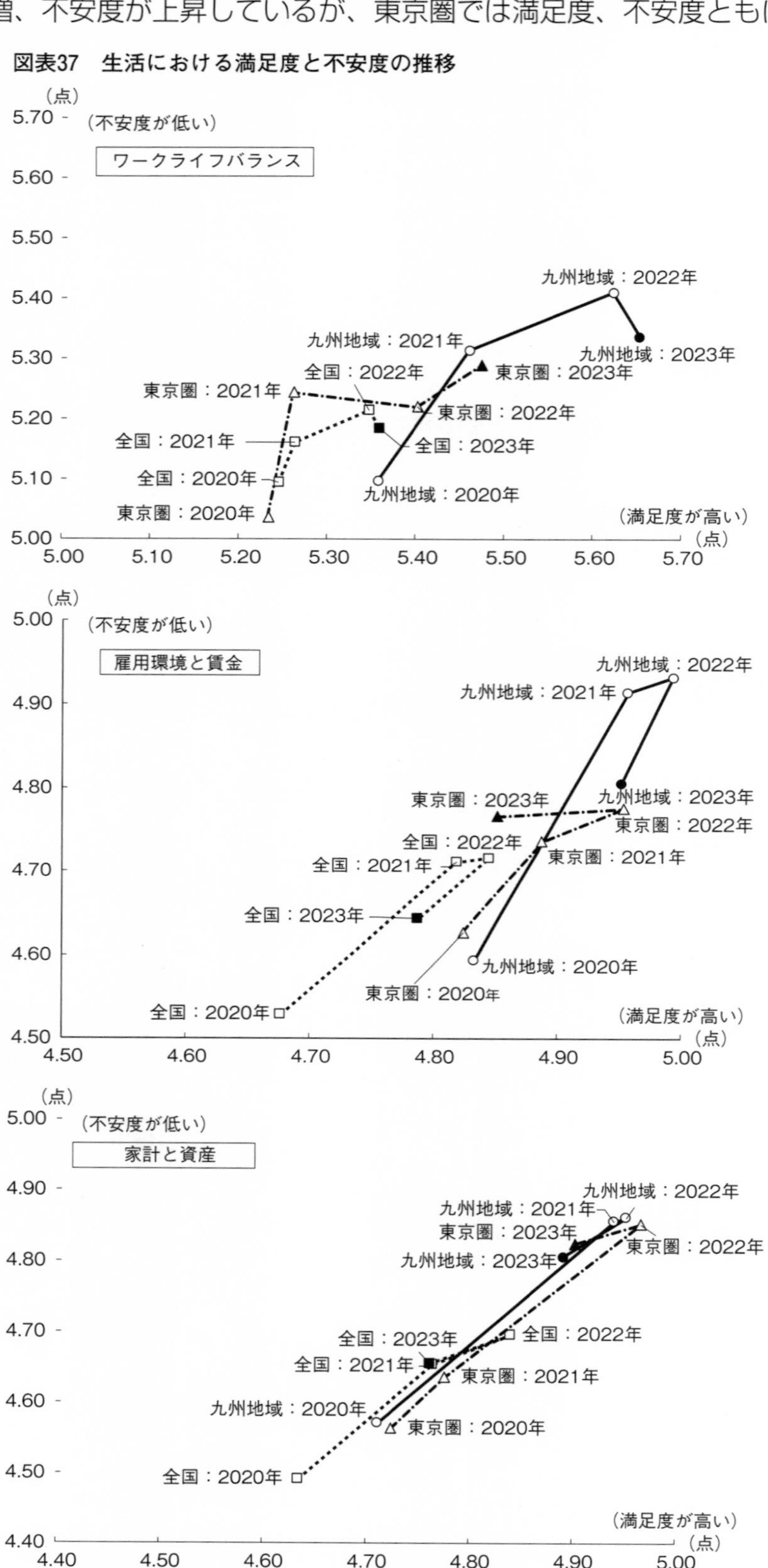

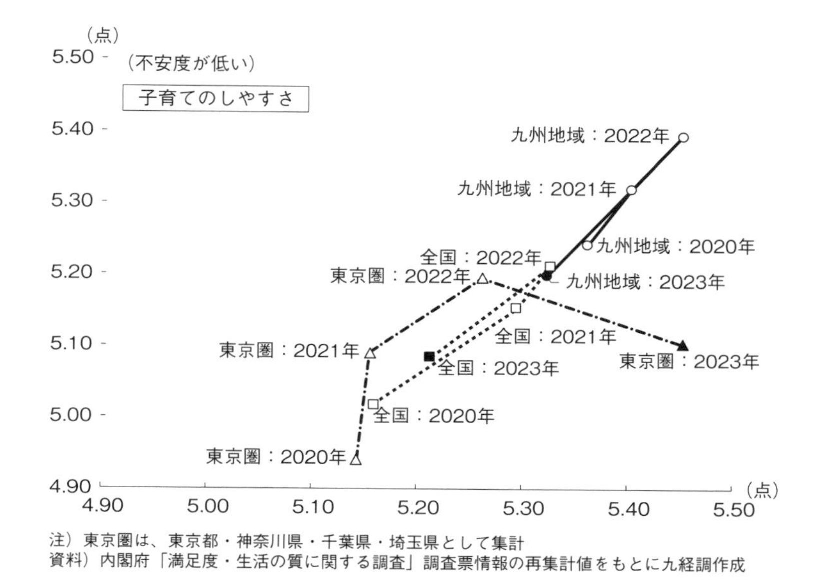

注）東京圏は、東京都・神奈川県・千葉県・埼玉県として集計
資料）内閣府「満足度・生活の質に関する調査」調査票情報の再集計値をもとに九経調作成

図表38　地域別・年齢別にみたリカレント教育を行った人の割合とその内訳

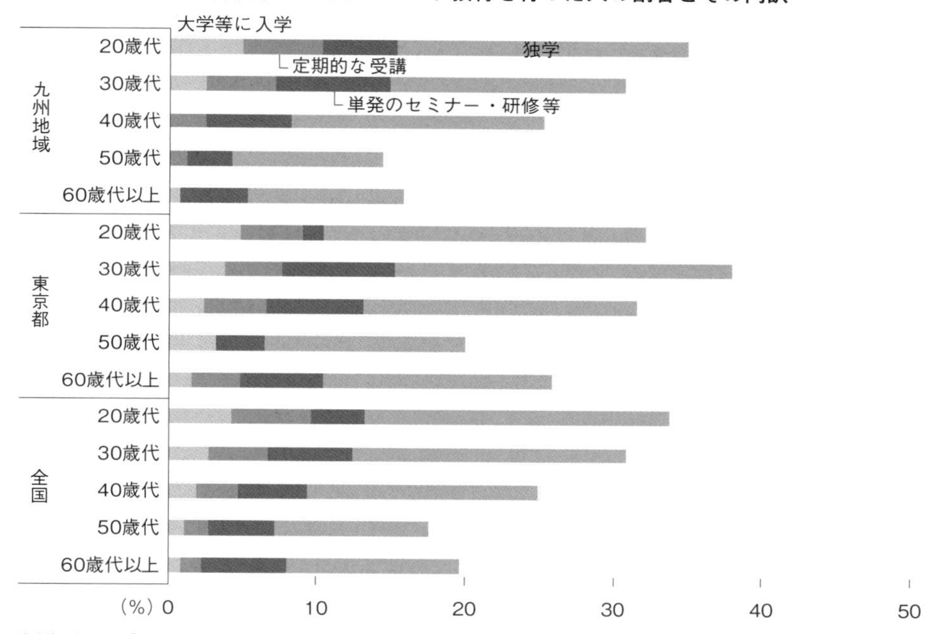

資料）内閣府「第6回新型コロナウイルス感染症の影響下における生活意識・行動の変化に関する調査」調査票情報を九経調が再集計した結果をもとに作成

子育てのしやすさに関しても、九州地域では2023年に満足度が低下、不安度が上昇しているのに対し、東京圏では満足度、不安度とも改善している。アフターコロナの時代となり、生活環境に対する満足感に差が開きつつある（図表37）。

また、近年、技術の進化やキャリアパスの多様化、雇用の流動性が進む中で、社会人の学び直しの機会としてリカレント教育の重要性が高まっている。人的資本経営が重要視され、人材が企業の成長の源泉となるなか、労働者も自らのキャリアをデザインし、実現するために必要なスキルや知識を継続的に更新することの必要性が高まっているが、九州地域のリカレント教育への参加は、20歳代こそ全国平均や東京都より高いが、30歳代以降の世代は参加率が低い（図表38）。東京では、働き盛りである30歳代にかけてリカレント教育の参加率が高まるが、九州地域では下がり、その後も格差が拡大している。

将来の成長への投資となるリカレント教育の実施に差が生じていることは、将来の労働の質に対する格差をもたらすことが懸念される。

格差が拡大する全国と九州の雇用流動性

2018年１月、厚生労働省はモデル就業規則を改定し、従来の「許可なく他の会社等の業務に従事しないこと」という規定を削除した。これにより、労働者にとって副業がより選択しやすいものとなった。さらに、2020年９月には「副業・兼業の促進に関するガイドライン」が改定され、副業・兼業に関する記述がさらに明確化された。これらの政策は、労働者が副業に取り組むハードルを押し下げ、企業側の受け入れを促進する重要な要因となっている。

図表39　収入階級別副業率

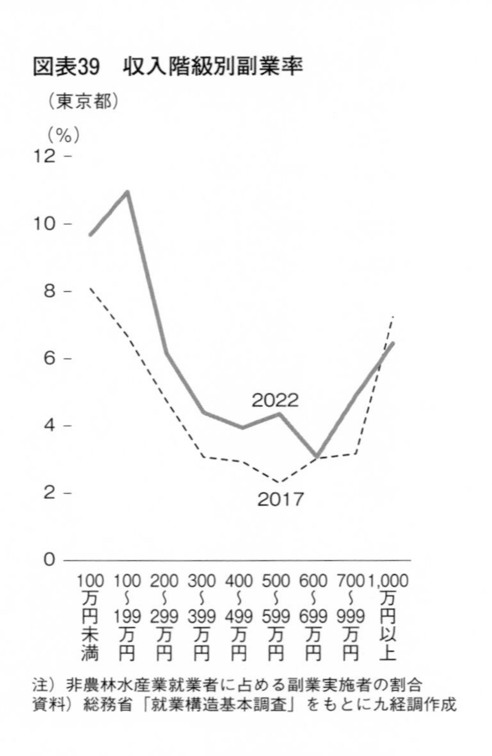

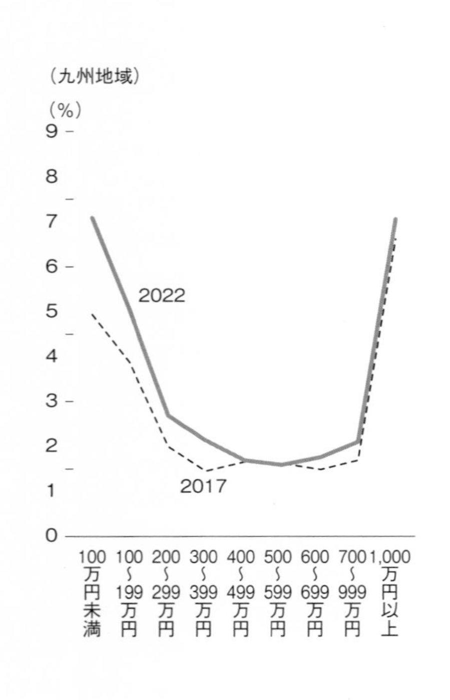

注）非農林水産業就業者に占める副業実施者の割合
資料）総務省「就業構造基本調査」をもとに九経調作成

図表40　地域別にみた転職者数の推移

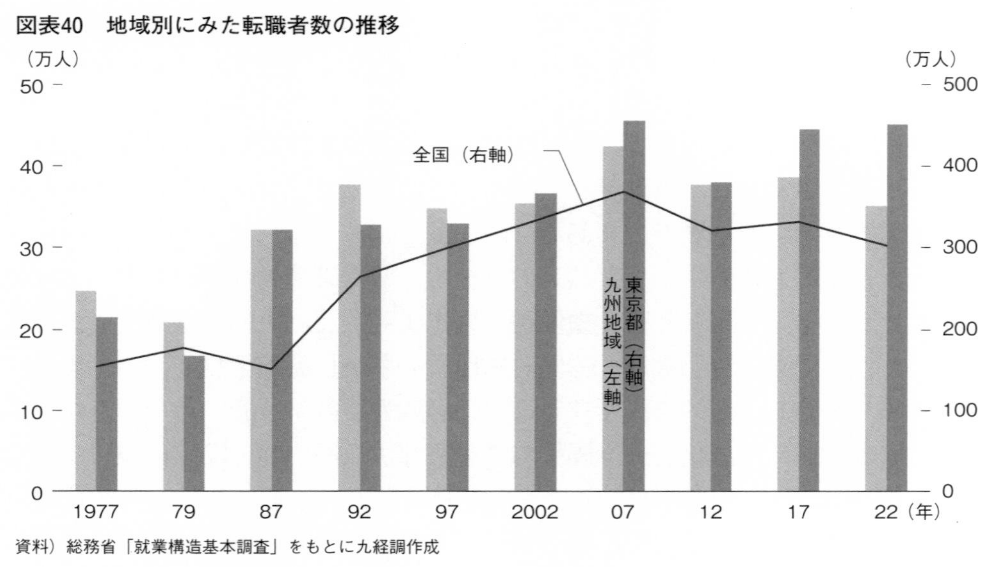

資料）総務省「就業構造基本調査」をもとに九経調作成

九州地域の有業者に対する副業者の比率は、収入階級の低い層で増加、年収600～1,000万円の層で微増となっている（図表39）。他方、東京都は、年収500万円台と1,000万円以上の層以外で幅広く増加しており、働き方の選択肢として副業がより一般化している。

転職市場も同様の傾向を示しており、転職者数は、2012年までは東京都、九州地域のいずれも似た動きをしていたが、2012年から2017年にかけて、九州地域はわずかな増加に留まったのに対し、東京都は大きく増加した（図表40）。さらに、2017年から2022年の間に九州地域および全国では転職者数が減少する一方で、東京都では転職者数が増加している。この差異は、東京都における労働市場が、九州地域よりも大きな流動性を持ちつつあることを示している。

3）人手不足業種における対応

コンピュータ化確率60%以上には対象産業の職業も多数

企業の人手不足が深刻となるなか、省人化・省力化技術の導入が解決策として注目されている。省力化技術には、ロボット技術、AI（人工知能）、システムの導入などさまざまなものがあり、これらを活用することで人手不足による悪影響の緩和、業務効率化や品質の向上などが期待されている。また、省人化・省力化技術の導入は、労働者の負担軽減や安全性の向上にも寄与し、より良い労働環境を実現する一助になるとも考えられる。

どのような職業がコンピュータ、いわゆるAIやロボットへの代替を進めやすいか、また逆に進めにくいのかみていきたい。図表41は、コンピュータによる労働の代替を予測したフレイ＆オズボーン（2015）の研究をベースに日本の職業分類で同様の研究を行った浜口、近藤（2017）が示している200職業別コンピュータ代替確率を高い順に並べた結果である。コンピュータ化確率60%以上の職業を具体的にみていきたい。

コンピュータ化確率90%以上の、コンピュータで代替しやすいと考えられる職業には、オフィスワークが多いことがわかる。オフィスワークに該当する職業以外では検査員が多く、センサー類を搭載した機械が得意なタスクを主とする職業が目立つ。また、飲食店の給仕や小売店の販売員はもちろん、直感的には代替が難しそうな建設活動を担う職業や運輸業に係る職業も比較的コンピュータ化代替確率が高くなっている。一方で、医療・福祉に関連する職業のコンピュータ化確率は低く、本表に記載がないか、あっても介護職員、臨床検査技師、歯科衛生士、看護助手にとどまっている。

これらの結果を踏まえると、深刻な労働力不足に直面し、今後も需給ギャップの解消が困難だと予測される運輸業や建設業、その他サービス業に係る職業においても、省力化・業務効率化技術の積極的な導入によって、労働力不足問題の緩和・解決を図ることが重要と考えられる。

図表41　コンピュータ代替確率60%超の職業

職業名	確率	職業名	確率	職業名	確率
税理士	99.0%	型枠大工	90.0%	食料品製造従事者	79.7%
データ・エントリー装置操作員	99.0%	とび職	90.0%	窯業・土石製品製造従事者	78.5%
商品仕入外交員	98.0%	屋根ふき従事者	90.0%	飲料・たばこ製造従事者	78.5%
金属製品検査従事者	98.0%	製銑・製鋼・非鉄金属製錬従事者	89.7%	ブロック積・タイル張従事者	78.5%
化学製品検査従事者	98.0%	ボイラー・オペレーター	89.0%	パーソナルコンピュータ操作員	78.0%
窯業・土石製品検査従事者	98.0%	鉄道線路工事従事者	89.0%	クリーニング職、洗張職	77.5%
食料品検査従事者	98.0%	飲食物給仕・身の回り世話従事者	88.0%	金属溶接・溶断従事者	77.5%
飲料・たばこ検査従事者	98.0%	伐木・造材・集材従事者	88.0%	バーテンダー	77.0%
紡織・衣服・繊維製品検査従事者	98.0%	土木従事者	88.0%	養畜従事者	76.0%
木・紙製品検査従事者	98.0%	駐車場管理人	87.0%	弁理士、司法書士	74.5%
印刷・製本検査従事者	98.0%	育林従事者	87.0%	計量計測機器・光学機械器具整備・修理従事者	74.3%
ゴム・プラスチック製品検査従事者	98.0%	畳職	87.0%	介護職員（医療・福祉施設等）	74.0%
はん用・生産用・業務用機械器具検査従事者	98.0%	通信機器操作従事者	86.0%	紡織・衣服・繊維製品製造従事者	73.6%
電気機械器具検査従事者	98.0%	不動産営業職業従事者	86.0%	はん用・生産用・業務用機械器具組立従事者	73.5%
自動車検査従事者	98.0%	植木職、造園師	86.0%	娯楽場等接客員	72.0%
輸送機械検査従事者（自動車を除く）	98.0%	鉄道運転従事者	86.0%	輸送機械組立従事者（自動車を除く）	72.0%
計量計測機器・光学機械器具検査従事者	98.0%	電気機械器具組立従事者	85.7%	大工	72.0%
会計事務従事者	97.8%	印刷・製本従事者	85.5%	船内・沿岸荷役従事者	72.0%
電話応接事務員	97.0%	運輸事務員	85.3%	陸上荷役・運搬従事者	72.0%
不動産仲介・売買人	97.0%	営業・販売事務従事者	85.0%	クレーン・ウインチ運転従事者	71.5%
接客社交従事者	97.0%	医薬品営業職業従事者	85.0%	輸送機械整備・修理従事者（自動車を除く）	71.0%
物品賃貸人	97.0%	機械器具・通信・システム営業職業従事者	85.0%	自動車整備・修理従事者	69.5%
受付・案内事務員	96.0%	発電員、変電員	85.0%	家政婦（夫）、家事手伝い	69.0%
総合事務員	96.0%	倉庫作業従事者	85.0%	配達員	69.0%
砂利・砂・粘土採取従事者	96.0%	化学製品製造従事者	84.3%	ハウスクリーニング職	69.0%
集金人	95.0%	警備員	84.0%	臨床検査技師	68.5%
郵便事務員	95.0%	金属プレス従事者	84.0%	歯科衛生士	68.0%
庶務・人事事務員	94.3%	木・紙製品製造従事者	84.0%	調理人	68.0%
公認会計士	94.0%	自動車運転従事者	83.3%	郵便・電報外務員	68.0%
調査員	94.0%	漁労従事者	83.0%	鉄工、製缶従事者	67.7%
商品訪問・移動販売従事者	94.0%	船長・航海士・機関長・機関士（漁労船）	83.0%	はん用・生産用・業務用機械器具整備・修理従事者	67.0%
建設・さく井機械運転従事者	94.0%	海藻・貝採取従事者	83.0%	浴場従事者	66.0%
左官	94.0%	水産養殖従事者	83.0%	生産類似作業従事者	66.0%
金属彫刻・表面処理従事者	93.5%	車掌	83.0%	ビル・建物清掃員	66.0%
生産関連事務従事者	93.0%	甲板員、船舶技士・機関員	83.0%	農耕従事者	64.0%
再生資源回収・卸売従事者	93.0%	鉄筋作業従事者	83.0%	電気機械器具整備・修理従事者	63.9%
販売店員	92.0%	ゴム・プラスチック製品製造従事者	82.3%	看護助手	63.0%
保険代理・仲立人（ブローカー）	92.0%	計量計測機器・光学機械器具組立従事者	81.5%	農林水産・食品技術者	62.7%
画工、塗装・看板制作従事者	92.0%	ビル管理人	81.0%	配管従事者	62.0%
生産関連作業従事者（画工、塗装・看板制作を除く）	92.0%	自動車組立従事者	81.0%		
板金従事者	91.3%	金属工作機械作業従事者	80.7%		
鋳物製造・鍛造従事者	90.0%	理容師	80.0%		

資料）浜口、近藤「地域の雇用と人工知能」、（独）経済産業研究所『RIETI Discussion Paper Series』（2017）

AI・ロボットの導入は途上

九州地域の企業で人手がかかる業務において実施されている取り組みをみると、最多は「業務内容や工程の見直し」となり、ロボットやAIの導入を回答した割合は低い（図表42）。中小企業では、ロボットを導入しても大企業に比べてスケールメリットが限られ、コストが高くなりがちであること、活用の方法が判らないといった情報格差の存在等が回答率の低さにつながっていると思われる。

しかし、今後は人手不足業種の賃金上昇が予想される。コロナ禍で日本に先んじて人手不足が表面化した米国では、2021年後半以降、対面型の業種である「医療及び社会福祉業」「芸術，娯楽及びレクリエーション業」「宿泊及び飲食業」「その他のサービス業（公務を除く）」で平均時給の上昇率が他業種よりも高くなっている（図表43）。

このことを踏まえると、日本・九州においても、賃金の上昇が予想される業種では、ロボット等の導入をこれまで以上に積極的に進める必要がある。そうした時、ロボットの導入によるコストメリットは、現在よりも高まることとなる。

図表42 九州地域企業の人手がかかる業務において実施している・もしくは実施予定の取り組み内容

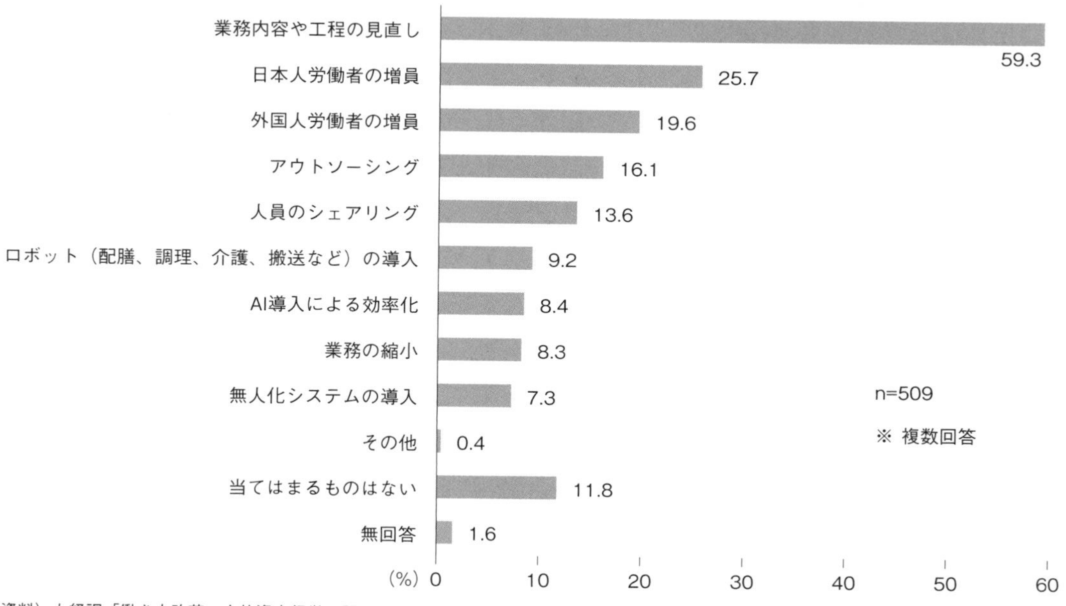

資料）九経調「働き方改革・人的資本経営に関するアンケート」

図表43 米国主要業種における平均時給、平均時給上昇率

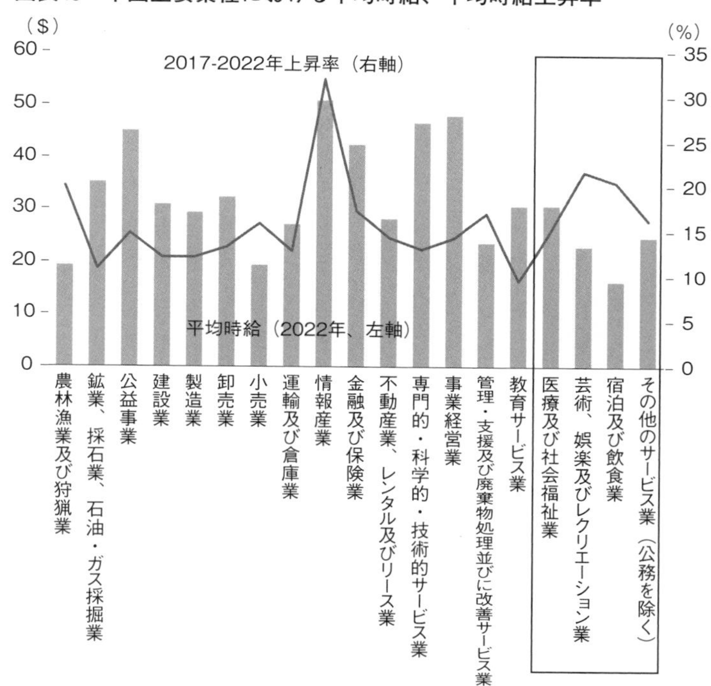

資料）米国労働統計局（U.S. BUREAU OF LABOR STATISTICS）公表データをもとに九経調作成

4 AIと仕事の未来

1）生成AIについて

生成AIの出現

近年、世界中で生成AIに対する注目が高まっている。とりわけ2022年11月にはOpen AI, Inc.（米国）により対話型AIサービス“Chat GPT”が公開され、その高いクオリティから驚異的な速度で利用者数を伸ばし、日本でも大きな話題となっている。

こうした動きを受け、世界経済フォーラム(World Economic Forum: WEF)が2022年6月に公表した“Top10 Emerging Technologies of 2023”では、今後3～5年の間に社会にポジティブな影響を与えると思われる重要な10の技術のひとつとして生成AIを挙げた[2]。また、2023年5月に開催された先進7カ国首脳会議（G7広島サミット）でも、ChatGPTをはじめとするAIの活用が議題となり、その結果を踏まえて担当閣僚による枠組である“広島AIプロセス”が立ち上がった[3]。

生成AIの活用領域

生成AI技術が大きな衆目を集めている理由の一つに、従来のAI技術では実現が難しいと考えられていた仕事領域まで、デジタル技術の応用範囲として射程に入ったことが挙げられる。他のAIが予測や識別、最適化などの領域で活用されるのに対し、生成AIは画像やテキストなど新たなコンテンツを生成できることに大きな特徴がある。

生成AIの使用例は図表44にあるように、具体的な機能として会話や翻訳、画像の生成や拡張、文章や画像の解釈、作曲やコーディングなど多岐にわたる。

2）AIと仕事

生成AIにより拡がるフロンティア

AIがビジネスで使用されるようになってから、ホワイトカラーの仕事領域は徐々にAIで代替されてきた。図表45は、業務を“ミスの許容可能度”と“入出力の複雑さ”の2軸で分類した仕事領域の概念図である[4]。

AIが産業利用される以前は、入出力が複雑な仕事の多くはホワイトカラーの仕事領域であった。機械学習やディープラーニングなどのAI技術によって、一定程度のミスが許容可能で出力が定形な仕事は代替可能となった。これまで一定程度のミスが許容可能で入出力が不定形な部分は、AIでは代替できない“ホワイトカラー固有の仕事領域”となっていた。

ところが、生成AIの出現によってこの領域にもデジタル技術が適用できるようになり、ホワイトカラーの仕事領域がAIに代替される可能性がでてきた。これは生成AIが注目されている理由のひとつであり、またAIによる失業が近年、強く懸念されている要因でもある。

図表44　生成AIの使用例：選例

モダリティ	アプリケーション	使用例
テキスト	コンテンツ作成	マーケティング：パーソナライズしたメールや投稿の作成
		採用：面接の質問や職務説明の起草
	チャットボットやアシスタント	顧客サービス：コンバージョンを高めるためのウェブサイト上でのチャットボットの使用
	検索	より自然なウェブ検索の作成
	分析と合成	営業：顧客との対話から洞察を抽出する分析
		リスク管理と法務：法規制文書の要約
コード	コード生成	IT：自動化されたコード提案によるアプリケーション開発の加速と品質の向上
	アプリケーションの試作とデザイン	IT：ユーザーインターフェースデザインを迅速に生成
	データセット生成	AIモデルの品質改善のための合成データセットを生成
画像	素材生成	マーケティングと販売：独自コンテンツの生成
	画像編集	素早くコンテンツをパーソナライズする
音声	テキスト読み上げ	トレーニング：教育用のナレーション制作
	サウンド作成	エンターテインメント：著作権違反なしにカスタムサウンドを作成
	音声編集	エンターテインメント：再録音することなくポッドキャストを編集
3－Dなど	3Dオブジェクト生成	ビデオゲーム：場面やキャラクター設定の作成
		デジタル表現：内装デザインのモデルと建設デザインのためのバーチャルステージングの作成
	製品設計と探索	製造：材料設計の最適化
		薬の発見：研究開発プロセスの加速
動画	動画生成	エンターテイメント：TikTok用のショート動画を生成
		トレーニング・学習：AIアバターを使用してビデオレッスンや企業プレゼンテーションを作成
	動画編集	エンターテイメント：ソーシャルメディア用に動画を短縮
		Eコマース：一般的な動画にパーソナライズを追加
		エンターテインメント：背景画像やノイズを事後的に除去
	音声翻訳と微調整	動画吹き替え：AI生成または発話者の声を使用して新しい言語に翻訳
		ライブ翻訳：企業会議、ビデオ会議用
		ボイスクローニング：俳優の声の複製や、老化など舞台演出のための変更
	フェイススワップと微調整	バーチャルエフェクト：高品質な急速老化や若返りの表現 化粧、かつら、義鼻などの調整
		後処理段階でのリップシンクまたは「視覚的な」吹き替え：複数の年齢制限や言語でのリリースを実現するための映像編集
		顔の入れ替えとディープフェイクの視覚効果
		ビデオ会議：リアルタイムの視線修正

資料）McKinsey & Company "What's the future of generative AI? An early view in charts"をもとに九経調作成

図表45　AI産業利用の前後における仕事領域の変化

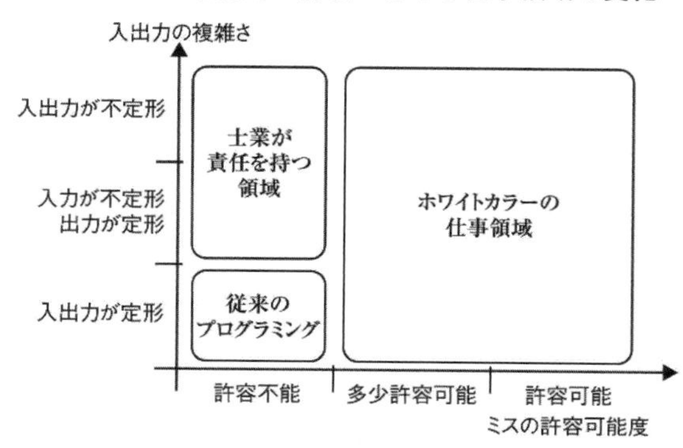

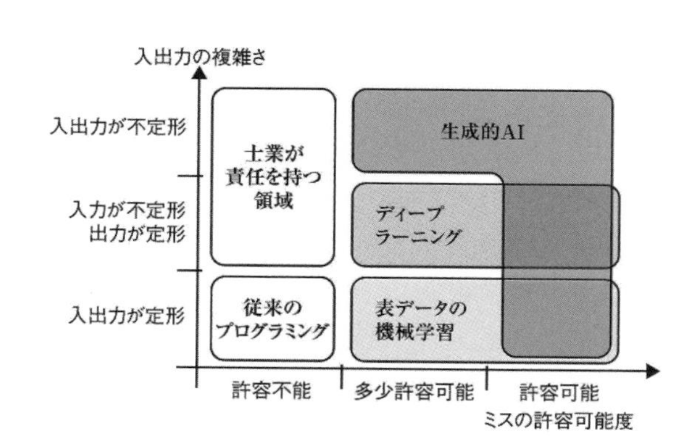

資料）ところてん『ChatGPT攻略』

AI と雇用代替に関する議論

生成 AI の登場より以前から、AI による雇用の代替について活発に議論されてきた。AI による雇用への影響を推計した先行研究として、最も有名なのは Frey, & Osborne (2013) による試算である[5]。この推計は「米国において、“10〜20年間で機械に代替されるリスクが70%以上”の職業に労働人口の47%が従事している」という衝撃的な内容であった。この研究では、コンピュータ化の難易度は各職業に求められる要素(社会的知性や創造性、認知・操作能力などに関する項目)によって異なると考えており、これらをもとにコンピュータが代替する確率を推計した。この推計によると、教育や法務、管理職、金融などは代替リスクが低く、事務職やサービス業、販売・小売、運輸などは代替リスクが高いという傾向が示された。

この推計結果は多くの衆目を集めることとなったが、その後の批判的検討で徐々に推計方法の課題も明らかになった。特に、同一職業でも立地や環境により求められるタスクは異なる可能性があるため、当該論文は過大な推計だという指摘が挙がった。

Arntz, Gregory, & Zierahn (2016) は、“職業ベース”ではなく“タスクベース”でコンピュータ確率を求め、雇用への影響を推計した[6]。その結果、米国において、“機械に代替されるリスクが70%以上”となるのは労働人口の 9 %であった。

> ＜コラム：AI と雇用に関する推計の問題点＞
>
> ここでは職業ベースとタスクベースの推計の 2 つを紹介した。しかし、どちらの推計方法においても検討していない事項や課題がある。これらの推計方法における具体的な課題としては、自動化可能性の評価が専門家の主観に依存していることや技術的可能性のみに着目しており、技術の実装（手法や価格など）を考慮していないこと、労働者が自動化されないタスクをより多く行うようになるなど企業内でのタスクの調整が行われる可能性を考慮していないこと、技術進歩による雇用創出や所得増に伴う総需要の増加等の影響を考慮していないことなどが挙げられている[7]。

大規模言語モデルによる影響の議論

ChatGPT のような大規模言語モデル（LLM）の登場以降、生成 AI の経済的影響を推計した研究が相次いで発表されている。OpenAI とペンシルベニア大学の論文[8]によると、米国において80%の労働者が、彼らの持つタスクのうち少なくとも10%に LLM の影響を受ける。そのうち19%の労働者は、50%のタスクに影響を受けることとなる。大きな影響を受ける具体的な職業の例として、通訳や翻訳家、調査研究員、詩人や作詞家、ライター、ウェブデザイナーなども挙げられている。高賃金の職業、参入障壁の高い業界では LLM の影響が大きいと予測されている。具体的な業種の例として、証券金融、保険、IT（プログラマ等)、出版業界などが挙げられる。一方で、木材製品製造業や食品製造業、家具関連製造業などの製造業や、トラックや鉄道などの運輸業などで LLM による影響が小さい。

3）九州における状況

LLM の影響からみた九州の産業分布

ペンシルベニア大学の論文を踏まえ、九州における影響について検討する。図表46は、ペンシルベニア大学論文に記載の業種と、総務省統計局“令和２年国勢調査”の産業を結びつけ、九州８県の当該産業の就業者規模と構成比をみたものである。ここでは人口10万人以上の都市を総労働人口順にならべ、LLM の影響度別に色分けした棒グラフ（影響度30%未満、30%以上50%未満、50%以上）を示している。

注目すべきは、県庁所在都市とその周辺市で“影響度の高い産業”の占める割合が高い点である。特に福岡市は影響度30%以上の産業が過半（51.4%）を占めている。また、春日市

図表46　影響を受ける産業の規模・構成比（人口10万人以上の都市）

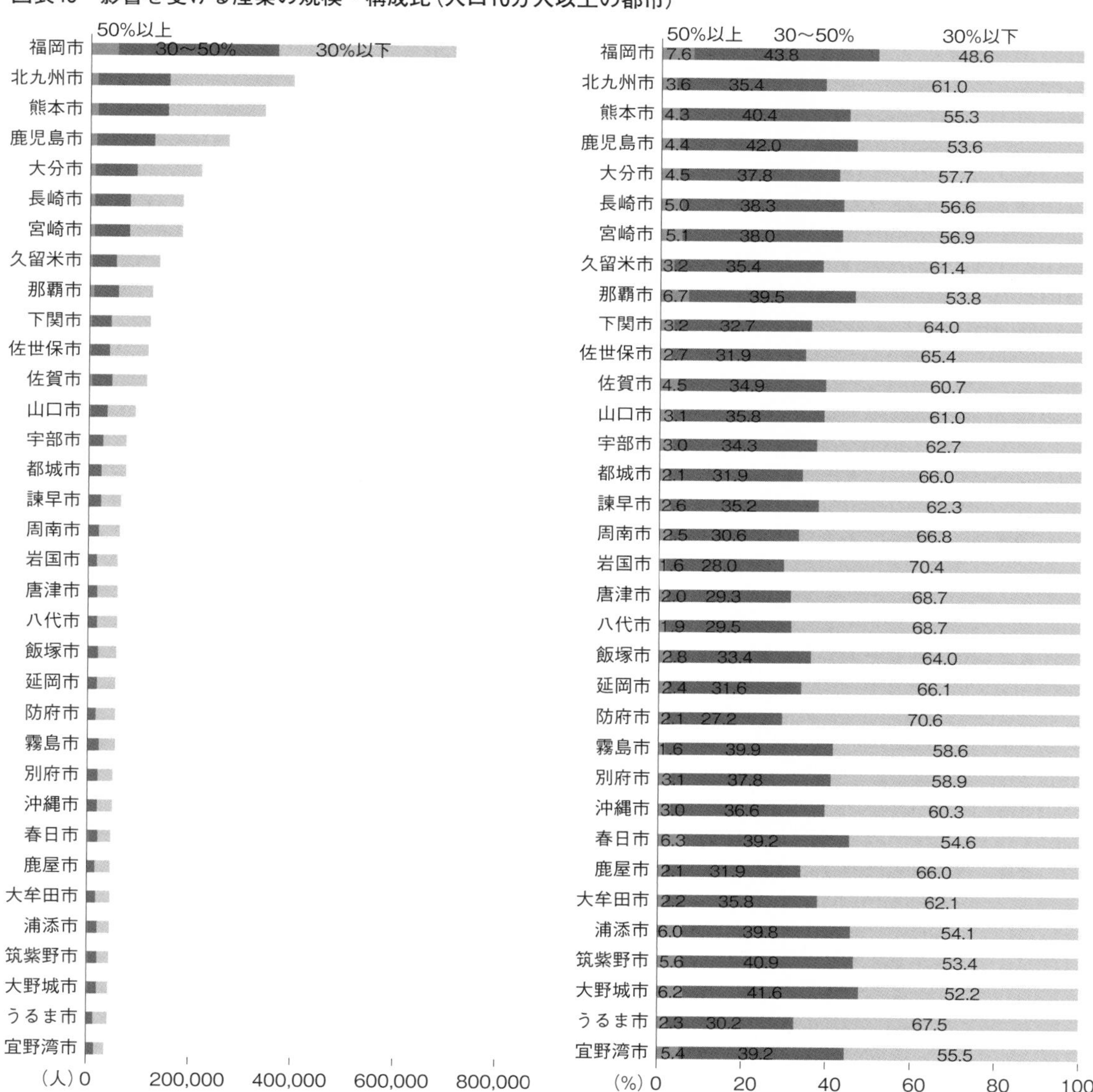

注１）日米の業種区分が異なる場合、最も妥当と考えられる業種に対応させた
注２）総労働人口と各産業計は丸め誤差により一致しないため、差分を各産業の構成比により按分した
資料）総務省「令和２年国勢調査」をもとに九経調作成

や大野城市、筑紫野市などの福岡市周辺や、那覇市および浦添市、宜野湾市といった那覇市周辺の地域では、影響度50%以上の産業が過半数を占めている。これはIT関連産業がこの２都市に集積しているためである。また、鹿児島市や熊本市、長崎市、宮崎市、大分市、佐賀市では“影響度30%以上の産業”が占める割合が全国より高い。

一方で、北九州市は“影響度が高い産業”が占める割合は全国より低く、久留米市や大牟田市といった地域においても同様である。こうした地域は製造業中心の産業構造となっているため、各県庁所在地より“影響度が低い産業”が多くを占める。以上から、生成AIは特にサービス業中心の都市部において大きな影響を与えるということがわかる。

生成AI導入・活用の現状

それでは、現在の活用状況はどうだろうか。図表47は九州における生成AIの導入・活用状況を示したものである。“導入も検討もしていない”は63.5%に上る一方、“導入・活用している”と“導入しているが、活用はできていない”との回答は計6.9%となっており、実際に導入している企業の数は少ない。導入している企業に注目すると、“導入しているが、活用はできていない”との回答は約半数に上っており、試行錯誤の状況にあるとみられる。

業種別でみても、大半の業種で導入が進んでいない状況がわかる（図表48）。医療・福祉や卸売・小売業では他の業種に比べて比較的、導入済みの企業が多く、特に医療・福祉では活用も進んでいる。

図表47　生成AI（Chat GPTなど）の導入・活用状況

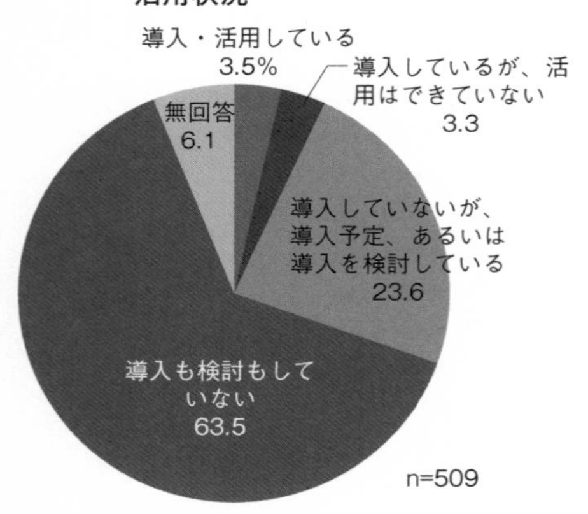

資料）九経調「働き方改革・人的資本経営に関するアンケート」

図表48　業種別でみた生成AI（Chat GPTなど）の導入・活用状況

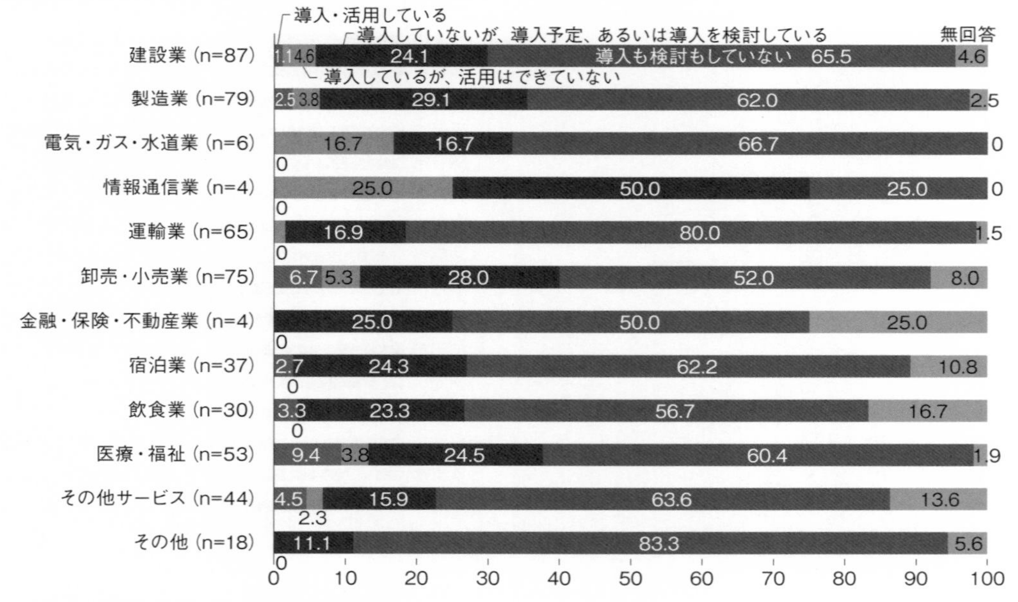

資料）九経調「働き方改革・人的資本経営に関するアンケート」

4）九州の企業が向かうべき方針

生成AIのポテンシャルを発揮するため、自社で展開しているサービスに生成AIを組み込むことで新たな付加価値を創造できないか検討することが重要である。これを実現するため、まずは各社のDX戦略を生成AIを織り込んだ形に再構成すべきである。

生成AIは、これまで活用が難しかった画像やテキストデータなどの定性的データを活用することができる。こうした特性を活用し、これまで属人的に進められてきた仕事や事業の経緯やノウハウなどの社内の情報共有を、より効率化する必要がある。

生成AIを適切に活用し生産性を高められる人材を育成することも重要である。人材を育成するためには、まずは展開されている既存サービスを積極的に利用すべきである。

加えて、新技術に対し柔軟に対応できるようなリテラシーの情勢も重要である。AI分野は短期間で革新的な技術が続々と登場している。こうした状況においては、個別のハードスキルを磨くよりも、状況へ柔軟に対応できるソフトスキルのほうが重要である。

5　外国人受け入れ政策の転換と九州

顕著に増加する外国人労働者

将来の九州地域における生産年齢人口の減少を踏まえると、外国人労働力は地域の生産活動、生活維持にとって不可欠なものとなる。そして、すでに九州地域では都市部だけでなく非都市部でも労働力の需給ギャップが大きく、外国人労働力の活用が進みつつある。

九州地域の外国人は、就労を目的とする割合が高く、さらに専門的・技術的水準がもとめられ“ない”在留資格（技能実習、特定技能）の資格者が多い。つまり、労働集約的な職業、就労現場で雇用される外国人が多い。こうした傾向は非都市部で著しく、居住する外国人の半数以上が技能実習というケースもある。

図表49　全国と九州の就労が認められる在留資格の外国人数の変化　（単位：人）

		就労が認められる在留資格	就労資格別			
			技能実習	特定技能	現業的業務	高度外国人材
全国	2019年	819, 323	410, 972	1, 621	90, 933	315, 797
	2022年	908, 595	324, 940	130, 923	89, 183	363, 549
九州地域	2019年	74, 829	53, 340	216	6, 016	15, 257
	2022年	83, 417	42, 394	16, 513	6, 268	18, 242

資料）法務省「在留外国人統計」をもとに九経調作成

中山間地域、離島・半島で増加する外国人受け入れ事業所

外国人労働力の増加は、受け入れ経験のある事業所が人員を増やしている以上に、受け入れる事業所自体の増加によるところが大きい。労働集約的な現場での業務が多いことを踏まえると、九州のとりわけ非都市部では、受け入れ経験のない事業所であっても、人員の補填のために外国人を雇わざるを得ない状況がうかがえる。

図表50　2022年における外国人労働者と受け入れ事業所、１事業所あたりの外国人労働者数の増加割合（2016年比）

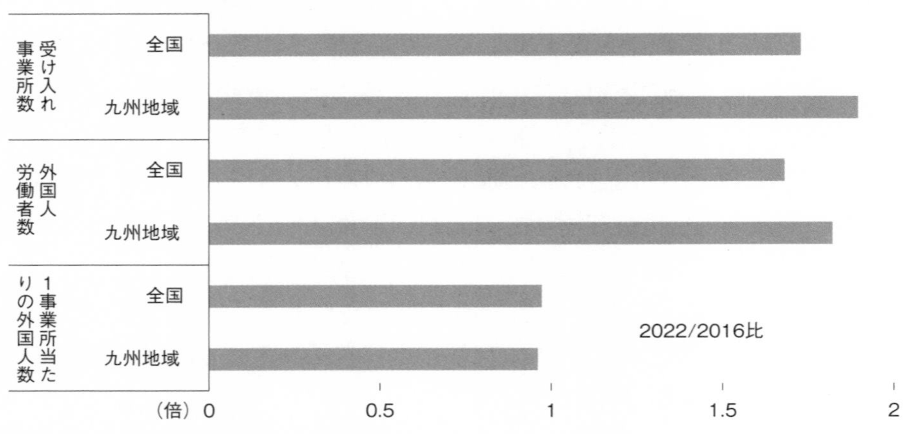

資料）法務省「在留外国人統計」をもとに九経調作成

業種構成をみると、宿泊・飲食サービス業、教育・学習支援業、製造業、サービス業（介護福祉業など）、建設業に多くの外国人労働者が受け入れられている。これらは前出の職業別ミスマッチが発生している産業であり、かつ人手不足業種とも重なる。中小企業向けアンケートでは、介護（医療・福祉）、卸・小売業は、人手不足対策として日本人の増員よりも外国人の増員を優先する傾向があった。九州地域では既に日本人の労働需給ギャップを外国人で補完する状況となっており、今後はさらにその傾向が強くなる可能性がある。

外国人労働市場の流動化で懸念される外国人の“流出”

九州地域で多く雇用されている外国人の多くは、就職後に転籍・転職ができない技能実習生である。他方、外国人労働力受入政策の転換により、今後は技能実習にあたる在留資格者でも転籍・転職が可能となる見通しである。

制度転換によって想定される変化は、外国人労働市場における雇用流動性の高まりと、それによる首都圏、関西圏への転籍・転職による流出である。転籍・転職が可能な「特定技能」

図表51　在留外国人専用転職サイトにおける地域別募集件数と掲載年収

	件数（件）	割合（%）	最低年収（万円）	最低年収 九州地域＝1	最高年収（万円）	最高年収 九州地域＝1
北海道	91	3.5	355.5	1.19	571.5	1.17
東北	65	2.5	354.9	1.19	620.9	1.28
関東	1,858	71.4	401.6	1.34	653.3	1.34
中部	161	6.2	339.4	1.13	556.5	1.14
近畿	241	9.3	355.4	1.19	570.1	1.17
中国	48	1.8	327.2	1.09	608.4	1.25
四国	18	0.7	297.0	0.99	540.6	1.11
九州・沖縄	74	2.8	299.5	1.00	486.7	1.00
海外	33	1.3	376.3	1.26	579.6	1.19
フルリモート	15	0.6	466.0	1.56	774.7	1.59
総計	2,604	100.0	385.8	1.29	629.3	1.29

注１）関東は甲信越を含む。中部は北陸を含む
注２）2023年10月時点の集計
資料）在留外国人専用転職サイト掲載データをもとに九経調作成

の受け入れをサポートする機関によると、現在でも同国コミュニティやSNSを通じた情報をもとに、より高い報酬を求めて九州から首都圏に転籍・転職する動きは多いという。外国人向け転職サイトにおいても、関東地域での求人が圧倒的に多く、提示される報酬も九州地域の1.3倍と高い。

つまり、九州地域では今後も一定レベルの外国人労働力の供給が欠かせないものとなる一方、制度変更により、現在より労働力の流出リスクが高まることとなる。

重要となる企業の外国人受入体制構築

原則的に転職ができなかった技能実習制度の制度見直しに伴い、九州企業が外国人材を確保し続けるためには、キャリアアップの仕組みづくりなど、継続的に働き続けられる仕組みが必要であり、その重要性は高まる。

今後、地域・企業に求められる取り組みとして、①入国時の人材のスクリーニングと入国時からの関係性構築、②教育機関と連携した人材育成、③企業内教育・育成、④転職リスクに対する対応の4点が重要となる。①は、入国後、受け入れ企業を離れて失踪するケースを防ぐ取り組みである。九州地域の受け入れ機関や受け入れ企業が、日本に入国する前の段階で本人や本人の家族とコンタクトをとり、関係性を構築することが、継続的な雇用の面では重要となる。

②は、日本語習熟度と仕事の基本スキル習得を底上げするものである。外国人労働者は、入国後、約1年の日本語教育ののち、専門学校や大学・短期大学で実践スキルを学ぶこととなるが、日本語の習熟度が低いことで専門スキルが習得できていないまま就職するケースが散見される。日本語の習熟度にあわせた実践教育のほか、受け入れ企業の外国人スタッフによる実践的な講義なども有効である。

③は企業内教育による定着度の向上である。外国人労働者を企業内で教育・育成していくためには、日本人とは異なるポイントがあり、会社の理念教育を日本人以上に入念に行うこと、資格取得や教育カリキュラム受講により収入面のインセンティブ明示、専門スキルと日本語スキルのセットでの向上が挙げられる。

④は外国人を含む従業員どうしの交流促進やコミュニケーション機会の創出による転職リスクの低減である。外国人労働者は日本人以上に地域とのつながりが薄く、報酬による転職リスクは大きい。そのため、日本人以上に、職場に対する帰属意識の醸成や、キャリアラダーの明示・構築による働き甲斐の向上が重要となる。

地域・企業間連携による多文化共生

九州地域では、企業内の受け入れ体制構築は途上にあるほか、日本語教室も少なく、日本語習熟度の低い外国人を受け入れるための土壌が不十分である。この状況を改善し、外国人労働者を継続的に受け入れるためには、一企業での取り組みに加え、同じ状況にある同業者や同じ地域の企業の連携による受け入れ体制の構築も検討すべきである。

菊池市や熊本県長洲町での多文化共生の取り組みは、外国人を住民、労働者として適切に受け入れるだけでなく、外国人が日本人と同様に心身ともに豊かな暮らしができることを助けるものとなっている。今後、九州の多くの地域で共通課題となる多文化共生の対応として、モデルケースとなると考えられる。

6 人手不足を克服するための対応

九州地域は既に人手不足の状況にある。足元で起こっている人手不足は、短期的な景気の拡大・後退に基づかない労働需給ギャップから生じている。人手不足の克服に向けた対応の１つは労働供給側からのアプローチであり、もう１つは労働需要側からのアプローチである。

図表52　人手不足の克服に向けた対応

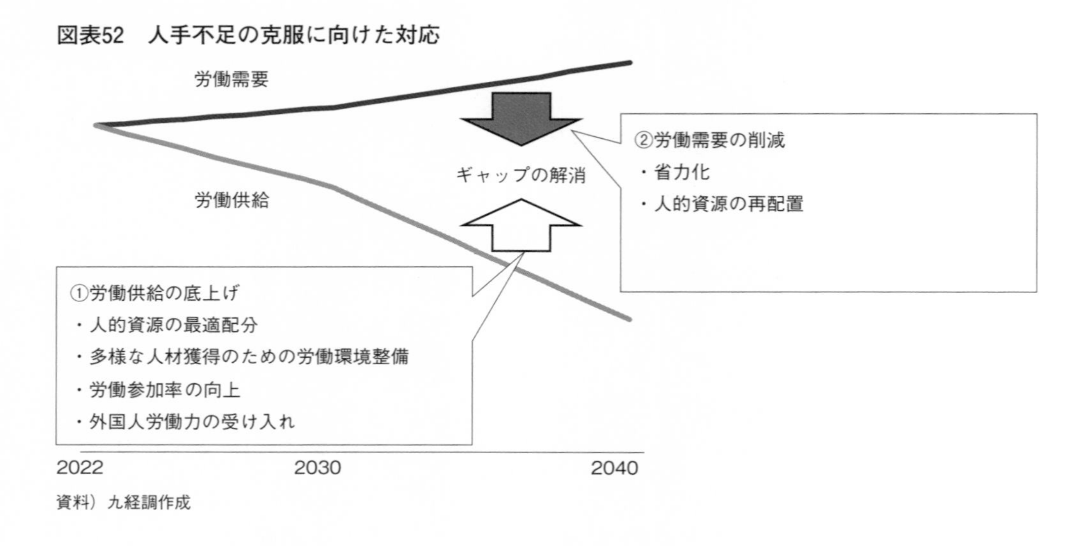

資料）九経調作成

１）労働供給の底上げと生産性向上

賃金格差の解消による人的資源の最適配分

個別企業の対策として、賃金の引き上げは何にも増して効果的である。九州地域では人手不足業種における賃金水準が全国に比べて低く、求職者が流出する要因となっている。よって、まずは人手不足が顕著な業種における賃金引き上げと、商品・サービス価格への適切な転嫁が急務となる。

人手不足業種での賃金引き上げは、ロボット等の省力化技術導入のインセンティブともなる。一方で、人件費高騰に耐えられない企業の退出を促すことにつながるが、構造的人手不足の時代にあっては、健全なレベルでの企業のスクラップ＆ビルドはこれまで以上に重要となる。

外部高度人材を受け入れるための労働環境整備

労働者は、仕事環境や生活環境の改善を求める意識や、生活時間の確保やワークライフバランスへの意識が高まっていることが示されたが、九州地域の企業は、首都圏では既に標準となりつつあるリモートワーク環境や、柔軟な仕事時間の設定などの導入割合が低い。九州地域は東京圏に比べ通勤時間が短く、オフィスコストも低いため、リモートワーク実施率が低いのは、やむを得ない面もある。しかし、首都圏等からのU・Ｉターンの人材獲得や、域外の副業人材を受け入れるためには、リモートワーク環境整備はより重要となる。外部高度人材を受け入れることを主眼に、労働環境整備を行うことが重要と考えられる。

女性の無償労働を低減するための「家事の市場化」

出産、育児に伴う女性の離職や、労働時間・処遇・給与等のミスマッチによる女性の離職はかつてより日本の課題であった。働き方改革の進展により女性が働きやすい環境整備が進みつつある一方、労働スタイルの男女格差は依然として残されている。OECD（経済協力開発機構）が2020年にまとめた生活時間（15～64歳の男女）の国際比較によると、日本人は男女とも総労働時間が長いが、男性と女性で無償労働時間の差が極端に大きく、女性の無償労働時間が女性の負担となり、有償労働時間を増加させる足かせにもなっている（図表53）。

このデータからの示唆のひとつは、男性がもっと家事・育児・介護を分担せよ、という点であり、その取り組みは重要であるが、総労働時間が主要諸国レベルで十分に長く、限界まで労働しているなかでは、それによる有償労働の減少は生産額の減少につながる。他方、それよりも重要な視点は、女性の無償労働の負担をいかに軽減し、有償労働へと移行させることができるかであろう。働き方改革による労働環境整備に加え、「無償労働」となっている仕事、具体的には日常の家事や買い物、育児（世帯員のケア）を外部化し市場化することが重要である。

家事や育児の市場化は、それらをかつてより得意としていた高齢女性など、“非労働力人

図表53　1日当たり有償・無償労働時間の国際比較（週全体平均、2009～2018年調査）

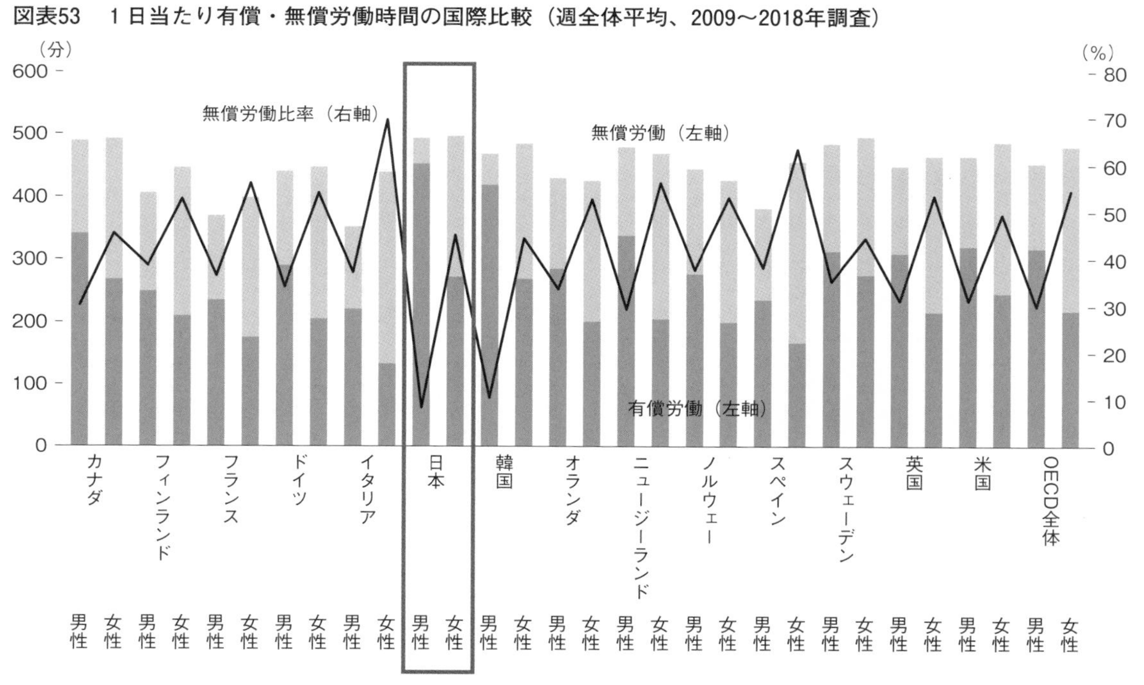

注）有償労働：「有償労働（すべての仕事）」「通勤・通学」「授業や講義・学校での活動等」「調査・宿題」「求職活動」「その他の有償労働・学業関連行動」の合計、無償労働：「日常の家事」「買い物」「世帯員のケア」「非世帯員のケア」「ボランティア活動」「家事関連活動のための移動」「その他の無償労働」の合計

資料）内閣府「男女共同参画白書令和２年版」をもとに九経調作成

口”の労働参加を促す点でも重要な施策である。他方、日本における家事の外部化に対してはかつてより抵抗意識があり、市場化が進まない一因となっている。コロナ禍で生活時間を重視する意識変化や、働き方改革の進展による意識変化が、その抵抗意識を払い、有償・無償労働に対する意識変革にも繋がることを期待したい。

“現場”がある強みを生かした域外人材・副業人材の活用

労働市場の流動性が東京都より低く、かつ専門的なスキルを持つ人材が相対的に少ない九州地域では、企業の成長を維持するため、労働時間・場所の柔軟性を備えた上で、域外居住者の雇用や、副業人材の受け入れによる人材確保も選択肢となる。

現在、副業人材を受け入れることで業容を拡大する企業の分析によると、副業人材は地方企業に対して、自身の技術・スキルの「活躍の余地がある場」を求める側面がある。副業人材は、自身が活躍できるビジネスの「現場」があることに魅力を見出しており、必ずしも多くの報酬でなくとも九州企業に協力し、一定の成果を出している。逆に言うと、「どの」現場に副業人材の力を注ぐか、その背景にはどのような課題があるのかを明確にすることが重要であり、それが副業人材に対して適切に「活躍の余地がある場」を提示し、有効な活用が図られる。副業人材の活用には、仕事の任せ方や意思決定のスピード等、配慮すべきポイントが多くあるが、まずは自社の課題や特徴を整理し、活躍の「現場」で副業人材とともにビジネスを行う視点を持つことが重要である。

公務員の副業解禁

労働参加率を高める切り口として、九州地域の就業者に占める公務員の比率が高いことにも注目すべきであろう。公務は、特に小規模な自治体においてホワイトカラー志望者の貴重な受け皿となり、生産力の高い優秀な人材が集まる職種となっている。地方で企業の成長を維持するための人材、あるいは副業人材を増やすためのアプローチとして、公務員の副業解禁と兼業促進は重要な視点である。

現在、公務員の副業は制限されており、社会福祉サービスや自治体の地域交流などの公益的活動、農業などに限定されている。他方、事務処理能力に長け、地域の実情にも詳しい公務員は、とりわけ地方において公務以外の事業活動でも活躍が期待できる。

外国人高度人材の積極的な活用

政府は2023年３月の教育未来創造会議で2033年までに外国人留学生を40万人受け入れる方針を掲げた。日本の在学者に占める外国人留学生の割合は諸外国よりも低く、今後はさらなる受け入れと、修学後の日本での活躍のための体制整備が進むこととなろう。

九州・沖縄の外国人留学生は順調に増加していたが、コロナ禍の入国制限により減少している（図表54）。受け入れ数の全国シェアは、足元では人口シェア並みであるが、約10年前は人口シェアを超える水準にあり、日本経済大学（太宰府市）や立命館アジア太平洋大学（別府市）、九州大学（福岡市西区）など、受け入れ可能な大学も豊富にある。生産年齢人口の

図表54　外国人留学生数の推移（九州・沖縄）

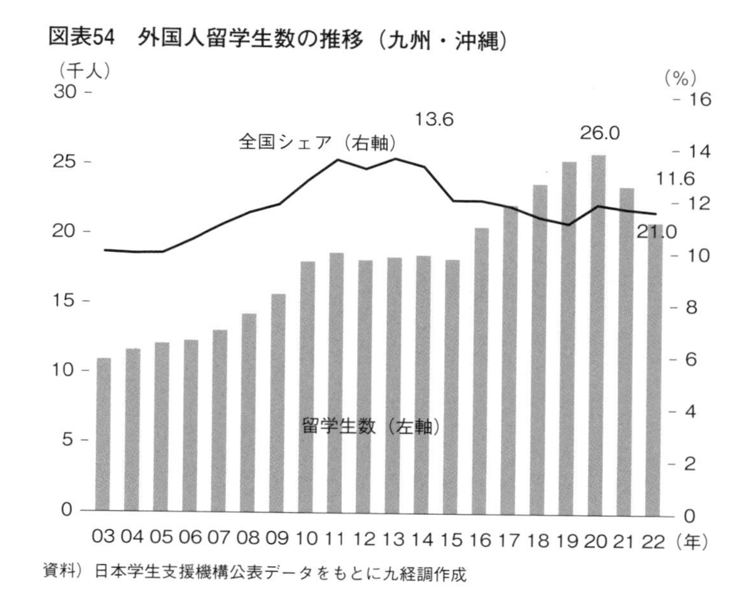

資料）日本学生支援機構公表データをもとに九経調作成

減少ペースが速い九州地域では、留学生の雇い入れは人材不足解消の観点からも重要となる。

また、2023年６月に閣議決定された「経済財政運営と改革の基本方針　2023」では、高度外国人材等の呼び込みに向けた制度整備として、「国際的なリモートワーカー（いわゆる「デジタルノマド」）の呼び込みに向け、ビザ・在留資格など制度面も含めた課題についての把握・検討を行い、本年度中の制度化を行うこと」が明記された。2023年時点で40カ国以上がデジタルノマドビザを創設（あるいは創設決定）し、アジアでは韓国、フィリピンが導入を決めている。デジタルノマドはバックパッカーやワーキングホリデーとは異なり、滞在国以外で雇用されているか、または事業収入を得ており、１カ所に１～３カ月程度長期滞在する高学歴、高収入層が多い。デジタルノマドは日本ではワーケーションによる観光地づくりなど観光の文脈で注目されているが、新しい働き方で日本を訪れる高度人材の活用という観点でも注目すべきであり、九州企業を成長させる可能性がある。

企業の成長を目指した外国人雇用

労働供給制約下の九州地域では、外国人労働力の受け入れは既に三大都市圏に先んじて進んでおり、今後さらに進行することが想定される。九州地域の外国人は、とくに非都市部において、労働集約的な現場で雇用されるケースが多く、足りない日本人の補填として雇用されている側面が大きい。外国人を受け入れる事業所は増加しており、この流れはさらに強くなる。

他方、外国人労働者は、受け入れ制度の改正によって転籍・転職が自由になることで、日本人と同様に流動化する。これにより、外国人を単なる人員の補填として受け入れる企業から、他のより報酬や労働環境が良い企業へと流れてしまうことになる。これからは、外国人労働力を単に人員を補填する存在としてとらえるのではなく、企業の成長エンジンとして定着させることを考えなければならない。

外国人労働者の定着において重要な視点は、継続的な雇用やキャリアラダー構築により、企業の事業継続と成長につなげることである。外国人を早くから受け入れる複数の介護事業者では、日本人と同様のキャリアラダーを準備し、現場のマネージャーや経営幹部候補生として育成する仕組みを作っている。このことが、外国人の労働意欲の向上につながるとともに、他の外国人を受け入れるための仕組みづくりにも貢献し、その結果として企業への定着につながっている。

地域共生の社会実装がもたらす外国人の定着

九州地域には、技能実習や特定技能の在留資格をもつ外国人が多く、制度の変更の見込みを踏まえると、外国人材に選び続けてもらえるような教育・育成仕組みやロールモデル・キャリアモデルの提示などの取り組みが必要となる。しかしながら、現状受け入れ事業者は外国人労働者を少人数で受け入れている事業者が多いことを踏まえると、各事業者単位で取り組める内容は限られ、また日本語教育の空白地域も多い九州地域では、事業所ごとに日本語教育を施すことも現実的ではない。そのような中で、この企業・この地域で働き続けたいと思ってもらうためには、外国人材の労働者の側面だけではなく、地域での生活者としての側面にも着目し、取り組んでいく必要があるだろう。

2）労働需要の削減

積極的な省力化技術導入による差別化

ロボットや無人化システムなど、省力化技術はとりわけ人手不足業種において導入が求められる。また、省力化技術の導入は、省力化以上の導入効果が上がっていることを指摘したい。介護現場でロボットを導入している企業によると、業界全体として労働集約的であるなかで、ロボットの導入によって省力化され労働環境が改善していることに加え、先端技術を用いた仕事ができる会社であること自体が魅力となり、新卒社員の採用に大いに貢献している。こうした点も踏まえて省力化技術の導入を検討すべきと考えられる。

ロボット導入と業務・人員体制改善の連動

既にロボットの導入を進める企業の特徴として、業務・人員体制の見直しと組み合わせて実施されていることが挙げられる。情報共有ツールや RPA の導入も並行して実施される傾向があるほか、外国人の雇用・増員との併用もみられる。

ロボットや無人化システムを導入する企業の事例から示唆的であった点は、適切な導入は、おのずと業務の標準化や見直しと連動していることである。外国人の雇用・増員との併用はその典型であり、日本語能力に関わらず実施できるまで業務を整理し、その一部をロボットに担わせることで省力化が実現する、というプロセスが必要となり、それが全体として生産性の向上にもつながっている。

省人化・効率化支援と企業の流動化への政策転換

労働供給制約下の社会となり、労働力が貴重な資源となるなかで地域の成長を維持するためには、より生産性の高い企業に労働力を投入する必要がある。OECD は、日本において従業員50人未満の小企業の生産性が従業員250人以上の企業の生産性の 3 ～ 4 割に留まるとし、市場から退出すべき企業を存続させる中小企業向け融資を問題視している[5]。コロナ禍の中小企業に対する実質無利子・無担保融資は、生産性の低い企業の倒産を抑え存続させたことも事実であり、OECD の指摘は現在も日本の課題と言える。

九州地域で課題となる「人手不足業種」は、地域の経済だけでなく生活維持にとってもなくてはならない存在である。そのため、中小企業向け政策を転換し、省人化・効率化による生産性向上を進める企業への積極的な支援を重点的に行うことが必要である。

また、単純に企業を市場から退出させては、地域の経済・社会は維持し得ない。そのためにも、リスキル環境の整備による、成長分野への労働移動は重要となる。九州地域のリスキル環境整備は全国・首都圏よりも立ち後れており、国・自治体による支援も視野に入れ、早急な対応が求められる。

参考文献

[1] Gartner Information Technology Glossary “Definition of Generative AI”
[2] World Economic Forum and Frontiers Science News “Top 10 Emerging Technologies of 2023 Report”(2023)（参照 2023. 11. 12)
[3] 総務省「広島 AI プロセス閣僚級会合の開催結果」(参照 2023. 11. 12)
[4] ところてん『ChatGPT 攻略』株式会社 KADOKAWA（2023)
[5] Carl Benedikt Frey, Michael A. Osborne “The Future of Employment: How Susceptible Are Jobs to Computerisation?” Technological Forecasting and Social Change (2013)（参照 2023. 11. 13)
[6] Melanie Arntz, Terry Gregory, Ulrich Zierahn “The Risk of Automation for Jobs in OECD Countries” A Comparative Analysis（2016)（参照 2023. 11. 16)
[7] 厚生労働省「第 3 回労働政策審議会労働政策基本部会資料」(2017)（参照 2023. 11. 17)
[8] Eloundou, Tyna, Manning, Sam, Mishkin, Pamela, Rock, Daniel “GPTs Are GPTs: An Early Look at the Labor Market Impact Potential of Large Language Models”(2023)（参照 2023. 09. 17)
[9] リクルートワークス研究所「未来予測2040　労働供給制約社会がやってくる」(2023)
[10] 浜口　伸明、近藤　恵介「地域の雇用と人工知能」(独) 経済産業研究所（2017)

参考

1．失業率の要因分解

均衡失業率、需要不足失業率の推計方法は次のとおりである。

1）雇用失業率と欠員率を求める

雇用失業率＝完全失業者数／（完全失業者数＋雇用者数)

欠員率＝（有効求人数－就職件数）／ {(有効求人数－就職件数）＋雇用者数}

2） 1の結果を利用して次式を推計する

$ln(u) = \alpha + \beta \cdot ln(v)$

u：雇用失業率　v：欠員率

[5] OECD（経済協力開発機構）「OECD 対日経済審査報告書2017年」

3） 2の推計結果を用いて次式により均衡失業率を算出

uとvが等しくなるときの雇用失業率（均衡雇用失業率）をu^*とすると、

$ln(u^*)=(\ln(u)-\beta ln(v))/(1-\beta)$

均衡失業者数をUとすると、均衡雇用失業率u^*と雇用者数EEを用いて、

$u^*=U/(U+EE)*100$

これをUについて解くと、

$U=EE\cdot u^*/(100-u^*)$

就業者ベースに換算した均衡失業率u^{**}は、就業者数Eを用いて、

$u^{**}=U/(E+U)\times 100$（%）

2．ミスマッチ指標

ミスマッチ指標は次式より算出した。

$$\text{ミスマッチ指標}=\frac{1}{2}\sum\left|\frac{U_i}{U}-\frac{V_i}{V}\right|$$

Ui：区分　iの求職者数　U：求職者総数

Vi：区分　iの求人数　　V：求人総数

3．九州地域の人手不足数推計

1）リクルートワークス研究所「未来予測2040」による推計

※リクルートワークス研究所「未来予測2040」より抜粋

労働政策研究・研修機構（JILPT）「労働力需給の推計―労働力需給モデル（2018年度版）による将来推計―」の推計手法を参考に実施。

需要ブロック

・各産業での生産額、賃金、労働時間などから就業者数の変化率を推計する予測式を作成

・実績値は就業者数を、将来値は潜在的な就業者数を表し、後者の値が将来の労働需要にあたる

供給ブロック

・性・年齢階級別（女性は有配偶・無配偶別）に労働力率を推計。労働力率に影響する変数には失業率、進学率、実質賃金など様々なものがあり、対象ごとに異なる組み合わせで予測式を作成。

・労働力率を国立社会保障・人口問題研究所による「日本の将来推計人口」に乗じ、将来の労働力人口を予測。この労働力人口が将来の労働供給にあたる。

需給調整ブロック

・有効求人倍率から失業率、賃金上昇率を推計。

2）地域ブロック別、職業別の推計

需要ブロック

・2020年時点の地域別・職業別従業者数の構成が2030年まで維持されると仮定し、地域別・職業別の労働需要を推計

・労働需要の地域分布は総人口の減少率の差にも影響を受けると仮定し、地域別の推計人口（総人口）の地域別比率を反映

供給ブロック

・2020年時点の地域別・職業別従業者数の構成が2030年まで維持されると仮定し、地域別・職業別の労働供給を推計

・地域別の生産年齢人口推計値をもとに全国と地域の人口減少ペースの差を反映

第1章

労働者の意識変化と九州企業に求められる対応

はじめに

本章では、働き方改革とコロナ感染拡大による社会の変化が、働く人々の意識にどのような影響を与えているかについて明らかにする。働き方改革によって推進されたフレックスタイム制やテレワークの普及、さらには緊急事態宣言によるリモートワークの必要性の高まりなど、これらの変化は働き方における時間、場所、そして内容に関する意識に顕著な変化をもたらしている。

労働者のワークライフバランスに対する意識の変化は特に重要であり、より柔軟な勤務形態や、仕事と私生活とのバランスを重視するようになっている。このような意識の変化は、企業が労働者の満足度を高め、生産性を向上させるための勤務条件や環境の見直しを促している。また、テレワークの普及により、労働者は地理的な制約から解放され、自宅や地方あるいは国外など、従来とは異なる場所での勤務を選択できるようになった。さらに、副業、転職やリスキリングなどにより、これまでのような１つの企業で定年までのキャリアを形成するという働き方が一般的ではなくなりつつある。

1　働く人の意識の変化

1）時間の意識変化

縮小傾向にある労働時間

働き方改革およびコロナ感染拡大の影響により、労働時間に変化がみられている。特に近年、労働時間の縮小傾向が顕著である。図表１-１は毎月勤労統計調査のうち、５人以上の事業所を対象とした、過去30年間にわたる一般労働者とパートタイム労働者の月平均労働時間の推移を示している。傾向として、一般労働者とパートタイム労働者のいずれも総実労働時間および所定内労働時間が長期にわたって減少傾向にあることが分かる。この背景には、労働時間法制の改正、働き方改革の進展、社会全体でのワークライフバランスへの意識の高まりなどが挙げられる。

特に近年において、一般労働者の労働時間の減少がみられるが、これには政府の働き方改革が大きく影響しているといえる。とりわけ、2019年４月から順次施行された「働き方改革関連法」による時間外労働の上限規制、年次有給休暇の取得義務化などによって全体的な労働時間も減少している。

さらに、2020年からのコロナ感染拡大もまた、労働時間に影響を与えている。テレワークの導入増加や緊急事態宣言による業務制限が施され、多くの企業で労働時間が削減された。この影響は一時的な現象にとどまらず、日本の労働市場において長期的な働き方の変化への契機となっている。

図表１-１月平均労働時間の推移（全国）

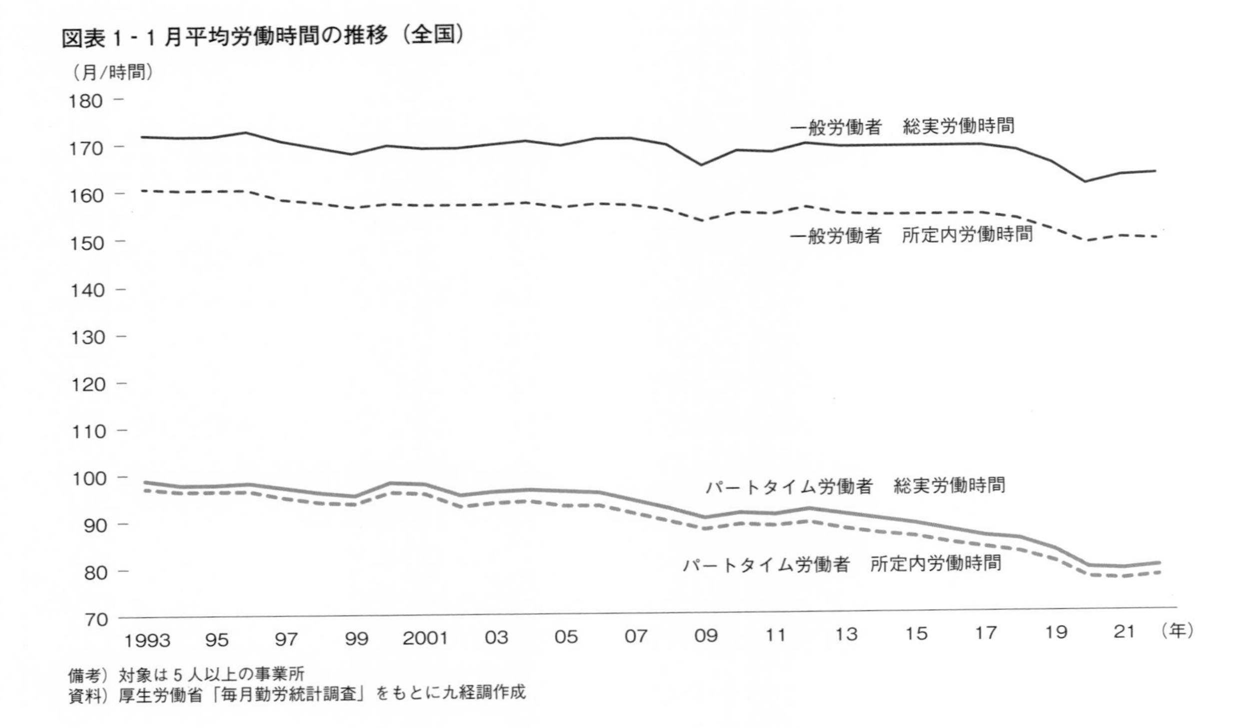

備考）対象は５人以上の事業所
資料）厚生労働省「毎月勤労統計調査」をもとに九経調作成

こうした傾向は九州地域においても確認することができる。図表１-２は、毎月勤労統計調査地方調査から得られたデータに基づいて、過去10年間にわたる月平均労働時間の推移を地域別に示したものである。10年間のうちに労働時間は、一般労働者についてはいずれの地域も３～４％前後、パートタイム労働者については10～15％前後減少した。

一方、九州地域における総実労働時間は過去10年間にわたって東京都や全国平均を上回っている。所定外労働時間については東京都や全国平均をやや下回る水準で推移していることから、そもそもの所定内労働時間の長さが原因として考えられる。これは出勤日数の地域間の差がそのまま表れているものと類推される。

いずれにせよ、九州地域における労働時間が減少したことは、労働生産性の向上、ワークライフバランスの重視といった、働き方改革の取り組みが進行中であることを示している可能性がある。

図表1-2　地域別　労働時間の推移
一般労働者

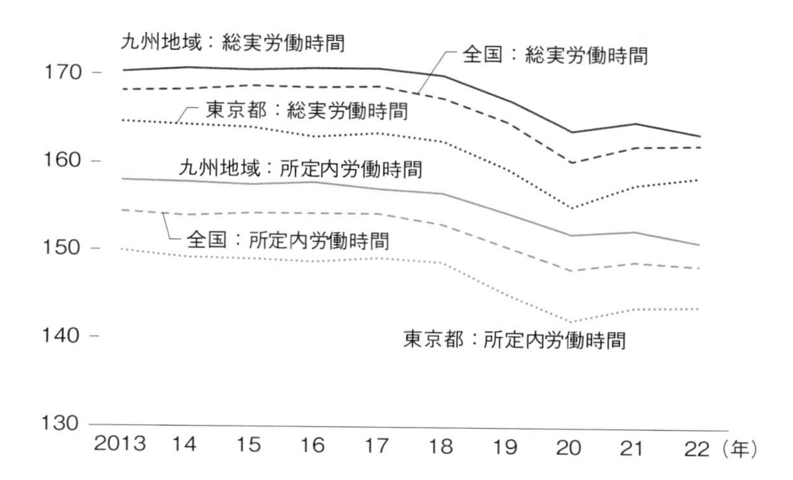

パートタイム労働者

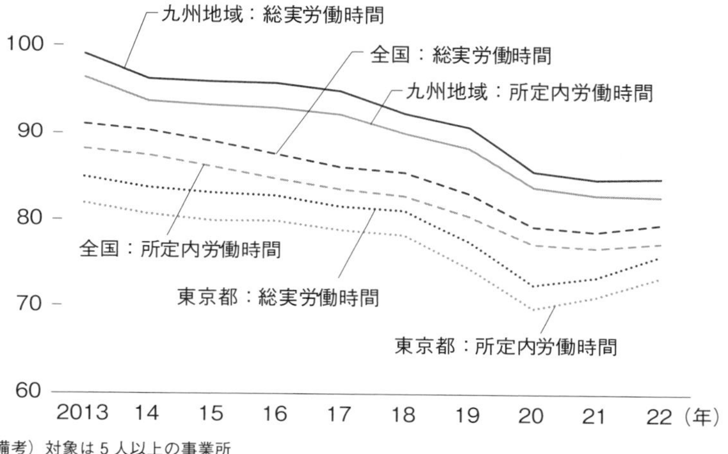

備考）対象は5人以上の事業所
資料）厚生労働省、各都県「毎月勤労統計調査」をもとに九経調作成

増加する個人・家族時間

就業時間の増加希望者から減少希望者を差し引いた年収別の割合について地域別に示したものが図表1-3である。全国的な傾向として、年収200万円を境に、就業時間を減らしたいとする層が就業時間を増やしたいとする層を上回るようになる。年収400万円以上の層は、差し引き10%以上の有業者が就業時間の減少を望んでいる。

非正規雇用労働者に焦点をあてると、就業時間を増やしたいとする層がより多くの割合を占めることがみてとれる。なお、年収200万円を境に就業時間を減らしたいとする層が就業時間を増やしたいとする層を上回るようになるという傾向は、全有業者と変わらないが、九州地域では、非正規雇用労働者において就業時間を減らしたいとする層が他地域よりも多い。

この労働時間の変化と並行して、労働者の時間の使い方も変化している。九州地域の有業者における１日の時間の使い方の推移を確認すると、2001年から2021年にかけて仕事の時間が13分減少し、休養とくつろぎの時間は37分も増加している（図表１‐４）。調査年がコロナ

図表１‐３　本業の所得別にみた就業時間の増減に関する希望（2022年）

全有業者

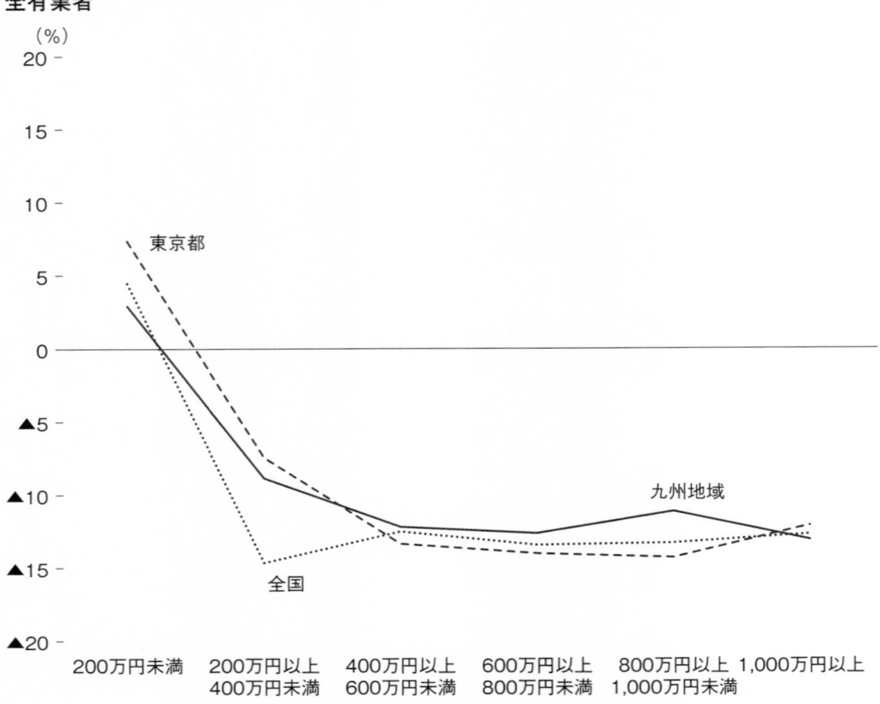

非正規の職員・従業員

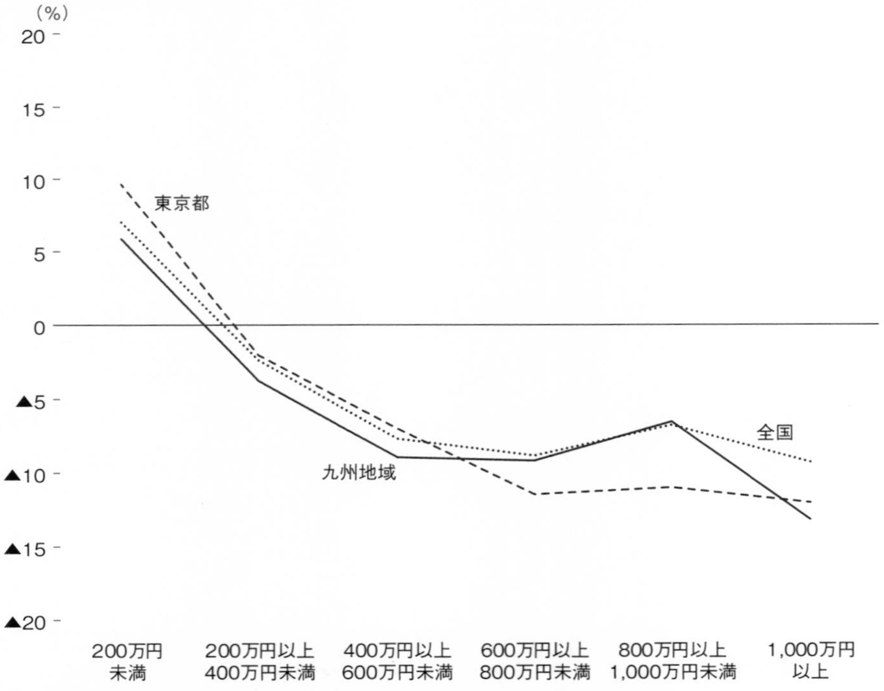

備考）割合は、有業者における就業時間を増やしたい人から減らしたい人を差し引いたもの
資料）総務省「令和４年就業構造基本調査」をもとに九経調作成

感染拡大の最中であったものの、身の回りの用事に割く時間が12分、趣味や娯楽に割く時間が５分増加しており、充実した個人の時間を持つことを重要視するライフスタイルへの変化を強く表している。さらに、家事に費やす時間が６分、育児に費やす時間８分とそれぞれ少しずつ増えており、家庭生活への参加を重視する姿勢も強まっていることを示唆している。

図表１-５は、コロナ感染拡大の前後で家族と過ごす時間に変化があった人の今後の意向を示している。家族との時間が増えたグループでは、増加幅に関わらず、大多数が現状を維持したいと回答しており、家族との絆が強化されたと解釈できる。特に、大幅に増加したグ

図表１-４　九州地域の有業者における時間の使い方の変化

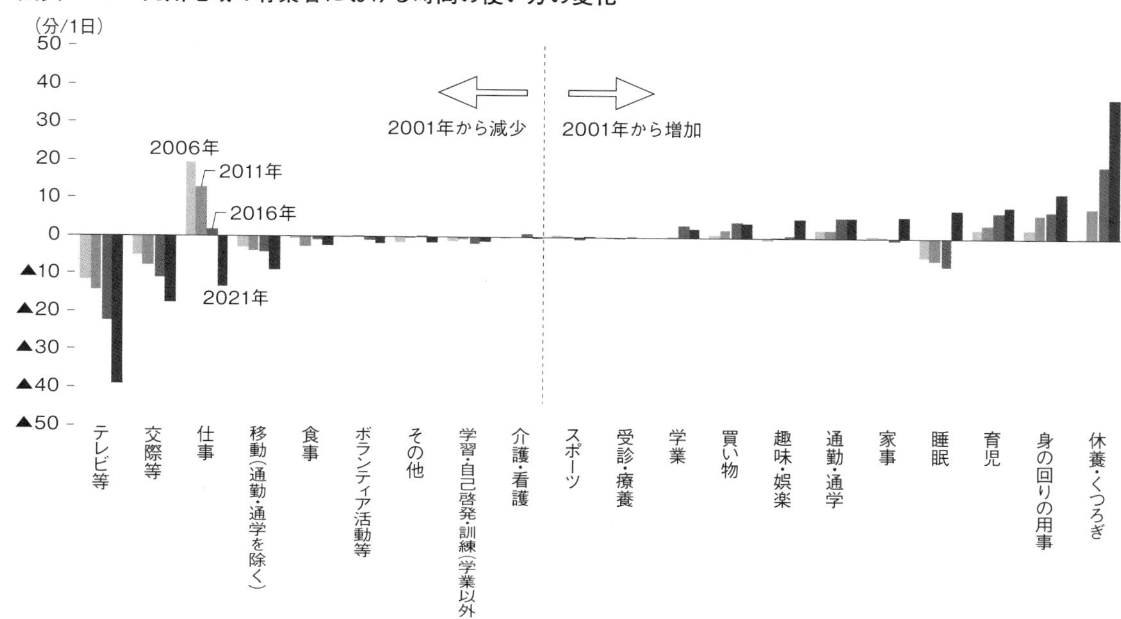

資料）総務省「社会生活基本調査」をもとに九経調作成

図表１-５　家族との時間に関する意識（全国、2023年）

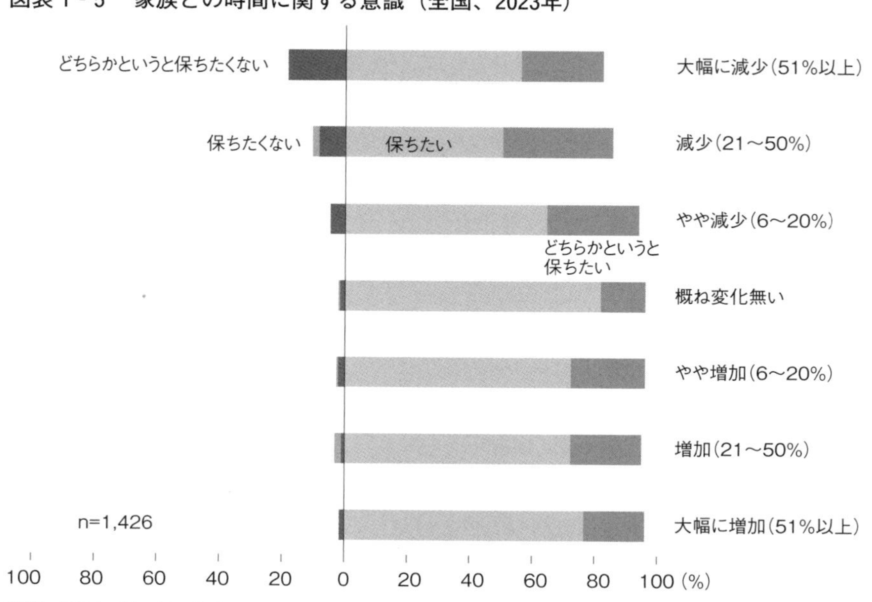

資料）内閣府「第６回　新型コロナウイルス感染症の影響下における生活意識・行動の変化に関する調査」調査票情報の再集計値をもとに九経調作成

ループでは75.8%が現状維持を望んでおり、増加した家族との時間を価値あるものと考えていることがうかがえる。

2）場所の意識変化

新卒者の間で鈍る地元志向

次に、労働者の場所に対する意識の変化をみることにする。採用活動において大きな割合を占める新卒者が、就職先として地元を選んでいるのかどうか示したものが図表1-6である。全国的な傾向として、2000年代初頭には80%前後であった地元就職率が、徐々に低下している。2016年を境に一時上昇したものの、ここ数年は70%前後で推移している。この傾向は九州地域の各県でもみられ、2010年代後半には地元就職率が回復するケースもあるものの、全体的には低下する傾向にある。福岡県、沖縄県、山口県では地元就職率は全国平均を上回ることが比較的多いものの、全体の傾向と同様である。新卒者数の減少に加え、地元を就職先として選ぶ人も減少していることが明らかである。

図表1-6　地域別　新卒者における地元就職率の推移

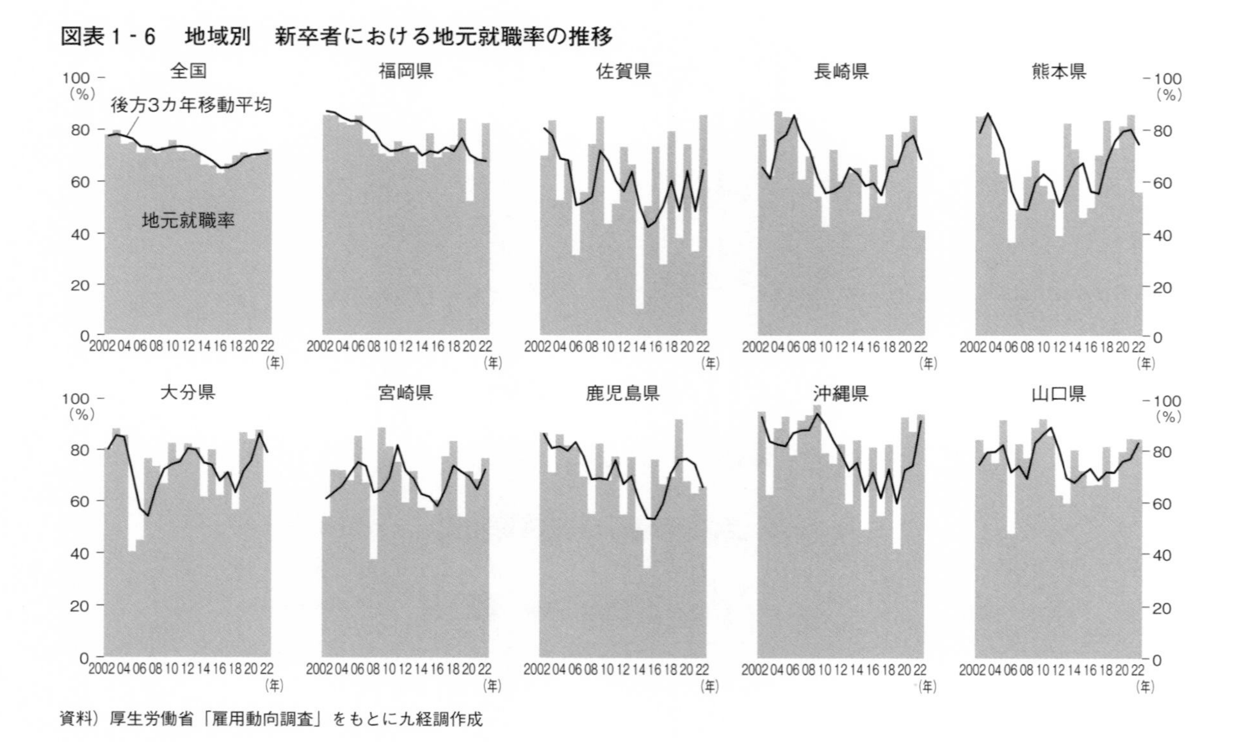

資料）厚生労働省「雇用動向調査」をもとに九経調作成

キャリア人材の関心は地方移住へ

新卒者の地元志向が鈍る中で、キャリア人材の就業地に対する意識はどのような傾向がみられるのか。コロナ禍で職業選択に関する意識が変化しなかった人と変化した人を比較すると、2つの特徴が挙げられる。

1つ目は、2023年3月調査時点で、職業選択に関する意識が変化しなかった人で地方移住

図表１-７　地方移住への希望と職業選択の意識変化（全国）

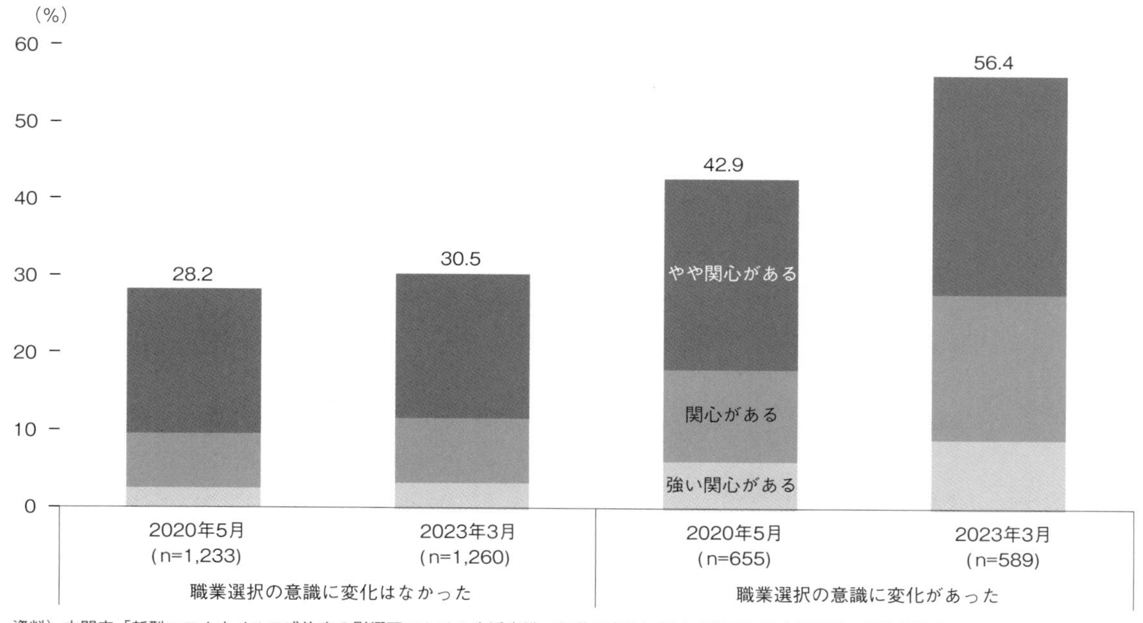

資料）内閣府「新型コロナウイルス感染症の影響下における生活意識・行動の変化に関する調査」調査票情報の再集計値をもとに九経調作成

に「やや関心がある」「関心がある」「強い関心がある」と回答した人の割合は全国で30.5%であったのに対し、職業選択に関する意識が変化した人の回答率は56.4%と２倍近く高い。

２つ目は、2020年５月調査時点と比較すると、職業選択に関する意識が変化しなかった人は、地方移住へ関心を持つ人の割合がやや増加したのに対して、職業選択に関する意識が変化した人は、関心の度合いがより高まっている。

以上をふまえると、コロナ禍を経て、多くの人が現在の働き方や働く場所の再評価を行い、都市部とは異なる環境での働き方や生活を望むようになったといえる（図表１-７）。

都市から地方へ、移住志向の新たな流れ

実際に地方移住に向けた行動がどの程度とられているのか、労働者の意識変化を示したものが図表１-８である。2020年12月は、コロナ感染拡大第３波にあたり、コロナワクチン接種が開始されていない時期であった。地方移住への関心度が高まり、何らかの行動を取った人の割合は累計で23.2%にのぼっている。なんらかの「情報を調べた」人の割合も累計で14.7%となるなど、地方移住がライフプランの選択肢となっている様子がうかがえる。

しかし2023年３月時点では、地方移住に向けて行動した人の割合が、累計で9.4%に低下している。目立って低下したのが「情報を調べた」「家族と相談した」人の割合であり、これらの選択肢は他と比べると、行動に移すハードルが比較的低い。キャリア人材の地方移住の関心度は高まっているが、実際に行動に移す人は減り、より明確な意志をもった人が地方移住を考え、行動に移す状態となっている。

図表１‐８　地方移住に向けた行動の推移（全国）

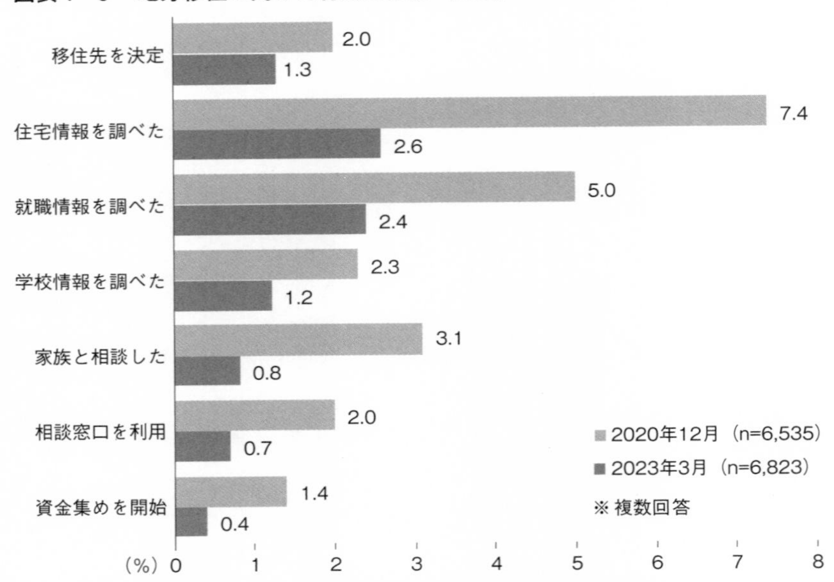

資料）内閣府「新型コロナウイルス感染症の影響下における生活意識・行動の変化に関する調査」調査票情報の再集計値をもとに九経調作成

地方移住の壁となる仕事と収入の不安

地方移住に関心がありながらも実行していない最大の理由として、約６割を超える人が「仕事や収入」を挙げている。また、仕事や収入以外では、「買物や公共交通等の利便性」「人間関係や地域コミュニティ」などが挙げられている。

仕事や収入といった理由に対しては、テレワークを活用することで、都市部の企業に就労したまま地方で暮らすことができることから、ハードルを引き下げる可能性がある。東京などの都市部におけるテレワーカーが増えることで、現在の仕事を続けながら地方で暮らすという、新たな人の流れが広がることを期待できる（図表１‐９）。

図表１‐９　地方移住や郊外への移住に関心はあるが実行していない理由（全国、2023年）

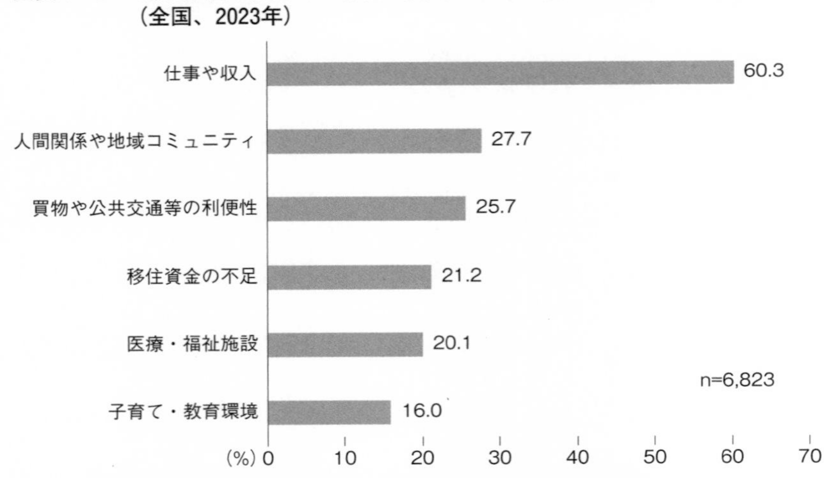

資料）内閣府「新型コロナウイルス感染症の影響下における生活意識・行動の変化に関する調査」調査票情報の再集計値をもとに九経調作成

全国を下回る九州のテレワーク実施率

九州地域におけるテレワークの実施頻度は全国平均や東京都と比較して著しく低く、労働時間のうち「80%以上」でテレワークを行っている割合が1.2%にとどまる。さらに、「40～60%未満」で0.7%、「60～80%未満」で0.5%と低く、九州地域でテレワークが一般的な働き方として広く受け入れられていないことを示している。一方、「20%未満」では8.0%となっ

図表１-10　テレワークの年間実施頻度（2022年）

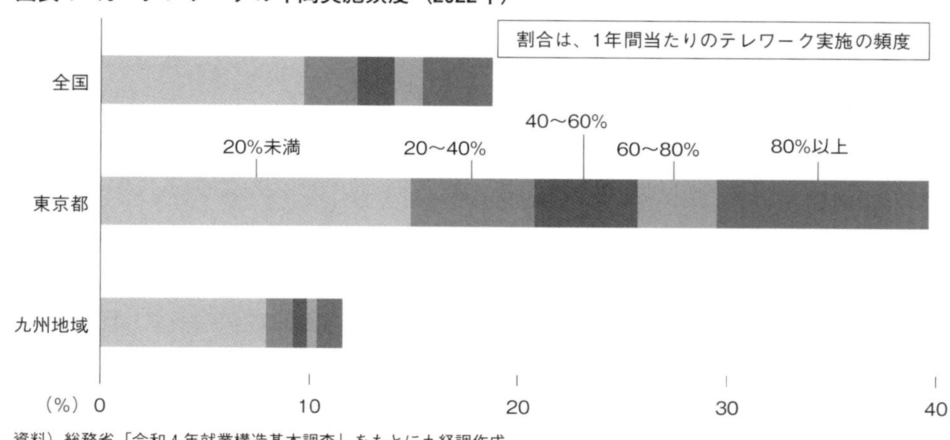

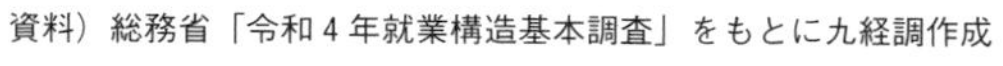
資料）総務省「令和４年就業構造基本調査」をもとに九経調作成

図表１-11　テレワークの地域別・業種別実施状況（2022年）

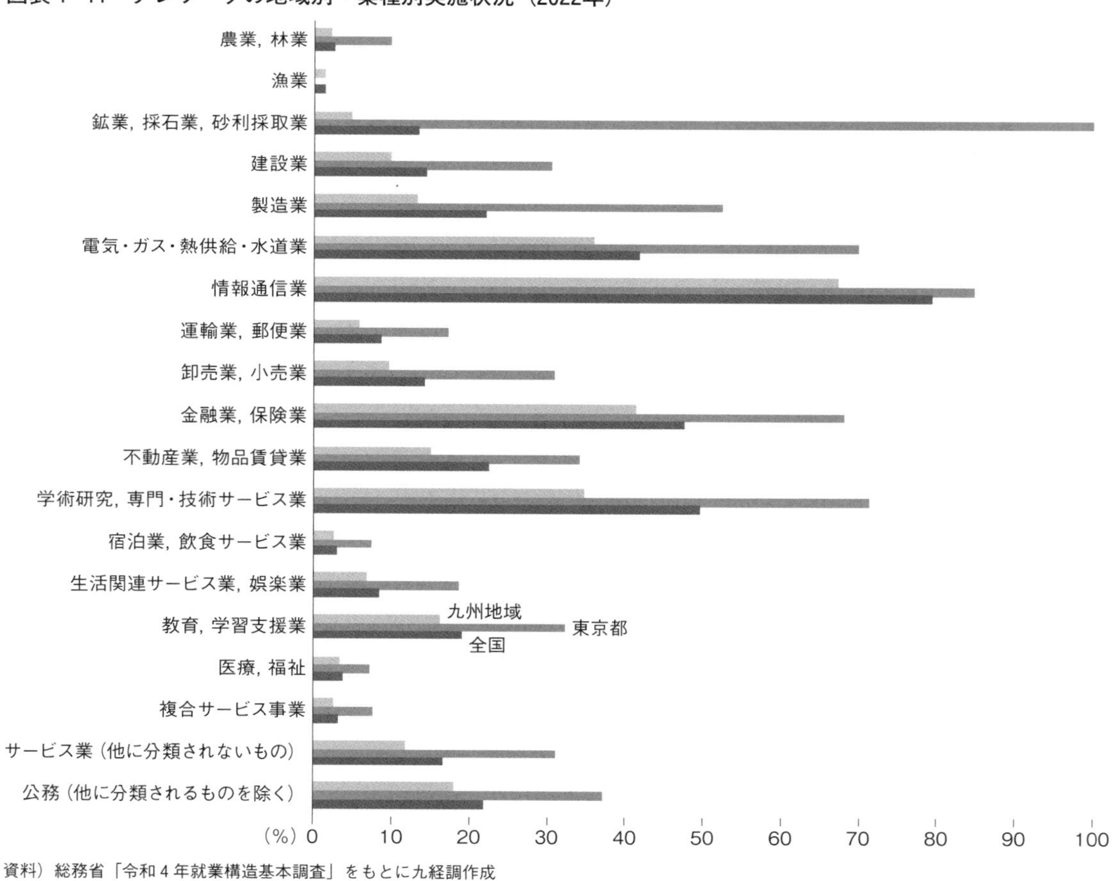

資料）総務省「令和４年就業構造基本調査」をもとに九経調作成

ており、これが九州地域におけるテレワークの主流であることがうかがえる（図表１-10）。

業種別に実施率をみると、九州地域では他地域と比べていずれの業種においてもテレワーク実施率が低いことがわかった。特に全国的にテレワークの導入が進んでいる業種のなかでも、電気・ガス・熱供給・水道業、情報通信業、金融業，保険業、学術研究，専門・技術サービス業で実施率に差がついている。特に東京都では、テレワークの導入が比較的容易な電気・ガス・熱供給・水道業、情報通信業、金融業，保険業や学術研究，専門・技術サービス業で実施率が概ね７割前後、あるいは８割を超えている。東京都は、金融業，保険業の従事者が九州地域の約２倍、学術研究，専門・技術サービス業は約３倍、情報通信業にいたっては約６倍となり、これらの従事者の多さも全体の実施率を押し上げている。一方、東京と比較して九州地域で労働者が多い医療・福祉、建設業、農林漁業といった産業は物理的な労働が必要となる場面が多く、産業構造の違いが実施率の差に反映されている（図表１-11）。

2020年５月以降のテレワーク実施率の推移をみると、いずれの地域も2020年12月に一度低下した後は、2021年９月まで高まりを見せ、以降は横ばいの傾向にある。その内訳をみると、テレワーク中心の働き方をしていた労働者の割合が減少し、テレワークを併用する労働者の割合が増加していることから、一定程度の労働者が完全テレワークから不定期のテレワークへと移行するなどして、働き方の一形態として運用されていると考えられる。

2023年３月時点では、九州地域におけるテレワーカーの割合は24.5%であるのに対して、東京都では49.0%、全国では29.9%であり、実施率に大きな差が現れている。ただし、コロナ感染拡大による行動制限が実施されなくなった後も九州地域での実施率は25%前後で推移

図表１-12　テレワークの地域別実施率の推移

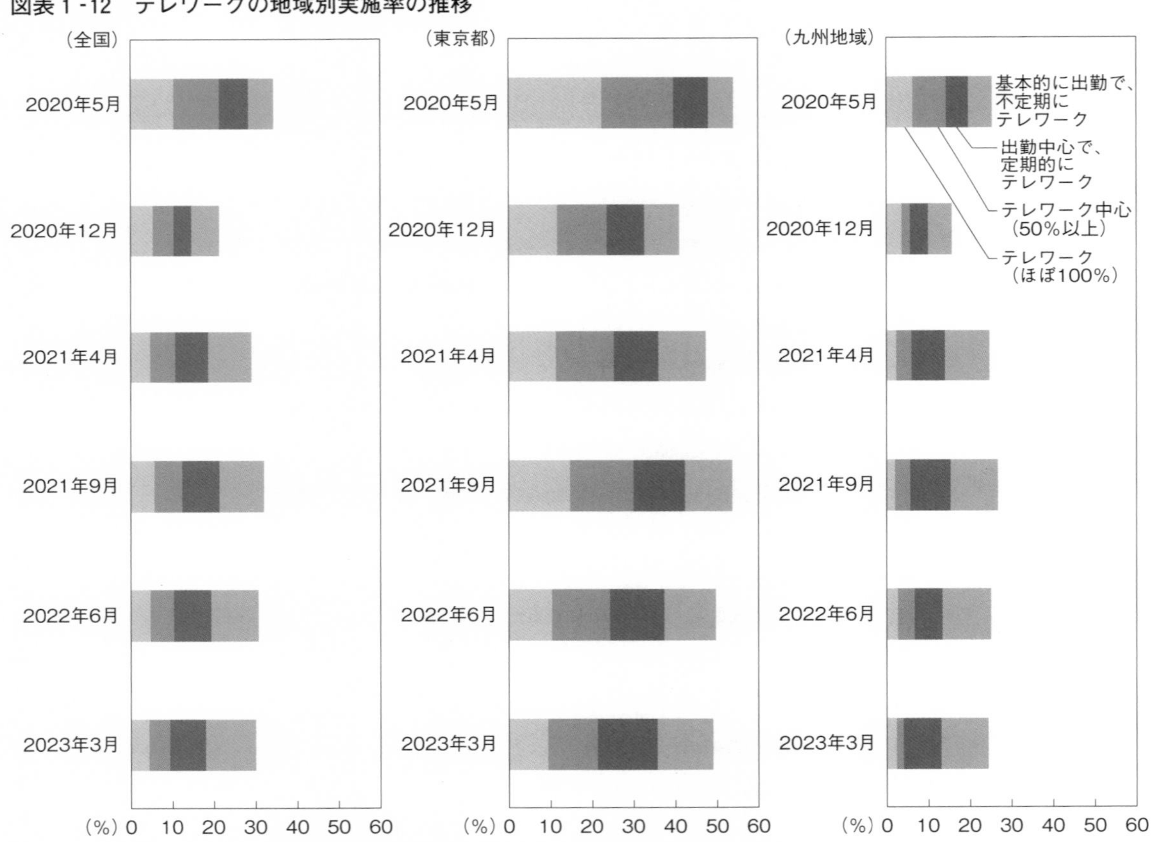

資料）内閣府「新型コロナウイルス感染症の影響下における生活意識・行動の変化に関する調査」調査票情報の再集計値をもとに九経調作成

していることから、テレワークを併用する働き方についてある程度の定着を見たと考えられる（図表1-12）。

テレワークがもたらす生活や仕事の満足度の変化

テレワークは生活や仕事の満足度へどのような影響を及ぼしているのか。生活や仕事への満足度調査（「全く満足していない」は0点、「非常に満足している」は10点）について見ると、図表1-13のとおりいずれの地域においてもテレワーカーの満足度が全体平均を上回る結果となった。テレワークが労働者の働き方や生活の質を向上させる可能性があることを示唆している。

東京では、通勤時間の削減や通勤のストレス軽減、都心部から移動したことによる生活コストの削減などがテレワークの満足度向上の要因として考えられる。九州地域でも、オフィス外での作業環境の快適さや家族との時間を増やすことができる点など、生活の質の向上に寄与していると考えられる。

図表1-13　仕事や生活に関する満足度とテレワークの関係（2023年）

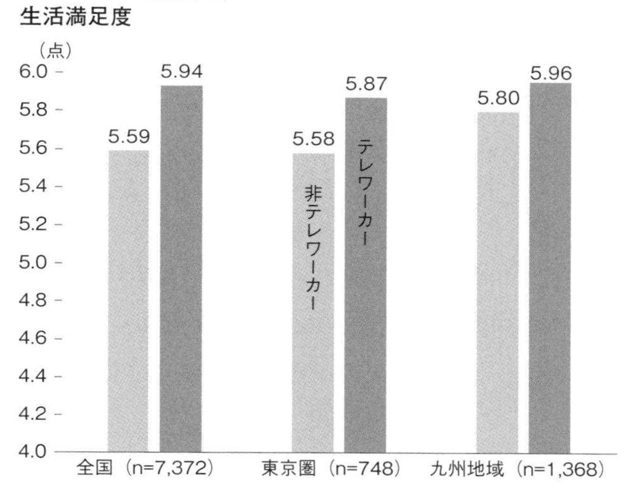

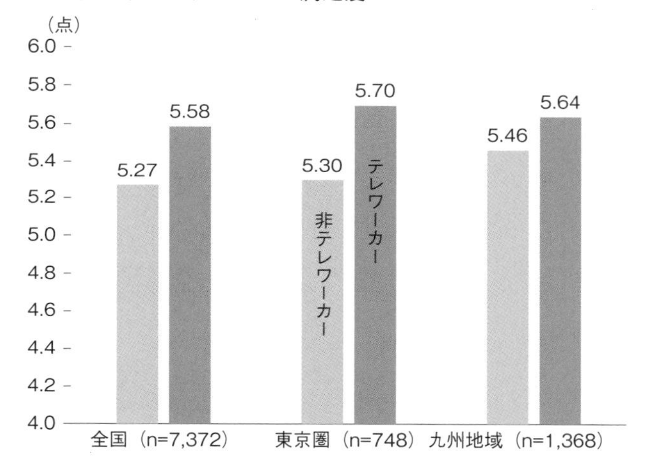

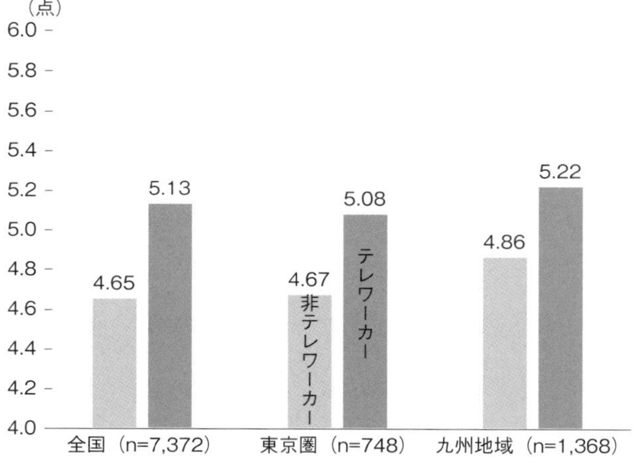

注）東京圏は、東京都・神奈川県・千葉県・埼玉県の合計
資料）内閣府「第5期　満足度・生活の質に関する調査」調査票情報の再集計値をもとに九経調作成

継続利用希望に表れるテレワークへの高評価

コロナの感染症法上の位置づけが2023年５月に５類感染症へと移行したことや、人流制限によって出社を控えるといった制約が無くなった今でも、労働者にとってテレワークは魅力的な選択肢となり得るのだろうか。今後のテレワーク利用希望者をみると、図表１-14のとおり、全国で４割に迫り九州地域においても３割を超えるなど、働き方の選択肢として高い関心が持たれている様子がうかがえる。

地域間では、東京都と九州地域、そして全国平均とで大きな差が見られる。東京都での希望率が全国平均および九州地域よりも高い理由として、通勤時間の長さや電車の混雑度などが影響している可能性が挙げられる。一方、九州地域の数字が全国平均を下回っていることは、九州地域の労働者がテレワークのメリット（通勤のストレスの解消、通勤時間の削減、空いた時間の有効活用など）を他地域よりも評価していないことを示している。ただし、九州地域のテレワーカーに限定すると今後のテレワーク利用希望者は74.6%にのぼることから、実際にテレワークを実施している層からは、就業形態のあり方として高く評価されていることが見てとれる。

図表１-14　地域別にみたテレワークの継続利用希望（2023年）

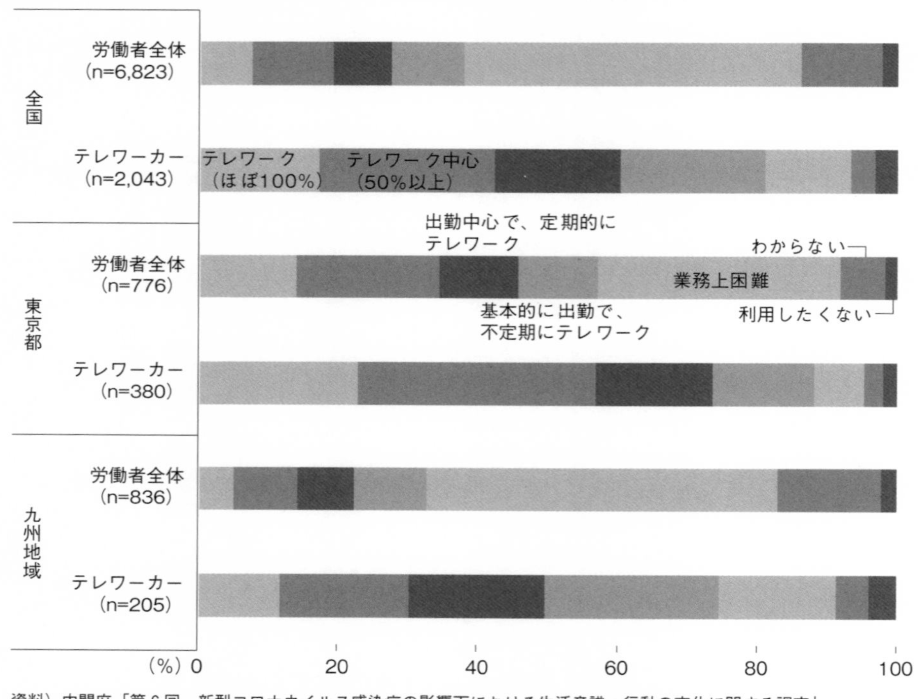

資料）内閣府「第６回　新型コロナウイルス感染症の影響下における生活意識・行動の変化に関する調査」
調査票情報の再集計値をもとに九経調作成

3）キャリア観の意識変化

コロナ禍を経て生まれつつある生活満足度の地域差

近年、特にコロナ禍による影響は、労働者の意識にどのような変化をもたらしたのか。図表1-15は、労働者の生活環境における満足度と将来に対する不安を調査したものである（「全く満足していない」は0点、「非常に満足している」は10点。「非常に不安がある」は0点、「全く不安でない」は10点）。九州地域の労働者は、2022年にかけてワークライフバランス、雇用環境と賃金、家計と資産、子育てのしやすさという4つの領域で満足度が上昇傾向に、不安度が改善傾向にあった。特にワークライフバランスは2023年においても満足度が上昇しており、コロナ禍を経てさらに改善している。しかし、雇用環境と賃金や家計と資産といった項目は2023年に満足度が低下しており、コロナ禍による満足度の押し下げはなくなったものの、物価高をはじめとする要因が表れたものと考えられる。

東京圏との比較を行うと、九州地域ではワークライフバランスに関して2023年に満足度が

図表1-15　生活における満足度と不安度の推移

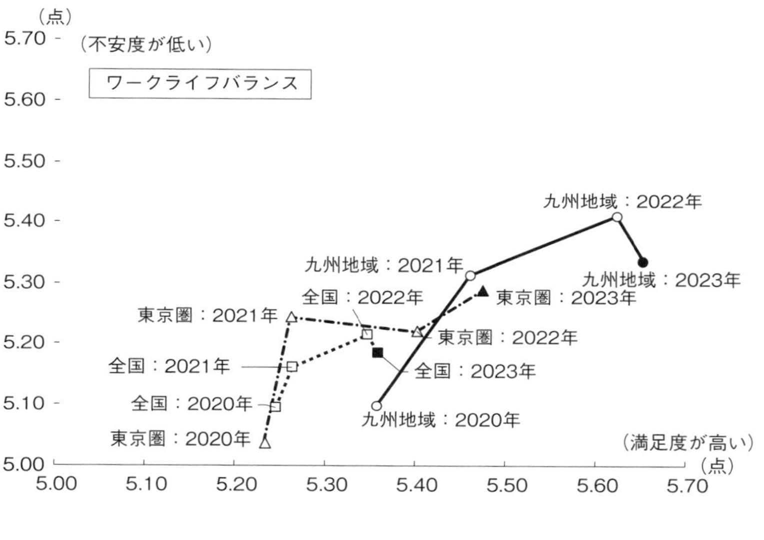

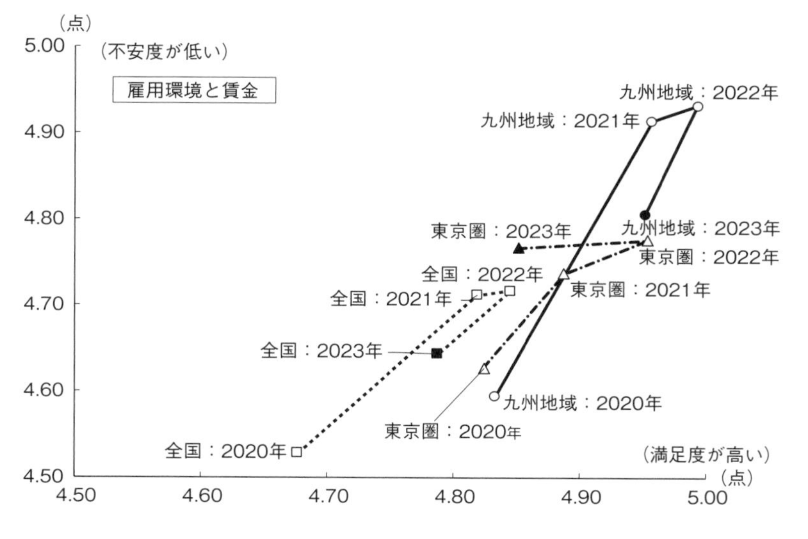

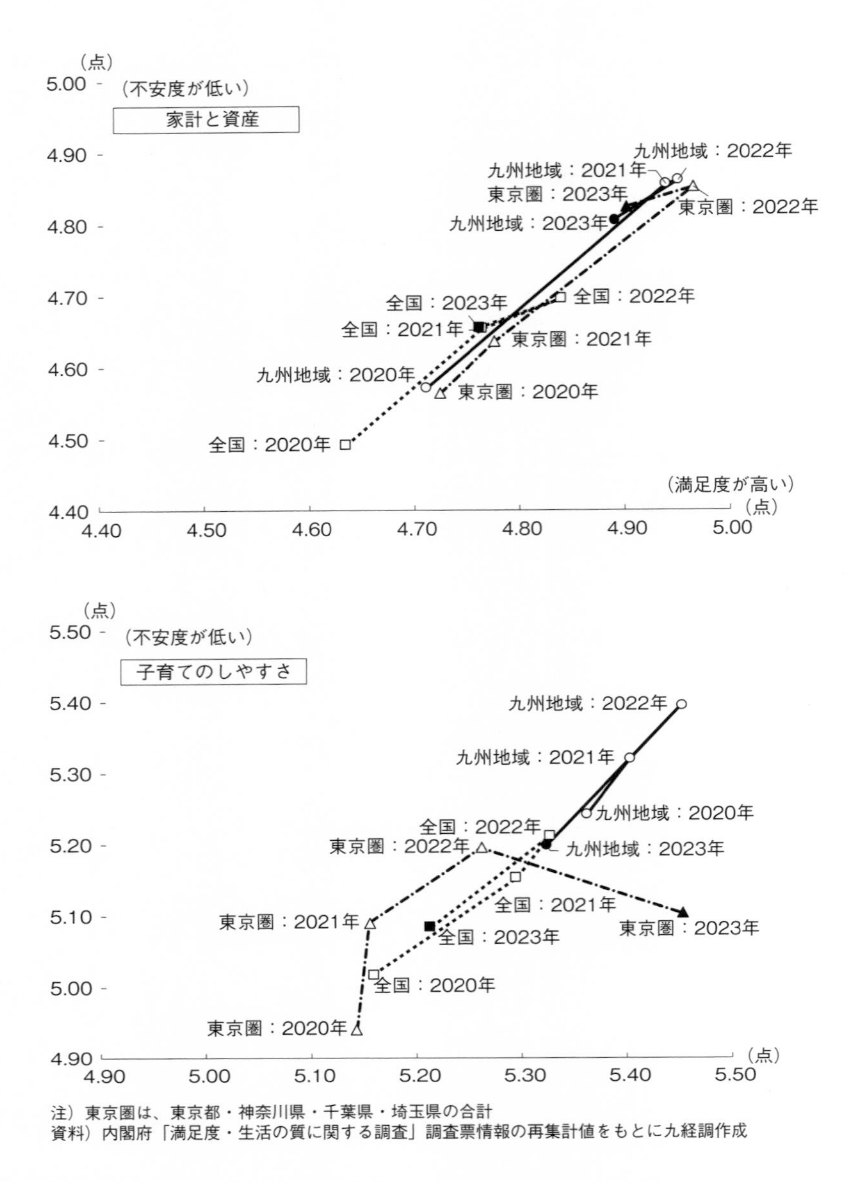

注）東京圏は、東京都・神奈川県・千葉県・埼玉県の合計
資料）内閣府「満足度・生活の質に関する調査」調査票情報の再集計値をもとに九経調作成

微増し、不安度が高まっているが、東京圏では満足度が大きく上昇し、不安度が改善している。子育てのしやすさに関しても、九州地域では2023年に満足度が低下し、不安度が上昇しているのに対し、東京圏では子育てのしやすさに関する不安度がやや悪化したものの、満足度は大幅に上昇している。アフターコロナの時代となり、雇用環境だけでなく生活環境に関して、労働者の満足感に差が開きつつある現状が明らかとなった。

九州地域では経済的安定性を優先する傾向

それでは、働くことそのもの、つまりキャリアに対する意識はどのような変化をみせているのか。『コロナ禍前に比べて、働くうえで重視するようになったもの』について、全体として九州地域で最も重視されたのは「給料の額」、続いて「就業形態（正社員、非正規社員など）」となり、経済的な安定性や生計の確保が重要であることを示している。こうした傾向は、若い世代で特に顕著に見られ、20歳代では40. 1%の人が給料の額を重視するという結果となった（図表１-16）。

図表１-16　コロナ禍前（2019年12月）に比べて、働くうえで重視するようになったもの（2023年）

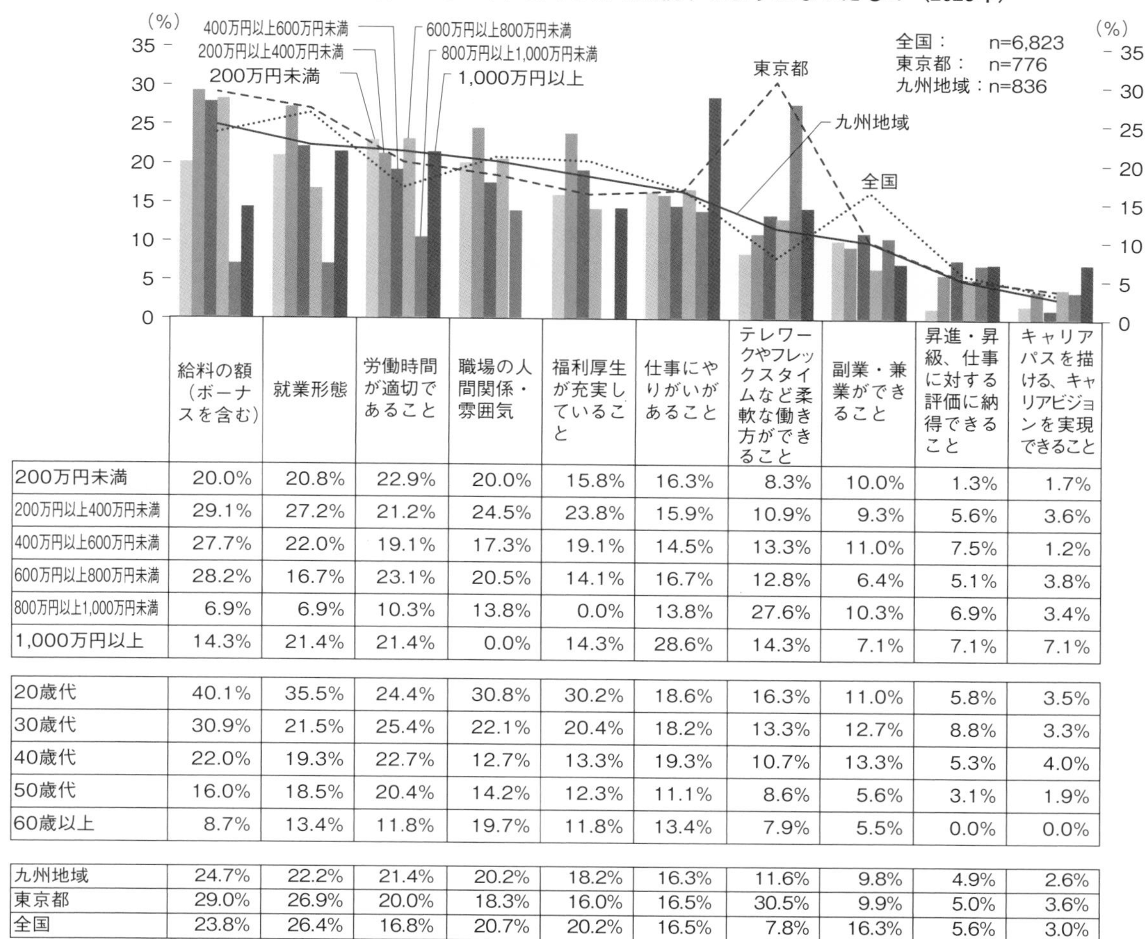

	給料の額（ボーナスを含む）	就業形態	労働時間が適切であること	職場の人間関係・雰囲気	福利厚生が充実していること	仕事にやりがいがあること	テレワークやフレックスタイムなど柔軟な働き方ができること	副業・兼業ができること	昇進・昇級、仕事に対する評価に納得できること	キャリアパスを描ける、キャリアビジョンを実現できること
200万円未満	20.0%	20.8%	22.9%	20.0%	15.8%	16.3%	8.3%	10.0%	1.3%	1.7%
200万円以上400万円未満	29.1%	27.2%	21.2%	24.5%	23.8%	15.9%	10.9%	9.3%	5.6%	3.6%
400万円以上600万円未満	27.7%	22.0%	19.1%	17.3%	19.1%	14.5%	13.3%	11.0%	7.5%	1.2%
600万円以上800万円未満	28.2%	16.7%	23.1%	20.5%	14.1%	16.7%	12.8%	6.4%	5.1%	3.8%
800万円以上1,000万円未満	6.9%	6.9%	10.3%	13.8%	0.0%	13.8%	27.6%	10.3%	6.9%	3.4%
1,000万円以上	14.3%	21.4%	21.4%	0.0%	14.3%	28.6%	14.3%	7.1%	7.1%	7.1%
20歳代	40.1%	35.5%	24.4%	30.8%	30.2%	18.6%	16.3%	11.0%	5.8%	3.5%
30歳代	30.9%	21.5%	25.4%	22.1%	20.4%	18.2%	13.3%	12.7%	8.8%	3.3%
40歳代	22.0%	19.3%	22.7%	12.7%	13.3%	19.3%	10.7%	13.3%	5.3%	4.0%
50歳代	16.0%	18.5%	20.4%	14.2%	12.3%	11.1%	8.6%	5.6%	3.1%	1.9%
60歳以上	8.7%	13.4%	11.8%	19.7%	11.8%	13.4%	7.9%	5.5%	0.0%	0.0%
九州地域	24.7%	22.2%	21.4%	20.2%	18.2%	16.3%	11.6%	9.8%	4.9%	2.6%
東京都	29.0%	26.9%	20.0%	18.3%	16.0%	16.5%	30.5%	9.9%	5.0%	3.6%
全国	23.8%	26.4%	16.8%	20.7%	20.2%	16.5%	7.8%	16.3%	5.6%	3.0%

資料）内閣府「第６回新型コロナウイルス感染症の影響下における生活意識・行動の変化に関する調査」調査票情報の再集計値をもとに九経調作成

東京都との比較で大きな差がついたのが、「テレワークやフレックスタイムなどによる柔軟な働き方ができること」である。東京都と比較すると半分程度であり、テレワークの実施率の低さが一定程度影響している可能性がある。また、いずれの地域においても選択肢として低い結果となったのが「仕事に対する評価に納得できること」「キャリアパス・キャリアビジョン」である。働き方に関して、長期的な要素よりも短期的な要素が重視されていると考えられる。

リカレント教育における地域間格差

労働者の働く内容に対する意識の変化を踏まえると、リカレント教育への関心がどのように進展しているかを理解することが重要である。リカレント教育への参加率や労働者の学びに対する姿勢を探ることは、今後の労働環境の変化に対応する上で不可欠である。近年、技術の進化、キャリアパスの多様化や雇用の流動性が進む中で、社会人の学び直しの機会としてリカレント教育の重要性が高まっている。労働者は自らのキャリアを自分でデザインし、それを実現するために必要なスキルや知識を継続的に更新する必要がある。

九州地域のリカレント教育に関するデータを分析すると、いくつかの注目すべき点が浮か

図表１-17　地域別・年齢別にみたリカレント教育を行った人の割合とその内訳（2023年）

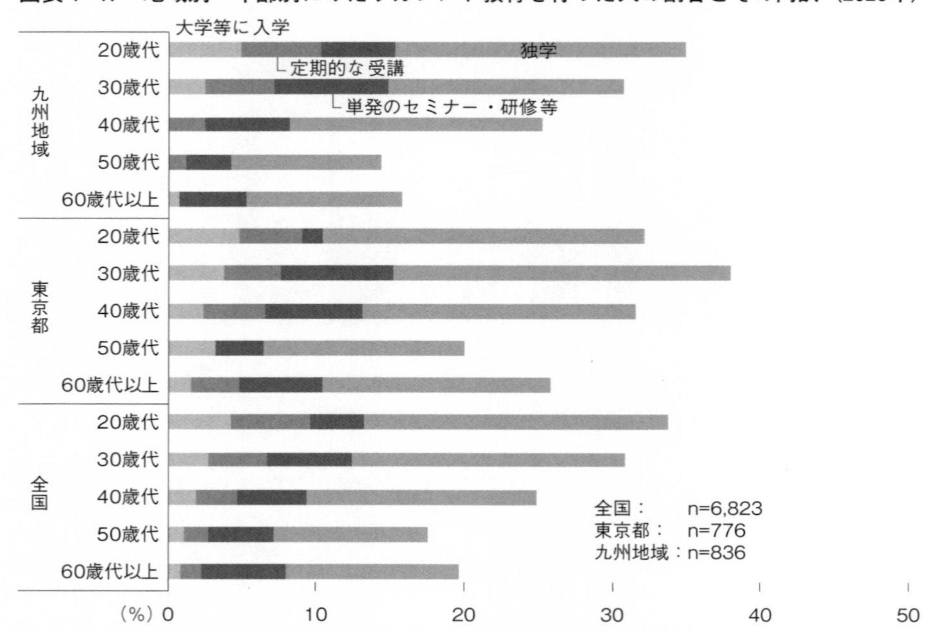

資料）内閣府「第６回新型コロナウイルス感染症の影響下における生活意識・行動の変化に関する調査」
調査票情報の再集計値をもとに九経調作成

び上がる。まず、九州地域において、リカレント教育への参加は年代が上がるにつれて顕著に低下している。九州地域の20歳代における独学の比率が19.7%と他の年代と比較して高いことは、若年層における自己啓発への関心の高さを反映しているといえるが、この独学の割合も年代が上がるにつれて低下している。

一方で東京都では、九州地域と比較して中高年層においてリカレント教育の実施率が高い傾向にある。30歳代において、九州地域では独学する人は15.9%にとどまり、全体の69.2%がリカレント教育を何も実施していない。これに対して東京都では独学を行っている人が22.8%と高く、リカレント教育を何も実施していない人の割合は九州地域より低い62.0%である。40歳代や50歳代においても同様の傾向にあり、中高年層のリカレント教育実施率に地域間で差が生まれている。

全国的な傾向として、年代が上がるにつれて実施率が低下することは、仕事や家庭の責任増加に伴う時間的制約が影響していると考えられる。しかし地域間においてリカレント教育への実施率に差が生まれていることへの背景として、東京都のような大都市圏では、多様な教育機会にアクセスしやすい環境を有していることで、リカレント教育への参加が促進されている可能性がある。

キャリア変化とリカレント教育への取り組み

リカレント教育に取り組む理由の１つとして、それが自身のキャリア形成にとって有用なものである、ということが考えらえる。図表１-18は、リカレント教育への取り組みの有無を、職業選択の意識変化ごとに分類したものである。新たに副業を検討している人や希望する就業先・異動先が変化した人の実施率が高く、キャリアに対する新たな展望を持つようになった労働者が、その実現のためにリカレント教育に取り組むようになったと考えられる。

図表１-18　職業選択の意識とリカレント教育の関係（2023年）

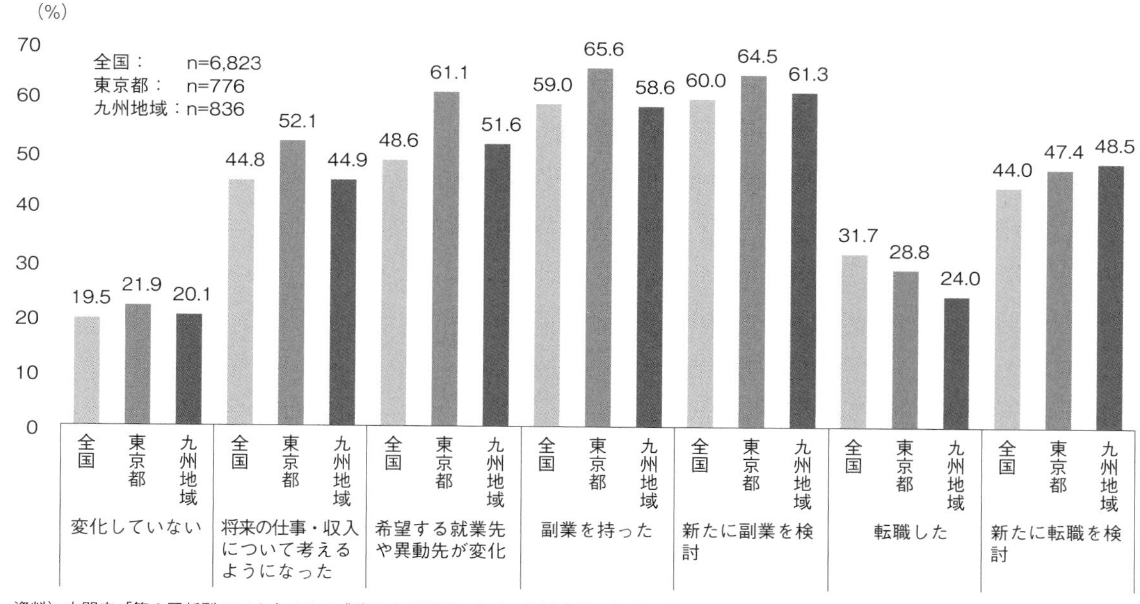

資料）内閣府「第６回新型コロナウイルス感染症の影響下における生活意識・行動の変化に関する調査」調査票情報の再集計値をもとに九経調作成

九州地域において、副業を持ったと回答した労働者のうち58.6%が、新たに副業を検討していると答えた労働者のうち61.3%がリカレント教育を実施している。副業という職業の選択肢が意識されるようになったことが、リカレント教育への関心を高めていることを示唆している。同様に、希望する就業先や異動先が変化した労働者の実施率は51.6%、将来の仕事や収入について考えるようになった労働者の実施率は44.9%にのぼる。

このことからリカレント教育は、自身のキャリアパスを考える上で、より良い職場環境やキャリアアップを目指す手段として捉えられており、重要な動機となっていることがわかる。転職したと回答した労働者の実施率が24.0%と低いことは、変化していないと回答した人の割合と併せて考慮すると、リカレント教育に取り組む動機が他の層と比べて失われていると考えられる。

地域で異なるパラレルキャリアとしての副業の実態

副業が身近な選択肢となった背景には、政策面での重要な変化がある。2018年１月、厚生労働省はモデル就業規則を改定し、従来の「許可なく他の会社等の業務に従事しないこと」という規定を削除した。これにより、労働者にとって副業がより選択しやすいものとなった。さらに、2020年９月には「副業・兼業の促進に関するガイドライン」が改定され、副業・兼業に関する記述がさらに明確化された。

これらの政策は、労働者が副業に取り組むハードルを押し下げ、企業側の受け入れを促進する重要な要因となっている。結果として、労働者にとって、自らのキャリアをデザインすることや複線的なキャリアパスへの道筋を開くだけでなく、企業にとっても新たな人材獲得の機会を提供している。

非農林業従事者における副業者数および副業率の推移を示したものが図表１-19である。全国の副業率は、2012年に一時的に減少したものの増加傾向にあり、特に2022年の副業率は、

図表１-19　地域別にみた副業者数および副業率の推移

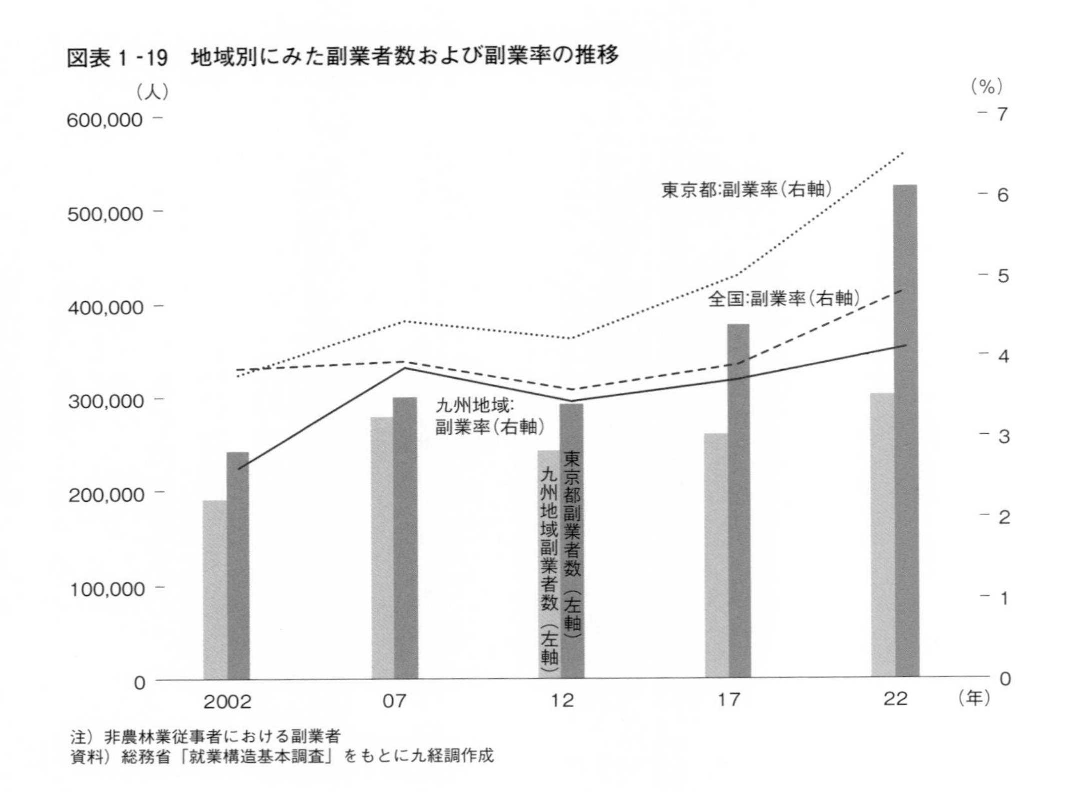

注）非農林業従事者における副業者
資料）総務省「就業構造基本調査」をもとに九経調作成

2002年から0.9ポイント増加した。こうした傾向がさらに加速しているのが東京都である。2002年時点では副業率が全国を下回っていたものの、2007年以降は全国を上回り、2022年には6.5%に達している。反面、九州地域では副業者数の少なさや副業率の低さ、増加が緩やかである様子がみてとれる。2022年の副業者数は、2002年比で58.7%増加しているものの、2007年以降の増減をみると、東京都とは異なるトレンドにあるといえる。

九州地域で副業をしている人の年収分布を見ると、まず、年収が50～99万円の区分に最も多くの副業者が存在しており、特に女性の数が男性の約２倍を占めている。副業が低年収帯における女性の収入補てん手段として特に重要であることを示している。

年収が上昇するにつれて、副業をしている人の数が減少している点も特徴として挙げられる。特に700万円を超える年収帯では、その傾向が顕著で、副業をする人の数は大幅に少なくなっている。これは、高収入を得ている人々にとって副業がそれほど一般的ではないこと、あるいは高収入の副業が限られた人々によってのみ行われていることを示している可能性がある。一方で、1,500万円以上の高年収帯で男性が多いのは、高収入の副業機会が男性により多く得られている可能性がある。東京都では、こうした高収入層による副業人口が男女ともに九州地域より多く、収入を補てんする手段だけではない、働き方の選択肢としての副業がより一般化している（図表１-20）。

では、職種における副業率はどのような傾向にあるだろうか。九州地域においては、「管理職（役員含む）」が22.6%と、他の職種と比べて副業率が高い。全国平均の15.3%、東京都の22.5%と比較しても、九州地域で管理職が副業を行っている割合が高いことを示す。さらに、「医療・福祉・介護職」における副業率も16.0%となっており、これは全国平均の15.5%と比較してもやや高い。また、東京都では23.7%とさらに高く、これは都市部での医療・福祉・介護関連の副業の需要が大きいことを反映している可能性がある。

図表１-20　年収別にみた副業人口（2022年）

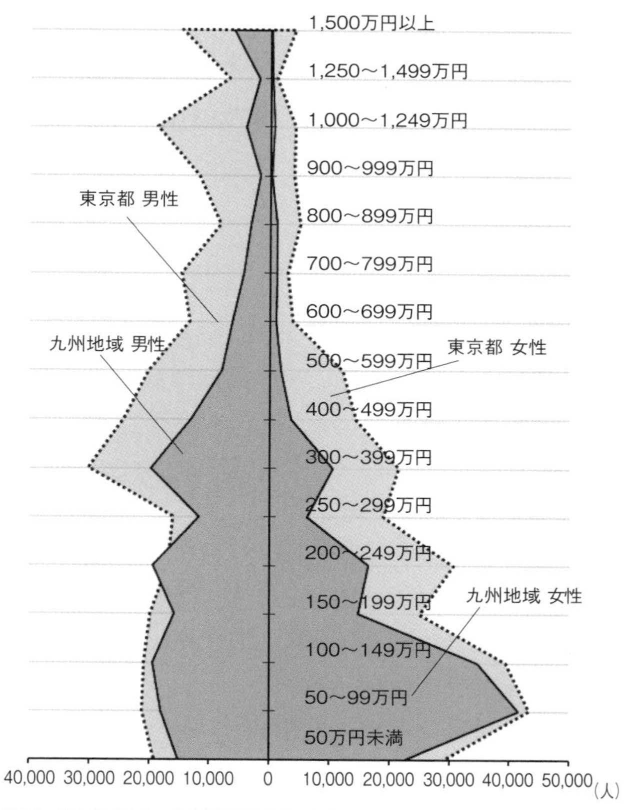

資料）総務省「令和４年就業構造基本調査」をもとに九経調作成

図表１-21　地域別にみた職種ごとの副業実施率（2023年）

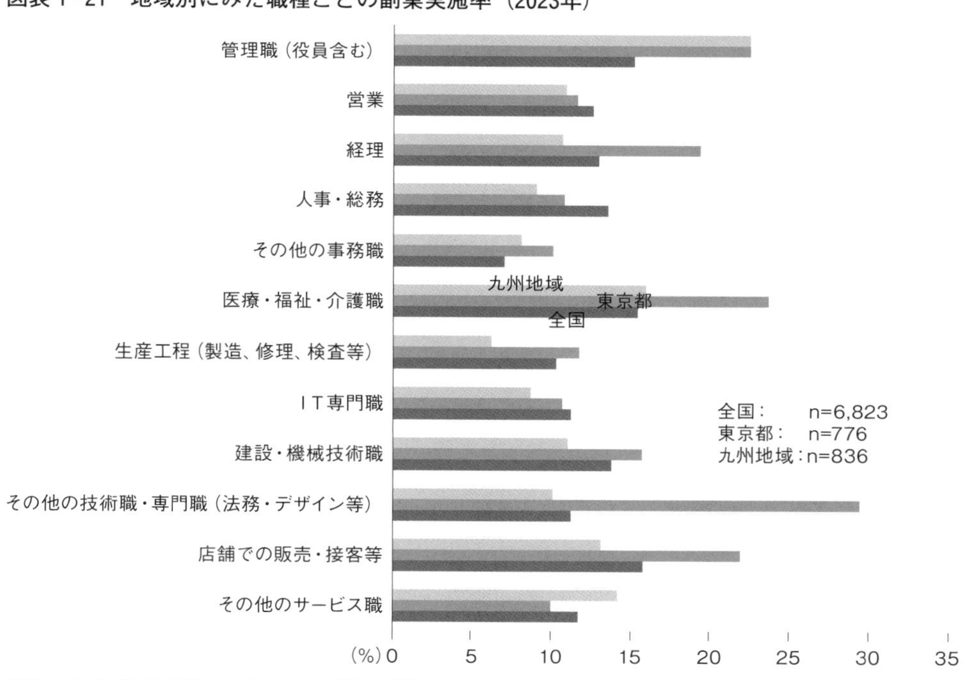

資料）内閣府「第６回新型コロナウイルス感染症の影響下における生活意識・行動の変化に関する調査」
調査票情報の再集計値をもとに九経調作成

一方で「生産工程（製造、修理、検査等）」の職種では、九州地域の副業率が6.3%と全国平均の10.4%や東京都の11.8%と比較して明らかに低くなっている。また、「営業」や「経理」、「人事・総務」などの一般的な事務職種においても九州地域の副業率は全国平均や東京都に比べて低めであることがわかる。特に「経理」は九州で10.7%に対して東京都では19.4%と、地域差が大きい（図表1-21）。

労働者の流動性も地域間で差がみられる

副業の選択が増加するなか、労働者のキャリアパスにおけるもう1つの重要な要素である転職市場に目を向ける。図表1-22は地域別にみた転職者数の推移である。九州地域の転職者数は1982年に減少傾向を示した後、増加に転じた。1987年以降、2007年に至るまでの20年間で転職者数は増加し、2007年には42.3万人にまで達した。その後の数年間で微減するものの、2012年以降は35万人以上を維持している。

また、東京都と九州地域の転職者数を比較すると、2012年まで両地域は似た動きをしていたが、2012年から2017年にかけて、九州地域はわずかな増加にとどまったのに対し、東京都は大きく増加した。さらに、2017年から2022年の間に九州地域および全国では転職者数が減少する一方で、東京都では転職者数が増加している。

この差異は、東京都における労働市場が、九州地域よりも大きな流動性を持ちつつあることを示している可能性が考えられる。

図表1-22　地域別にみた転職者数の推移

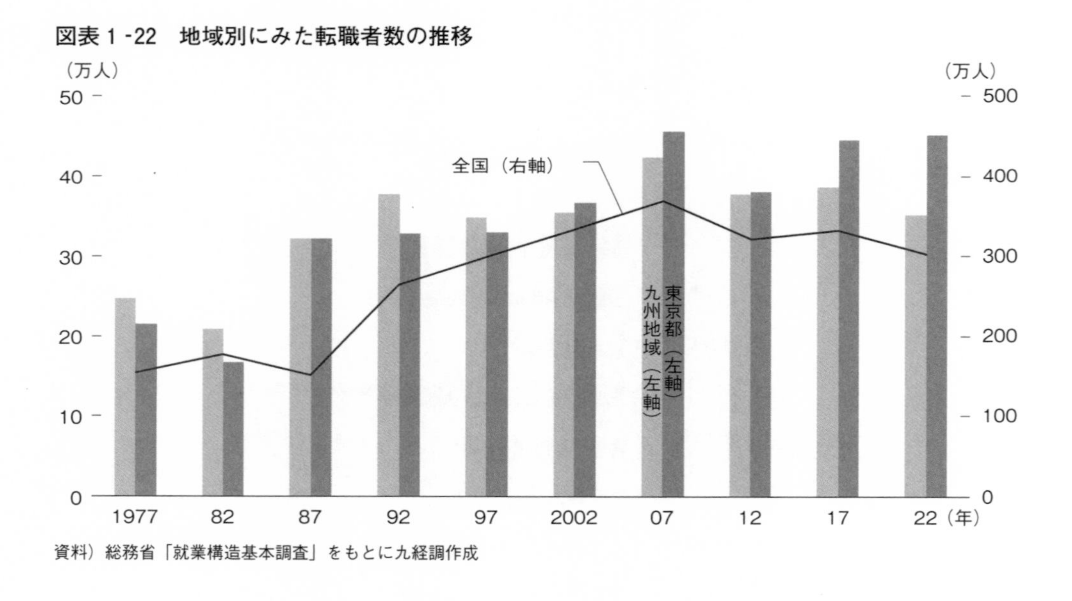

資料）総務省「就業構造基本調査」をもとに九経調作成

2 労働者の意識変化に対する企業の対応

第１節では、働き方改革やコロナの影響による、労働者の意識の変化に焦点を当てた。第２節では、これまで確認してきた労働者の意識変化に対する企業の取り組みに焦点をあてる。

１）時間の意識変化と働き方改革への取り組み

柔軟な働き方の設定で最適化される人員配置

まず、九州地域の企業における働き方改革の具体的な取り組みについて確認する。今回実施した企業向けアンケートについて、企業群を次のとおり分類・抽出した。

課題解消型
・５年前は人材不足であったが、現在は適切な人員配置
・５年前は人材過剰であったが、現在は適切な人員配置
・現在、人材不足かつ事業規模を拡大する目的で採用活動を行っている
要対策型
・現在、人材不足かつ事業規模を維持する目的で採用活動を行っている
・現在、人材不足かつ採用予定がない
・現在、人材過剰

上記の分類に基づいたアンケート結果は図表１-23のとおりである。賃金の引き上げは、全体で78.5%、課題解消型で78.6%、要対策型で74.8%と、各企業群において最も高い実施率を示している。これは、賃金の引き上げが、多くの企業にとって重要な働き方改革の手段であることを反映している。一方で、リモートワークやフレックスタイムなどの勤務時間と

図表１-23　働き方改革に関する具体的な取り組み

(%)	全体	課題解消型	要対策型
賃金の引き上げ	78.5	78.6	74.8
リモートワークの実施	17.2	22.0	14.4
フレックスタイム制度など柔軟な勤務時間の設定	15.4	20.1	12.4
自社社員の副業制度の導入	7.9	6.9	6.9
勤務地限定正社員制度の導入	5.5	6.9	4.2
ジョブ型制度の導入	2.0	1.9	2.0
選択的週休３日制の導入	0.8	1.9	0.3
自己選択型キャリア制度の導入	1.4	0.6	2.0
サテライトオフィスの設置	1.2	0.6	1.0
その他	1.8	2.5	1.6
当てはまるものはない	10.5	8.2	11.1

n=509
※複数回答

資料）九経調「働き方改革・人的資本経営に関するアンケート」をもとに作成

図表１-24　フレックスタイム制度などを設定した企業による事業・組織編成の工夫

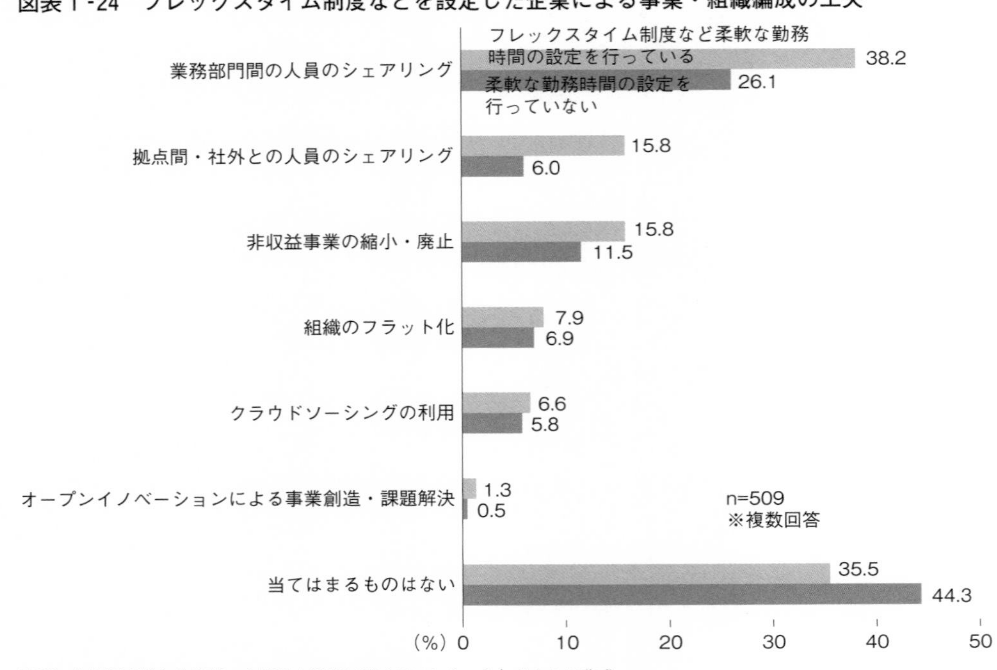

資料）九経調「働き方改革・人的資本経営に関するアンケート」をもとに作成

いった取り組みに関しては、企業群によって差が生まれている。

それでは実際に、フレックスタイムなど柔軟な勤務時間を設定している企業について、どのような傾向がみられるだろうか。図表１-24は、フレックスタイム制度などを設定している企業と設定していない企業について、事業・組織編成に関してどのような工夫を行っているかを示したものである。フレックスタイム制度などを設定している企業では、業務部門間の人員のシェアリングが38.2%と、設定していない企業の26.1%と比較して高い実施率となっている。また、拠点間や社外との人員のシェアリングでは、設定企業が15.8%に対し非設定企業は6.0%と、設定企業が外部との連携においても実施率が高いことがみてとれる。

図表１-25は、柔軟な勤務時間を設定している企業と設定していない企業のそれぞれについて、人手がかかる業務に対して実施中あるいは実施予定の取り組みを示している。設定企業では、アウトソーシングを活用している割合が34.2%であるのに対して、非設定企業ではその割合が12.9%にとどまり、有意な差がある。同様に、人員のシェアリングに関しても設定企業の実施率は22.4%であり、非設定企業の12.0%と比較してほぼ倍の差となっている。

一方で、AI やロボットなどの先進技術の導入に関しては、両者の間で実施率に大きな差は見られない。これは、これらの技術の導入が勤務時間の柔軟性よりも他の要因、例えば事業内容や、投資余力などにより左右される可能性を示している。

以上をふまえると、フレックスタイム制度など柔軟な勤務時間の導入は、企業の人員のシェアリングという取り組みにおいて顕著な差を生んでいることが分かる。フレックスタイム制度の導入とこれらの人員シェアリングの実施との関連が単に時間的な柔軟性だけによるものか、それとも柔軟な働き方を促す企業文化や組織運営の方向性が人員の流動性を高めるような組織戦略の一部として機能しているのかについては、さらなる分析が必要である。

一方で、柔軟な勤務時間制度と柔軟な人材管理は相互に作用していると考えられる。人員をシェアリングすることが、組織にとって新しいアイデアをもたらし、異なる視点を組織内

図表１-25　フレックスタイム制度などを設定した企業が人手がかかる業務で実施中・実施予定の取り組み

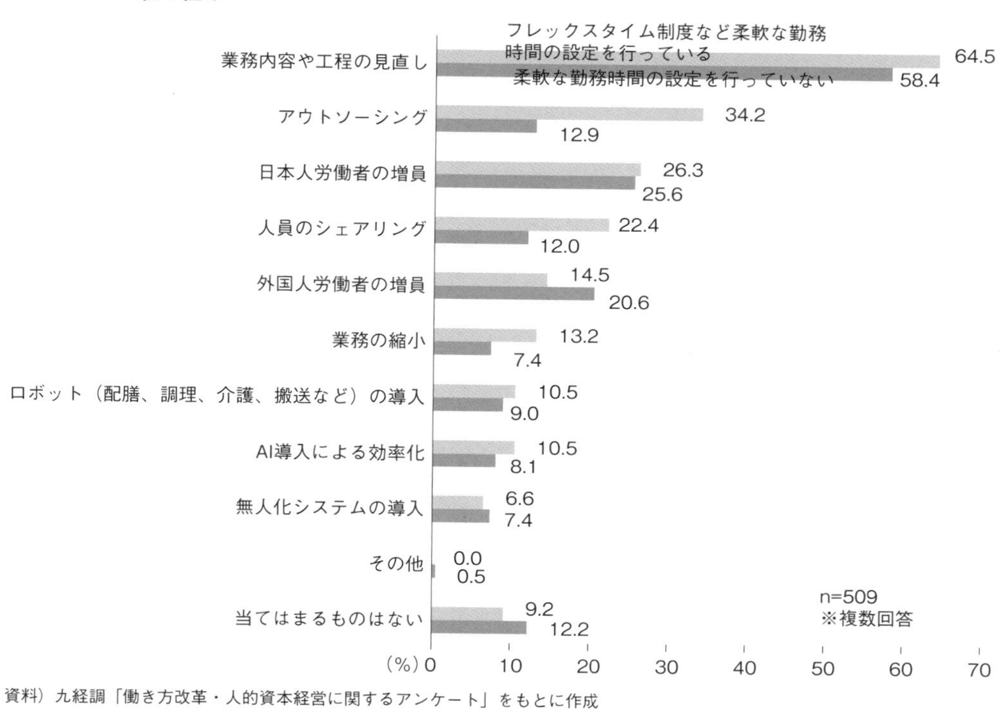

資料）九経調「働き方改革・人的資本経営に関するアンケート」をもとに作成

で共有することで、新たな事業展開の創出に貢献する可能性もあるだろう。単に労働時間の柔軟化を促進するだけでなく、内部人材の配置の最適化につながるなど、フレックスタイム制度と人材シェアリングの積極的な実施は、企業が競争力を維持しつつ、労働者の時間の意識の変化に柔軟に対応するための重要な要素となり得る。

２）場所の変化とアフターコロナへの対応

地方移住志向のキャリア人材を迎えるために

次に、場所に関する意識変化への企業の取り組みについてみることとする。九州地域の企業は、新卒者とキャリア人材に対してどのようにアプローチすべきだろうか。

新卒者の地元志向が鈍る傾向にあるなか、地元志向を重視した採用活動は厳しさがさらに増すだろう。新卒者に対するアプローチとしては、例えば、九州地域に立地する大学や専門学校など教育機関との連携を一層強化し、インターンシップなどを通じて、学生に実務経験と地域に根ざした働き方の魅力を伝えることなどが考えられる。また、個別のキャリア相談などにより、学生のキャリア意識の醸成や就職に対する不安を解消することが求められる。このような地元密着型の取り組みは、新卒者の数が減少するなかでも、地元学生の採用成功率を高める可能性を持っている。

一方で、雇用の流動化により、これまで以上にキャリア採用が一般化すると考えられる。さらに、テレワークの発達により、勤務先と居住地が必ずしも一致しなくなるような働き方が浸透した。

テレワークの導入をはじめとする柔軟な勤務形態を整備することで、労働者にアプローチすることの意味は非常に大きい。キャリア人材における地方移住への関心が高まっている現状をふまえると、こうした労働環境を整えることは、都市部から移住を検討している経験豊富な人材を惹きつけることが可能となるだろう。テレワークや柔軟な勤務形態の提供は、仕事と私生活のバランスを重視する人材の関心を引くポイントとなる。

テレワークが切り拓く新たな成長機会

近代において、労働とは特定の場所に集合して行うことで大きな効果を発揮していた。このため、労働空間としてのオフィスや、効率的な生産を可能にする工場などの場所が整備された。これらの集約された労働環境は生産性の向上に寄与し、経済発展を推し進めた。
しかし、インターネットの普及による情報技術の進歩が労働環境を物理的な空間から電子的な空間へと移行させることとなる。これらの動きを促進したのがコロナ感染拡大であり、外出制限やソーシャルディスタンスの確保といった社会的要請から在宅勤務の必要性が生じ、テレワークが急速に浸透した。

ただ、九州地域と東京都を比較すると、どの職種においても東京都はテレワーク実施者数が多く、九州地域においてテレワーク実施者数は全体として少ないという問題がある（図表1-26）。第1節で触れたように、医療・福祉や建設業などテレワークに不向きな産業の比率が大きいだけでなく、専門的・技術的職業従事者や事務従事者など、比較的テレワークに適した業務内容を持つ職種でも、実施している人数は限られている。

またテレワークの導入において、自治体からの補助金が普及を加速させる重要な役割を果

図表1-26　地域別にみた職種別のテレワーク実施者数（2022年）

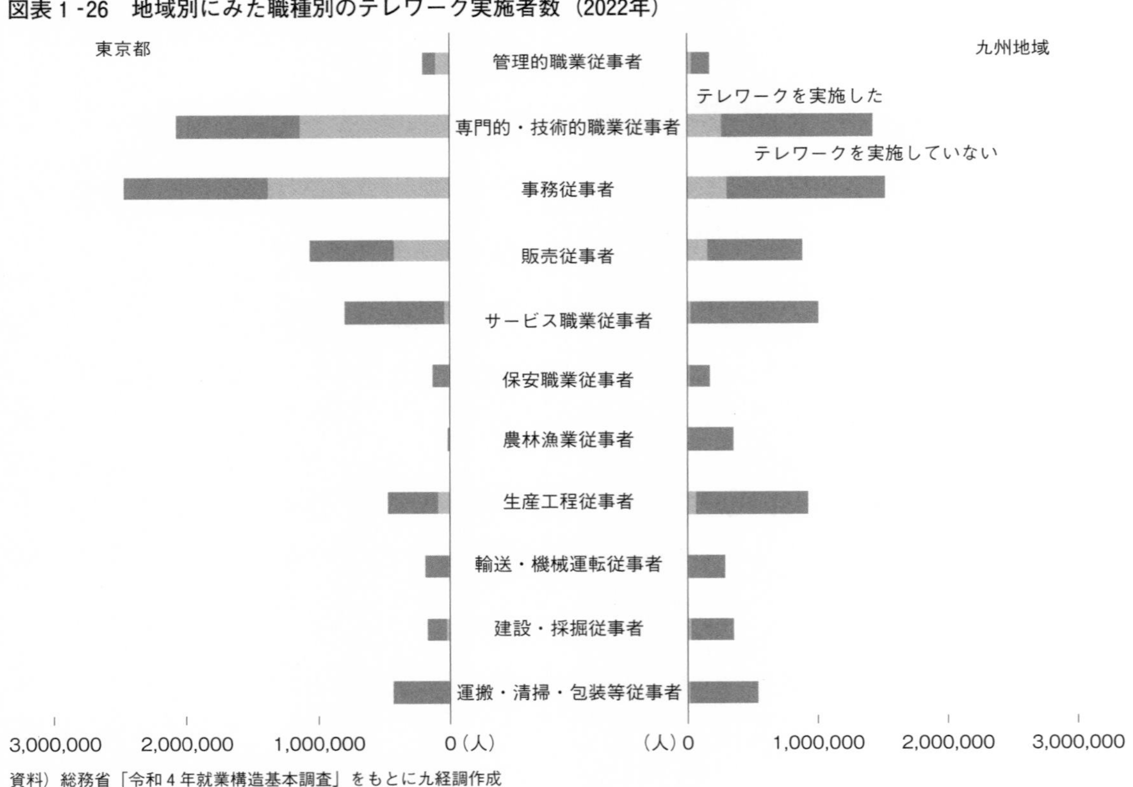

資料）総務省「令和4年就業構造基本調査」をもとに九経調作成

たしている可能性がある。この点において東京都と九州地域の間には差がみられる。東京都においては、テレワークの普及とその効果を最大化するための各種支援策が積極的に打ち出されており、多くの企業がこれらの支援を利用してテレワーク環境を整備することができる。これに対して、九州地域では、同様の支援策が存在はするものの、その規模や普及度において東京都に比べるとやや遅れを取っている状況が見受けられる（参考資料を参照）。

支援策には、職種ごとの業務内容の分析、テレワークに適した業務の特定、ITインフラの整備、労働者と企業への理解と支援の拡充が含まれる。このような取り組みが進むことで、テレワークの可能性を広げ、地方でも多様な働き方を選べる環境を創出することができる。

東京都でテレワークが働き方の１つとして定着している現在、九州地域でのテレワーク導入率の低さは、九州地域外も含めた労働者にとって魅力の低下に繋がる可能性がある。テレワークに対する需要は高まっており、九州地域がこの流れに乗り遅れることは、地域経済にとって大きな機会損失になりかねない。九州地域の企業が人材確保においてさらなる競争力を獲得するためには、テレワークを中心とした新しい働き方への移行を積極的に進める必要があり、それには自治体の施策だけでなく、企業側にも意識改革が求められる。

３）キャリア観の意識変化への対応

人的資本経営への関心は高く

九州地域の中小企業の大多数が「人的資本経営」をビジネス運営において重要な要素と捉えているということは総論でふれたとおりである。実際にどのような取り組みを行っているのかを示したものが図表１-27である。最も多くの企業が実施しているのは全国の大企業と同様に「健康経営の推進やウェルビーイングの向上」で、これには41.7%の企業が取り組んでいる。これは従業員の身体的、あるいは精神的健康を重視することを示しており、労働者の健康や福祉に対する意識が高いことがうかがえる。

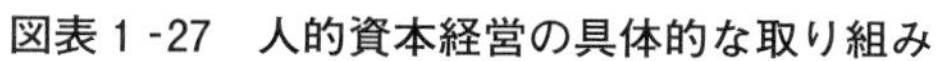
図表１-27　人的資本経営の具体的な取り組み

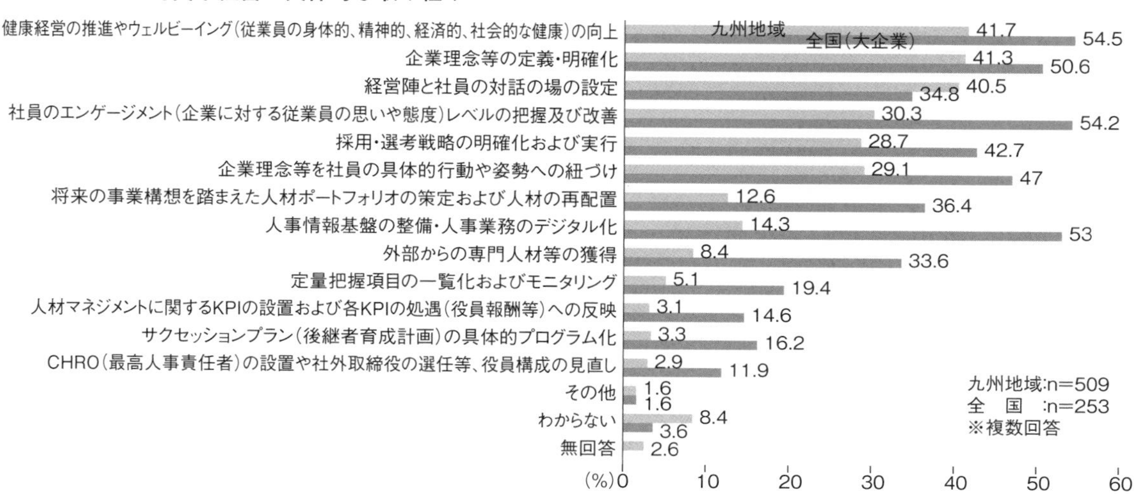

資料）九経調「働き方改革・人的資本経営に関するアンケート」、三菱UFJリサーチ＆コンサルティング「第４回人事・退職給付一体サーベイ（人的資本編）～詳細版～」をもとに作成

図表１-28　人的資本経営の取り組みから得られたメリット

項目	(%)
組織力の強化	35.4
生産性の向上	23.6
離職率の低下	23.6
企業イメージの向上	19.8
採用力の強化	18.9
従業員の価値向上	18.1
従業員エンゲージメントの向上	17.9
従業員ウェルビーイングの向上	14.3
企業価値の持続的向上	12.6
イノベーションに積極的な組織風土の形成	3.7
データドリブンな経営（収集したデータを元にした意思決定）の実践	3.5
レジリエンス（弾力性・回復力）の向上	1.2
投資家からの印象の向上	0.2
その他	0.8
特にない	18.1

n=509
※複数回答

資料）九経調「働き方改革・人的資本経営に関するアンケート」をもとに作成

次に多いのは「企業理念等の定義・明確化」で、41.3%の企業がこれを実施しており、企業文化や価値観の明確な共有と浸透が重要視されている。また、「経営陣と社員の対話の場の設定」に取り組む企業も40.5%と多く、労働者とのコミュニケーションの促進に価値を置いていることがわかる。

一方で「人事情報基盤の整備・人事情報のデジタル化」や「将来の事業構想を踏まえた人材ポートフォリオの策定および人材の再配置」をはじめ、各種取り組みについて全国と大きな差が開いたものがある。九州地域の企業の中には「わからない」と回答した企業も8.8%存在しており、必ずしも全ての企業が人的資本経営の具体的な取り組みに精通しているわけではないという状況も明らかとなった。

人的資本経営の推進によって得られたメリットとして、最も多く挙げられたのは組織力の強化で、35.4%に上る。これは、人的資本経営がチームワークの向上や業務の効率化、意思決定の質の向上など、組織全体のパフォーマンス強化に寄与していることを示している。

次に多いメリットは「生産性の向上」（23.6%）であり、労働者のスキルアップや効率的な働き方の促進などが反映されていると考えられる。離職率の低下も、23.6%の企業がメリットと感じており、労働者の満足度向上などが良好な労働環境の証として表れている可能性がある。企業イメージの向上と従業員エンゲージメントの向上についても、それぞれ19.8%、17.9%の企業がメリットを感じており、人的資本経営が社内外にポジティブな影響を与えていることがうかがえる。このように組織力の強化や生産性の向上、離職率の低下といった企業内部にもたらされる利点が特に高く評価されている傾向にある（図表１-28）。一方で、「特にない」と回答している企業も18.1%あることから、全ての企業が人的資本経営の成果を実感しているわけではないことも明らかになった。

九州地域の企業はリカレント教育にどう取り組むか

2017年に内閣官房「人生100年時代構想会議」でリカレント教育がテーマとして掲げられ、「教育訓練給付の拡充」「産学連携によるリカレント教育」「企業における中途採用の拡大」の３つが示された。しかし、第１節でふれたように、キャリア人材におけるリカレント教育実施率は地域間で格差がみられた。こうした教育機会の格差が続く場合、九州地域の企業は

図表１-29　リスキル・学び直しの取り組みについて実施しているもの

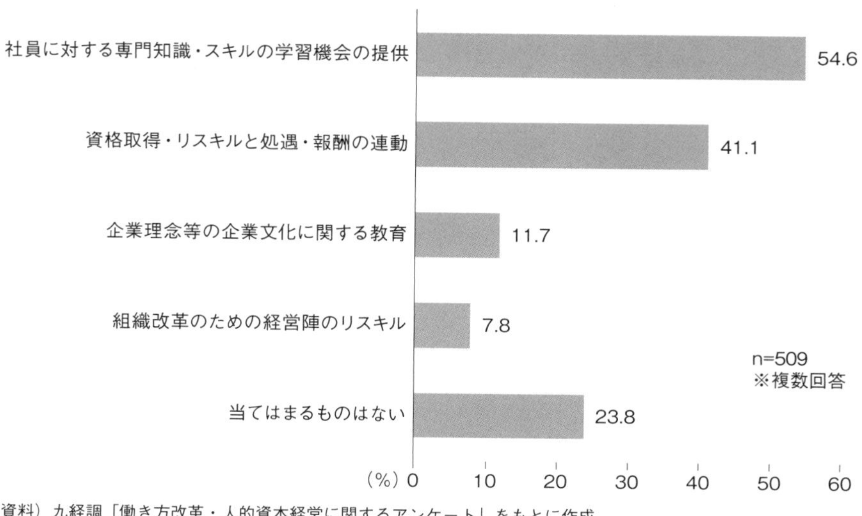

資料）九経調「働き方改革・人的資本経営に関するアンケート」をもとに作成

必要なスキルを持つ人材を確保することが難しくなり、技術革新の遅れや競争力の低下が生じる可能性がある。都市部の企業との格差が拡大し、市場でのポジションが弱まることが懸念される。

教育やキャリアの機会を求める若年層が他地域へと流出することも考えられ、地域企業の成長を制限する要因ともなりうる。今後の労働市場の変化に対応するのも難しくなり、特に新技術が必要とれる業界ではその影響が顕著となるだろう。このように長期的にみると、都市部と地方におけるリカレント教育の格差は地域経済全体に影響を及ぼす可能性がある。

図表１-29は、企業が主体となって労働者に学び直しの機会を提供するリスキルについて、九州地域の中小企業が実施している内容を調査したものである。社員に対して専門知識やスキルの学習機会を提供している企業が最も多い。次いで、資格取得やリスキルと処遇・報酬の連動に注力している企業が多い。資格取得が昇進や給料の増加につながることは、労働者にとって明確なインセンティブとなり、自己投資の価値を高めるだろう。

リスキルの取り組みによって期待される効果に焦点を当てると、最も注目されているのは従業員のモチベーション向上である。一方で、新商品やサービスの開発に対する期待は比較的低いことから、リスキルの直接的な影響を強く感じていない企業が多く、成果が生まれるまでには時間がかかるとみている（図表１-30）。

図表１-31は、九州地域の中小企業における専門スキルやリスキルに取り組む人材のキャリアや処遇への反映についての姿勢を示している。30.7%の企業は、リスキルへの取り組みをキャリア（昇格等）や報酬増にしっかりと反映させており、スキルの向上が従業員にとっても企業にとっても有益であるという認識があることがわかる。しかし、キャリアや報酬のどちらか一方にのみ反映させている企業も見られ、リスキルの価値をどのように評価し、どのように処遇に結びつけるかについては企業ごとにアプローチが異なる。さらに、リスキルの取り組みを処遇に反映させないと回答している企業も13.5%あり、リスキルが必ずしも報酬や昇進に直結しているとは限らない。処遇への反映について「わからない」と回答している企業も25.9%と多く、リスキルに対する理解が不十分であるか、価値評価の方針が不明確である企業も多い。

図表1-30　リスキル・学び直しの取り組みで期待される効果

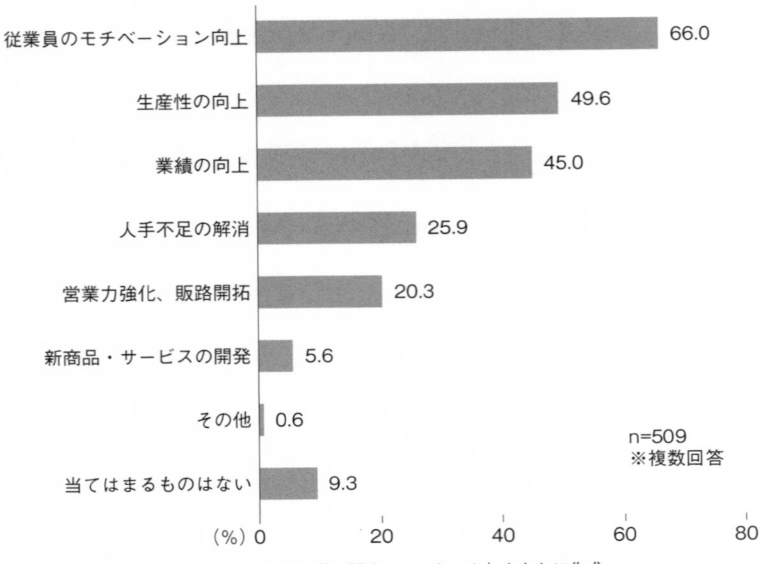

資料）九経調「働き方改革・人的資本経営に関するアンケート」をもとに作成

図表1-31　リスキルに取り組む人材に対するキャリア・処遇面の反映

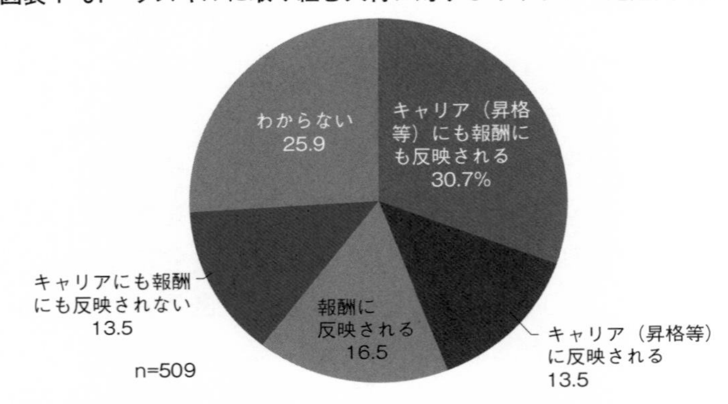

資料）九経調「働き方改革・人的資本経営に関するアンケート」をもとに作成

副業人材の活用がもたらす新たな事業展開

第3節でふれたように副業人口は増加傾向にあり、転職の増加などとあわせて、流動化する労働供給にどのように対応するかが企業にとって重要となってくる。図表1-32は副業する目的を職種別にみたものである。特にIT専門職は他の職種に比べて、専門知識や経験を生かす目的で副業をしている割合が76.7%と高く、自分のスキルを生かして成長したい、あるいは新しい技術を学ぶ機会として副業を行っている可能性がある。さらに、「医療・福祉・介護職」（54.1%）や「その他の技術職・専門職」（50.8%）も、専門知識を生かす副業の割合が比較的高く、これらの職種も自分の専門性を伸ばすことに関心があることがうかがえる。

一方で、「その他の事務職」は専門知識を生かす目的で副業をしている割合が23.1%と最も低く、主に収入を得る目的で副業をしている割合が76.2%と最も高い。「営業」も同様に、専門知識を生かすよりも収入目的で副業をしている割合が75.0%と高く、追加収入が主な動機となっていると考えられる。

図表１-32　副業人材が副業する目的（2023年）

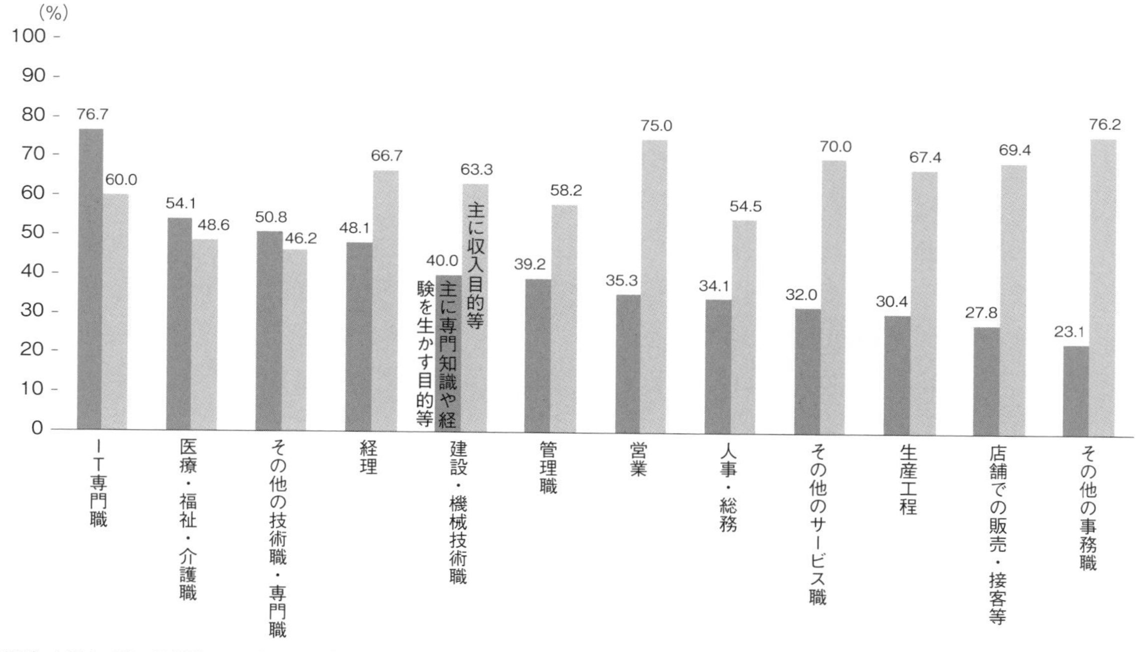

資料）内閣府「第６回新型コロナウイルス感染症の影響下における生活意識・行動の変化に関する調査」
調査票情報の再集計値をもとに九経調作成

専門性を伸ばすことに関心がある副業人材を地方の中小企業が活用する利点は非常に大きい。企業は、副業人材から最新の知識・知見や技術を取り入れ、自社が提供するサービスや製品の付加価値向上を図ることができる。特に地方の中小企業では、専門性を有する人材の流入が少ない場合が多く、外部からの新しい知見やスキルがもたらされることは、革新的なアイデアや業務改善の契機となり得る。

副業人材が持つ専門性がもたらす効果は、企業の課題解決だけではない。組織内の他の労働者への刺激となり、組織全体へ新しい技術やスキルが波及する、リスキルにも似たような効果が期待できる。また、副業人材が新しい視点を持ち込むことで、従来の業務プロセスや製品開発に新たな改善点を見出すことができるだろう。

副業人材を活用する際は専門性を尊重しつつ、内部人材との目標・目線の調整を図ることが必要となる。地方の中小企業がこれらの要素を満たすことができれば、専門知識を生かし、さらに伸ばしたいと考える副業人材との有意義な関係を築くことが可能となるだろう。

3　おわりに

これまで述べたように、九州地域の企業は現在、労働力不足という大きな課題に直面している。さらに、働き方改革やコロナ感染拡大の影響により、労働者の意識や労働供給の構造が変化している。人材の流動性が高まるなか、新卒採用を前提とした人材獲得戦略は難しくなりつつある。しかしながら、この流動性を活用する新たなアプローチも考えられる。たとえば、従来のメンバーシップ型に変えて、ジョブ型雇用制度を導入することで、特定のスキルや経験を要する職務内容に応じた柔軟な人材配置が可能となる。こうした取り組みは、企業の根本的な意識改革を要求しており、従来の人材獲得方針を見直す必要があるだろう。

しかし、採用活動を強化しても、十分な人員確保が困難な状況もあり、コロナ禍による都市部から地方への労働者の移動も、主流にはなっていない。テレワークの普及による、通勤のストレス解消や、テレワーク実施率の高さが労働者の都市部への集中を強める一因となっている。

このような状況において、人材確保に関して課題解消に向かっている企業では、柔軟な勤務時間の設定や人員シェアリングに積極的に取り組む傾向がみられた。これらの取り組みは、ワークライフバランスを重視する労働者のエンゲージメントと企業に対する満足度を高めることに寄与するだろう。個人の時間を確保し、多様な業務に従事できる環境は、労働者にとってのやりがいと満足感を提供する。

さらに、労働者が異なる時間帯や場所で働くことを前提とすることで、企業は情報共有やチームワークを支援する新たな方法を構築する必要がある。この過程で、例えば、情報共有・コミュニケーションツールの導入や決裁などのシステム化を進め、違う時間・違う場所で働く労働者をつなぐ仕組みを整備することが考えられる。柔軟な勤務時間の設定と人員シェアリングは、業務のあり方を進化させ、組織文化を再構築する可能性を秘めている。これらの制度を組織に根付かせることで、企業は長期的な成長の基盤とすることができるのである。

地方の企業にとって、給与面で大都市圏と競争することは難しいが、労働者にとって魅力的な働き方を提供することで労働者をひきつけることができる。これは、九州地域の企業が競争力を高め、持続可能な成長を実現するために不可欠な要素であり、限られた労働力を最大限に活用する鍵となるだろう。

参考資料　自治体等が実施するテレワーク導入に関する補助金や支援策

◎九州地域におけるテレワーク導入に関する補助金一覧

県名	名称	実施主体	概要	上限	対象
福岡県	福岡県中小企業生産性革命支援補助金（テレワークツール導入支援型）	福岡県	テレワークツールの導入を支援	56.25万円	中小企業等
福岡県	働き方改革推進支援助成金	厚生労働省	新型コロナウイルス感染症対策として、テレワークの新規導入に取り組む中小事業主を支援（緊急事態宣言発令地域内の事業所対象）	100万円	中小企業等
佐賀県	安心快適ファクトリー創造事業を活用するものづくり事業者の募集	佐賀県	3密状態の解消やテレワーク環境の整備等の取り組みを推進	300万円	ものづくりに携わる中小企業者
長崎県	テレワーク導入助成金	長崎県	長崎県に「テレワーク導入助成金」の支給申請をした、テレワークの導入に取り組む中小企業事業主を支援	50万円	中小企業等
大分県	中小企業等テレワーク導入推進事業補助金	大分県	テレワークを導入するために必要な環境整備に係る経費の一部を助成	50万円	中小企業等
宮崎県	宮崎県テレワーク受入環境整備支援補助金	宮崎県	都市部から県内への新たな人の流れの創出を図るため、県内でコワーキングスペース等を整備する民間事業者への支援	500万円	民間事業者
沖縄県	沖縄テレワーク推進事業費補助金　～テレワーク施設活用事業～	内閣府	県外企業の沖縄進出や新たな産業創出、県内外企業の労働環境改善を促進。県内の既存施設をテレワーク施設に改修する事業を補助	600万円	企業
沖縄県	沖縄テレワーク推進事業費補助金　～テレワーク施設整備事業～	内閣府	県外企業の沖縄進出や新たな産業創出、県内外企業の労働環境改善を促進。県内の既存施設をテレワーク施設に改修する事業を補助	2,000万円	企業
山口県	テレワーク及びクラウドサービスの導入・定着支援の募集並びにクラウドサービス導入支援補助金	山口県	テレワークやクラウドサービスの導入を目指す企業に、専門家の助言・提案支援と、クラウドサービス導入に係る経費補助を支援	15万円	中小企業等
山口県	テレワーク導入促進機器整備補助金	山口県	テレワーク導入に向けた機器等の整備に対し、補助金を交付	50万円	中小企業等
山口県	クラウドサービス導入支援補助金	山口県情報産業協会	テレワークやクラウドサービスの導入を目指す企業に、専門家の助言・提案支援と、クラウドサービス導入に係る経費補助の支援	15万円	中小企業等
山口県	宿泊施設テレワーク利用補助金	山口県	宿泊施設を利用してテレワークを実施する中小企業者に補助金を交付	10万円	中小企業等

資料）各Webサイトをもとに九経調作成

◎東京都におけるテレワーク導入に関する補助金・支援策一覧

名称	実施主体	概要	上限	対象
テレワーク促進助成金	東京都	都内中堅・中小企業等のテレワーク機器・ソフト等の環境整備に係る経費を助成	250万円	個人事業主、中小企業等
宿泊施設テレワーク利用促進事業	東京都	都内事業者が宿泊施設をテレワーク利用をする際の経費を支援	100万円	法人、個人事業主
テレワーク・マスター企業支援奨励金	東京都	テレワークの更なる普及と定着を図るため、都内中小企業等に対する新たな支援	80万円	中小企業等
宿泊施設テレワーク環境整備支援事業	東京都	宿泊施設の新たなビジネス展開や「新しい日常」における都内事業者の更なるテレワークの推進を図る	50万円	宿泊施設等
区部の宿泊施設を活用したサテライトオフィスの提供事業	東京都	区部の宿泊施設の客室を確保し、自宅周辺でテレワークを行おうとする方々等にサテライトオフィスとして安価で提供する事業	—	個人事業主、個人
多摩地域の宿泊施設を活用したサテライトオフィスの提供事業	東京都	多摩地域の宿泊施設の客室を確保し、自宅周辺でテレワークを行おうとする方々等にサテライトオフィスとして安価で提供する事業	—	個人事業主、個人
社会と家族を守る宿泊型テレワークによるBCP支援事業	東京都	テレワークを実施しながら都内宿泊施設に一定期間滞在する取り組みを支援	8千円／泊	個人事業主、個人
テレワーク推進リーダー制度・テレワーク推進強化奨励金	東京都	東京都「テレワーク推進リーダー」制度において、「テレワーク推進リーダー」を設置した都内中小企業等に対し奨励金を支給	50万円	中小企業等
サテライトオフィス設置等補助事業（民間コース）	東京しごと財団	在宅勤務に加えて、サテライトオフィスを利用したテレワークも推進	2,800万円	
テレワーク活用・働く女性応援	東京しごと財団	企業における、テレワーク環境の整備や、女性の新規採用・職域拡大を目的とした設備等の整備を支援	500万円	企業
テレワーク定着促進助成金	東京しごと財団	テレワークによる職場環境整備のために実施する事業に対して助成金	250万円	中小企業等
テレワーク定着促進フォローアップ助成金	東京しごと財団	テレワーク定着促進に向け、テレワーク実施における課題解決のために実施する事業に対して助成金を支給	100万円	ものづくりに携わる中小企業者
テレワーク推進強化奨励金	東京しごと財団	「テレワーク推進リーダー」を設置した都内中小企業等に対し奨励金を支給	50万円	個人事業主、中小企業等
サテライトオフィス設置等補助金（民間コース）	東京しごと財団	都内の市町村部でサテライトオフィスを新たに設置して運営する民間事業者等に対して、施設運営に必要な整備・改修、運営経費に関する補助	1,500万円	学校法人、財団法人等
サテライトオフィス設置等補助金（民間コース）	東京しごと財団	都内の市町村部でサテライトオフィスを新たに設置して運営する民間事業者等に対して、施設運営に必要な整備・改修、運営経費に関する補助	133万円	学校法人、財団法人等
テレワーク導入ハンズオン支援助成金	東京しごと財団	東京都が実施するテレワーク導入のためのハンズオン支援コンサルティングの提案内容に基づいたテレワーク導入の取り組みに係る経費を助成	250万円	個人事業主、中小企業等
テレワーク促進助成金	東京しごと財団	テレワークの導入に必要な機器やソフトウエア等の経費を助成	250万円	中小企業等
テレワーク・マスター企業支援奨励金	産業労働局、東京しごと財団	テレワークの更なる普及と定着を図るため、都内中小企業等に対する新たな支援	80万円	中小企業等

資料）各Webサイトをもとに九経調作成

第2章

人手不足業種における省力化の対応と効果

はじめに

企業の人手不足が深刻となるなか、省人化・省力化技術の導入が解決策として注目されている。省力化技術には、ロボット技術、AI（人工知能）、システムの導入などさまざまなものがあり、これらを活用することで人手不足による悪影響の緩和、業務効率化や品質の向上などが期待されている。また、省人化・省力化技術の導入は、労働者の負担軽減や安全性の向上にも寄与し、より良い労働環境を実現する一助になるとも考えられる。

しかしながら、省人化・省力化技術の導入には、主に初期投資として多額のコストがかかることなどの課題が伴う。課題に対応し、効果の最大化に向けた導入戦略をいかに構築していくかが重要になる。

本章ではまず、技術による労働力代替可能性について言及する。続いて、九州地域における人手不足の現状について明らかにし、解消に向けた取り組みの動向について分析する。最後に、省力化技術の導入に際して生じる課題やその解決策、人手不足解消効果を最大化するための導入のあり方を提案し、企業を存続させるための技術導入の必要性について説く。

1 省人化・省力化・業務効率化技術による労働力代替可能性

“技術”的にはコンピュータへ容易に代替可能な職業は少なくない

省人化・省力化・業務効率化技術による労働力の代替可能性はどの程度あるのだろうか。九経調が2019年にまとめた「30年後に向けた九州地域発展戦略」において、その点を述べているが、2018年９月に世界経済フォーラム（WEF）が「The Future of Jobs Report 2018」で、AIやロボットに置き換わっている仕事量が2017年の29％から、機械学習とデジタル自動化の進歩によって、2022年には42％、2025年には52％へ上昇するという見通しを発表している。しかし、すでに2025年は目前に迫っているが、「労働力不足」に直面しているなかで、仕事の半分がコンピュータに置き代わっているという感覚はない。

一方で、「労働力不足」という課題を解決するために、これらの技術を積極的に導入していかなければならない状況にもある。そこで実際に、どのような職業がコンピュータ、いわ

図表２-１　職業別コンピュータ代替確率による労働代替率想定値の考え方

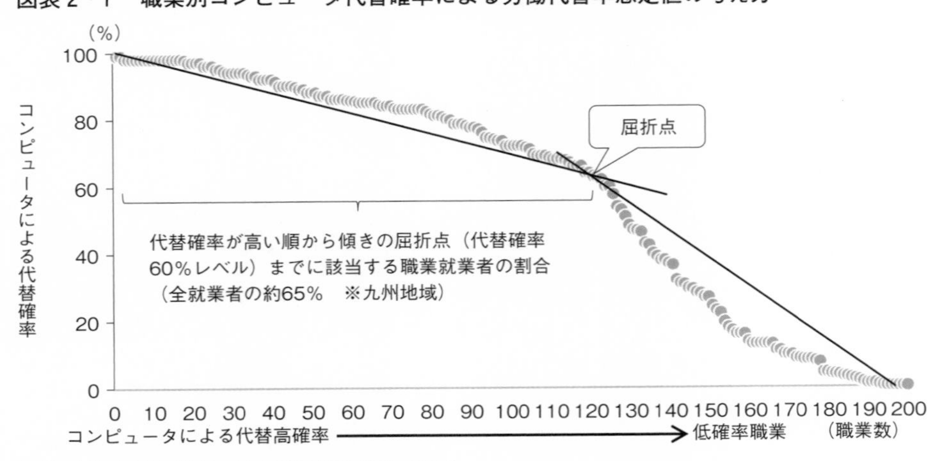

資料）九経調『30年後に向けた九州地域発展戦略』（2019）

ゆるAIやロボットへの代替を進めやすいか、また逆に進めにくいのかみていきたい。

図表２-１は、コンピュータによる労働の代替を予測したフレイ＆オズボーン（2015）の研究をベースに日本の職業分類で同様の研究を行った浜口、近藤（2017）が示している200職業別コンピュータ代替確率を高い順に並べた結果である。

点をプロットした図を一見すると、コンピュータ代替確率60%のレベルで屈折していることがわかる。60%レベルまではほぼ一定の傾きとなっているが、コンピュータ代替確率が60%未満となる職業から傾きは急になる。

この図は時間経過によるコンピュータ代替確率を示すものではないが、今ある職業の65%までは現在の技術の進化で、時間経過ともにコンピュータ化が可能になると解釈することもできるだろう。一方、残りの35%の職業は、現在の技術の延長線上ではコンピュータ化が難しいとも解釈できる。もちろん、職業レベルではなく、タスクのレベルでコンピュータに置き換わると考えるのが現実的であるが、2015年当時の技術での実装は、そう時間を要さないと考えることができるだろう。

コンピュータ代替確率60%以上には対象産業の職業も多数

次に、コンピュータ代替確率60%以上で、2015年時点での技術の延長線上で代替可能だと考えられる職業を具体的に見ていきたい。

コンピュータ代替確率90%以上の、“コンピュータ”で代替しやすいと考えられる職業の多くには、オフィスワークが多いことがわかる。オフィスワークに該当する職業以外では、検査員が多く、センサー類を搭載した機械が得意なタスクを主とする職業が目立つ（図表２-２）。

こうした職業が担う仕事は、コンピュータとの親和性が容易に想像できるが、医療・福祉などに従事する“social　jobs”はコンピュータによる代替が難しいタスクが多いと考えられる。

一方で、飲食店の給仕や小売店の販売員はもちろん、直感的には代替が難しそうな建設や運輸に係る職業も比較的コンピュータ代替確率が高くなっている。

つまり、オフィスワークや飲食店での給仕、店舗での販売員などはもちろんだが、深刻な

図表２‐２　コンピュータ代替確率60％超の職業

職業名	確率	職業名	確率	職業名	確率
税理士	99.0%	型枠大工	90.0%	食料品製造従事者	79.7%
データ・エントリー装置操作員	99.0%	とび職	90.0%	窯業・土石製品製造従事者	78.5%
商品仕入外交員	98.0%	屋根ふき従事者	90.0%	飲料・たばこ製造従事者	78.5%
金属製品検査従事者	98.0%	製鉄・製鋼・非鉄金属製錬従事者	89.7%	ブロック積・タイル張従事者	78.5%
化学製品検査従事者	98.0%	ボイラー・オペレーター	89.0%	パーソナルコンピュータ操作員	78.0%
窯業・土石製品検査従事者	98.0%	鉄道線路工事従事者	89.0%	クリーニング職、洗張職	77.5%
食料品検査従事者	98.0%	飲食物給仕・身の回り世話従事者	88.0%	金属溶接・溶断従事者	77.5%
飲料・たばこ検査従事者	98.0%	伐木・造材・集材従事者	88.0%	バーテンダー	77.0%
紡織・衣服・繊維製品検査従事者	98.0%	土木従事者	88.0%	養畜従事者	76.0%
木・紙製品検査従事者	98.0%	駐車場管理人	87.0%	弁理士、司法書士	74.5%
印刷・製本検査従事者	98.0%	育林従事者	87.0%	計量計測機器・光学機械器具整備・修理従事者	74.3%
ゴム・プラスチック製品検査従事者	98.0%	畳職	87.0%	介護職員（医療・福祉施設等）	74.0%
はん用・生産用・業務用機械器具検査従事者	98.0%	通信機器操作従事者	86.0%	紡織・衣服・繊維製品製造従事者	73.6%
電気機械器具検査従事者	98.0%	不動産営業職業従事者	86.0%	はん用・生産用・業務用機械器具組立従事者	73.5%
自動車検査従事者	98.0%	植木職、造園師	86.0%	娯楽場等接客員	72.0%
輸送機械検査従事者（自動車を除く）	98.0%	鉄道運転従事者	86.0%	輸送機械組立従事者（自動車を除く）	72.0%
計量計測機器・光学機械器具検査従事者	98.0%	電気機械器具組立従事者	85.7%	大工	72.0%
会計事務従事者	97.8%	印刷・製本従事者	85.5%	船内・沿岸荷役従事者	72.0%
電話応接事務員	97.0%	運輸事務員	85.3%	陸上荷役・運搬従事者	72.0%
不動産仲介・売買人	97.0%	営業・販売事務従事者	85.0%	クレーン・ウインチ運転従事者	71.5%
接客社交従事者	97.0%	医薬品営業職業従事者	85.0%	輸送機械整備・修理従事者（自動車を除く）	71.0%
物品賃貸人	97.0%	機械器具・通信・システム営業職業従事者	85.0%	自動車整備・修理従事者	69.5%
受付・案内事務員	96.0%	発電員、変電員	85.0%	家政婦（夫）、家事手伝い	69.0%
総合事務員	96.0%	倉庫作業従事者	85.0%	配達員	69.0%
砂利・砂・粘土採取従事者	96.0%	化学製品製造従事者	84.3%	ハウスクリーニング職	69.0%
集金人	95.0%	警備員	84.0%	臨床検査技師	68.5%
郵便事務員	95.0%	金属プレス従事者	84.0%	歯科衛生士	68.0%
庶務・人事事務員	94.3%	木・紙製品製造従事者	84.0%	調理人	68.0%
公認会計士	94.0%	自動車運転従事者	83.3%	郵便・電報外務員	68.0%
調査員	94.0%	漁労従事者	83.0%	鉄工、製缶従事者	67.7%
商品訪問・移動販売従事者	94.0%	船長・航海士・機関長・機関士（漁労船）	83.0%	はん用・生産用・業務用機械器具整備・修理従事者	67.0%
建設・さく井機械運転従事者	94.0%	海藻・貝採取従事者	83.0%	浴場従事者	66.0%
左官	94.0%	水産養殖従事者	83.0%	生産類似作業従事者	66.0%
金属彫刻・表面処理従事者	93.5%	車掌	83.0%	ビル・建物清掃員	66.0%
生産関連事務従事者	93.0%	甲板員、船舶技士・機関員	83.0%	農耕従事者	64.0%
再生資源回収・卸売従事者	93.0%	鉄筋作業従事者	83.0%	電気機械器具整備・修理従事者	63.9%
販売店員	92.0%	ゴム・プラスチック製品製造従事者	82.3%	看護助手	63.0%
保険代理・仲立人（ブローカー）	92.0%	計量計測機器・光学機械器具組立従事者	81.5%	農林水産・食品技術者	62.7%
画工、塗装・看板制作従事者	92.0%	ビル管理人	81.0%	配管従事者	62.0%
生産関連作業従事者（画工、塗装・看板制作を除く）	92.0%	自動車組立従事者	81.0%		
板金従事者	91.3%	金属工作機械作業従事者	80.7%		
鋳物製造・鍛造従事者	90.0%	理容師	80.0%		

資料）浜口、近藤「地域の雇用と人工知能」、独立行政法人経済産業研究所『RIETI Discussion Paper Series』（2017）

労働力不足に直面し、今後も需給ギャップの解消が困難と予測される建設業や運輸業、その他サービス業に係る職業においても、省人化・省力化・業務効率化技術によって労働力不足問題の緩和・解決が技術的に可能な仕事がすでに比較的多くあるのではないかと考えられる。しかしながら、総論でも述べたように、労働力不足問題の緩和・解消は一向に進んでいないのである。

中小企業でも急速に進むソフトウェア投資

省人化・省力化との直接的な関係はないが、近年、業務の効率化に貢献するソフトウェアへの投資額は、企業規模に関わらず急伸している。図表２‐３では、製造業および労働力不足が深刻な主要業種について資本金規模別にソフトウェア投資の推移を示しているが、建設業と宿泊・飲食サービスを除き、中堅・中小企業レベルでも、ソフトウェア投資は確実に増加傾向にある。

労働力不足は、特に企業規模の小さな企業にとって深刻度が大きいが、昨今のソフトウェア投資額の増勢に、対応を急ぐ中小企業の行動が反映されているという解釈もできよう。しかしながら、従業員１人当たりのソフトウェア装備率を企業規模別にみると、大企業（資本金10億円以上）と中小企業では、未だ、埋めがたいほどの差が見られる（図表２‐４）。したがって、中小企業におけるソフトウェア投資は、業務効率化を通じた省人化・省力化というゴールに対し、未だ緒に就いたばかりという段階にあると言わざるを得ない。

図表２‐３　主要業種別企業規模別（資本金）ソフトウェア投資額推移（全国 2015年＝100%）

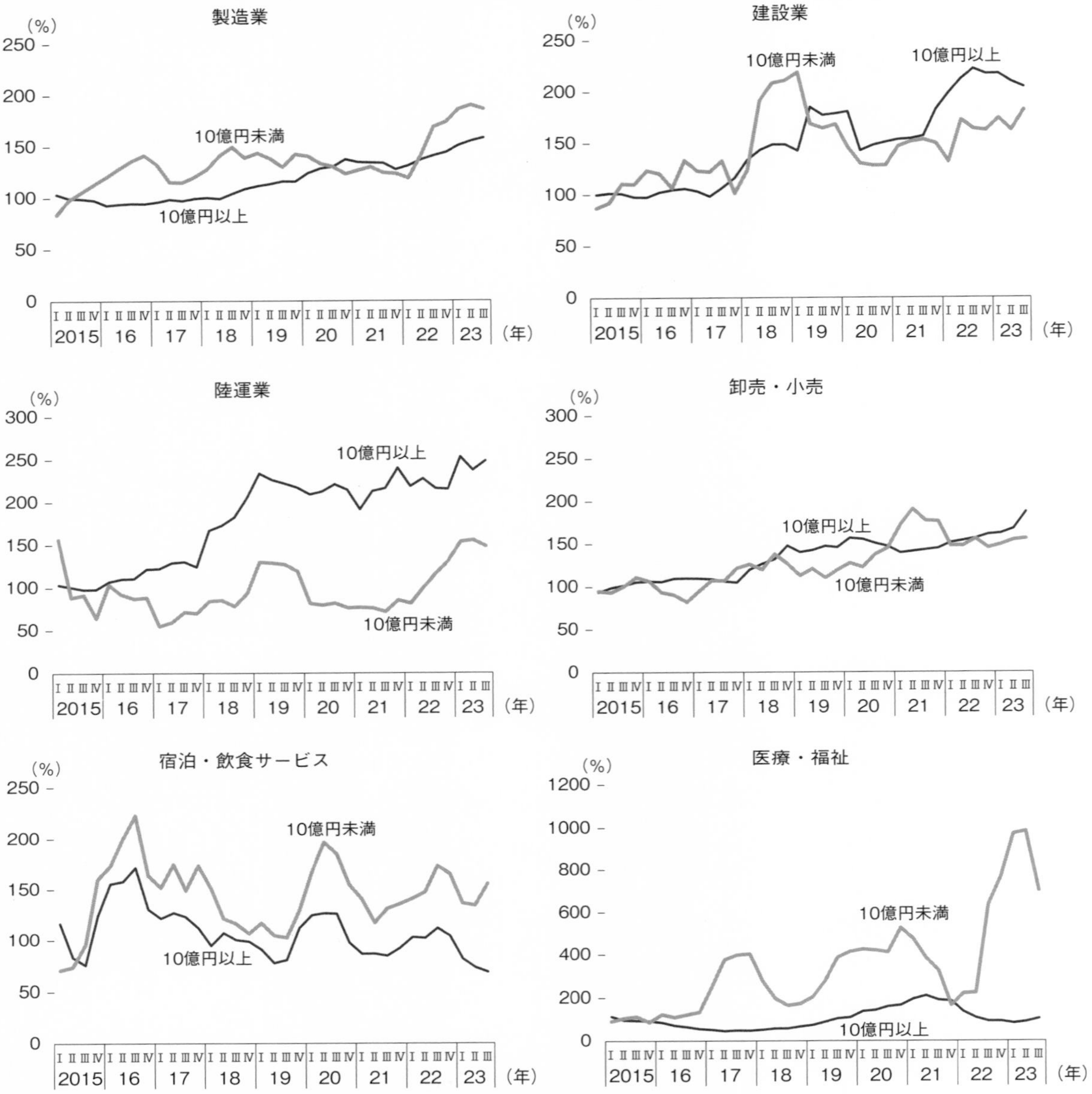

製造業

(%)
250
200
150
100
50
0
10億円未満
10億円以上
2015 16 17 18 19 20 21 22 23（年）

建設業

(%)
250
200
150
100
50
0
10億円未満
10億円以上
2015 16 17 18 19 20 21 22 23（年）

陸運業

(%)
300
250
200
150
100
50
0
10億円以上
10億円未満
2015 16 17 18 19 20 21 22 23（年）

卸売・小売

(%)
300
250
200
150
100
50
0
10億円以上
10億円未満
2015 16 17 18 19 20 21 22 23（年）

宿泊・飲食サービス

(%)
250
200
150
100
50
0
10億円未満
10億円以上
2015 16 17 18 19 20 21 22 23（年）

医療・福祉

(%)
1200
1000
800
600
400
200
0
10億円未満
10億円以上
2015 16 17 18 19 20 21 22 23（年）

注）１．ソフトウェア投資額は設備投資額からソフトウェア以外の投資額の差
　　２．４期移動平均値
資料）財務省「法人企業統計」をもとに九経調作成

図表２-４　産業２区分企業規模別ソフトウェア装備率（全国）

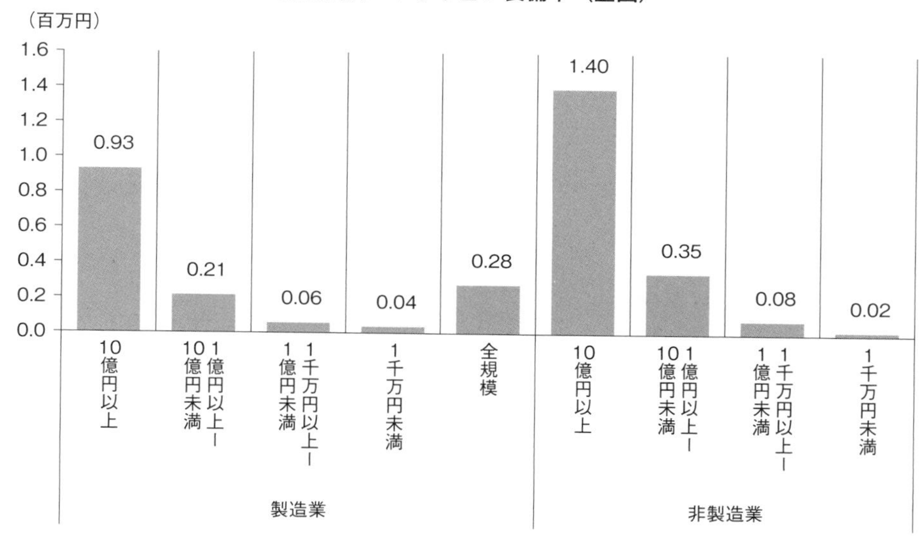

注）１．ソフトウェアは当期末と前期末を平均した期中ベース
　　２．ソフトウェア装備率＝ソフトウェア（期中固定資産）／期中平均従業員数
資料）財務省「法人企業統計」をもとに九経調作成

2　省人化・省力化・業務効率化技術の取り組み状況とその特徴

１）分析の対象

　第２節では、九州地域企業の省人化・省力化・業務効率化技術の取り組み状況とその特徴について焦点を当てる。九経調「働き方改革・人的資本経営に関するアンケート調査」（以下「企業アンケート」）「問19」の選択肢をもとに、以下の①から③の取り組みについて分析を行う。

①　労働需要を伴わない取り組み ②　業務の縮小を伴わない取り組み ③　他章で取り扱わない取り組み

具体的な選択肢については、
①　労働需要を伴わない取り組み
　→「アウトソーシング」「日本人労働者の増員」「外国人労働者の増員」は除外（労働需要を伴うため）
②　業務の縮小を伴わない取り組み
　→「業務の縮小」は除外（業務量を維持しながら生産性を高めていく取り組みに焦点を当てたいため）
③　他章で取り扱わない取り組み
　→「人員のシェアリング（副業関連）」、「日本人労働者の増員」は除外（１章で言及し

ているため）
→「外国人労働者の増員」は除外（３章で言及しているため）

よって、本節においては、

「業務内容や工程の見直し」
「ロボット（配膳、調理、介護、搬送など）の導入」
「AI 導入による効率化」
「無人化システムの導入」

以上の取り組みを主な分析の対象としている。

２）取り組みの状況と効果

少数派にとどまる省人化・省力化技術導入企業

企業アンケートによると、九州地域企業における人手がかかる業務において実施している・もしくは実施予定の取り組みについては、「業務内容や工程の見直し」が59.3%で最多となり、多くの企業が必要性を感じている状況となっている（図表２-５）。次いで、「日本人労働者の増員」（25.7%）、「外国人労働者の増員」（19.6%）、「アウトソーシング」（16.1%）など、労働需要を伴う「人間」が行うことを前提とした取り組みが上位に並ぶ一方、「ロボット（配膳、調理、介護、搬送など）の導入」（9.2%）、「AI 導入による効率化」（8.4%）、「無人化システムの導入」（7.3%）など、「人間」以外との協働に取り組んでいる企業は決して多くない。

「ロボット（配膳、調理、介護、搬送など）の導入」（9.2%）、「AI 導入による効率化」（8.4%）、

図表２-５　九州地域企業の人手がかかる業務において実施している・もしくは実施予定の取り組み

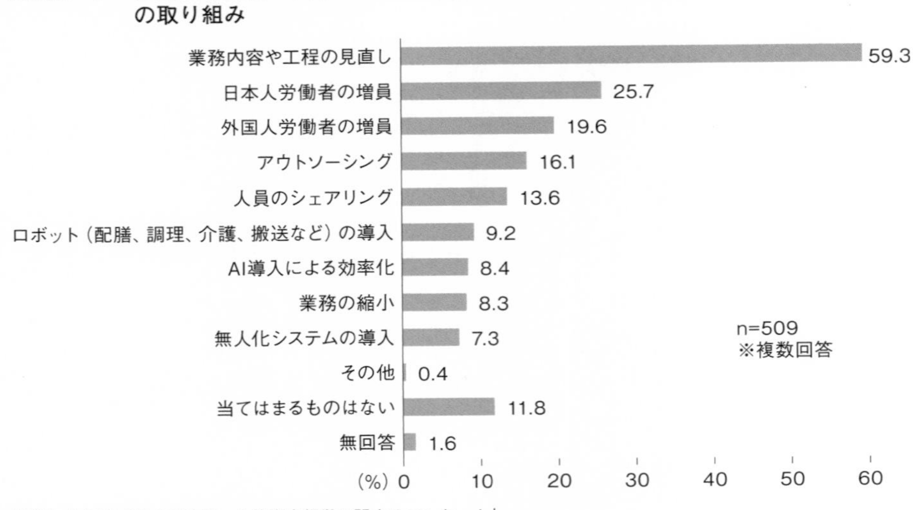

資料）九経調「働き方改革・人的資本経営に関するアンケート」

図表２-６　省人化・省力化技術導入段階

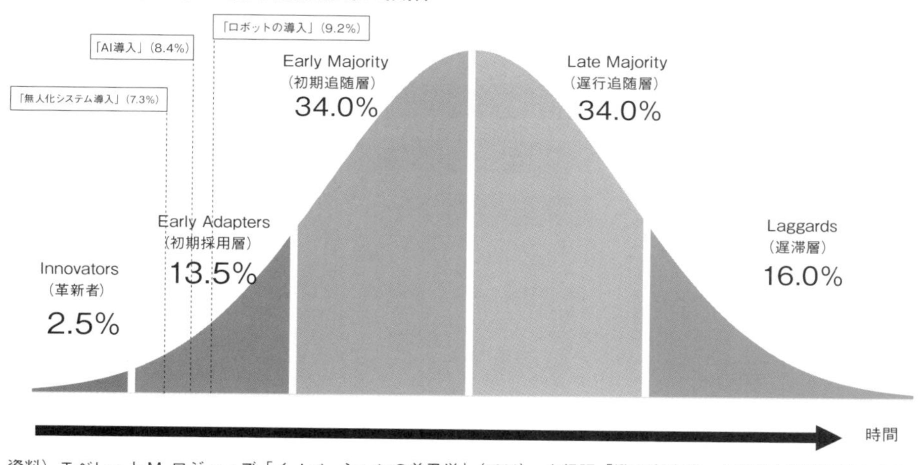

資料）エベレットM. ロジャーズ「イノベーションの普及学」（1962）、九経調「働き方改革・人的資本経営に関するアンケート」をもとに九経調作成

「無人化システムの導入」（7.3%）の取り組みについては、それぞれ低い実施率に留まっており、新しい技術や製品の市場への普及状況をタイプ別に分類したイノベーター理論に照らせば、こうした技術の導入は、「革新者」と「初期採用層」の一部が導入している状態に過ぎないとみられる（図表２-６）。

なお、「当てはまるものはない」との回答は11.8%と比較的少なく、人手がかかる業務については多くの企業で何らかの対策が練られていることがうかがえる。

効果は未だ出ず

次に、このような省人化・省力化技術の導入により人手不足は解消できているのであろうか。企業アンケートにより、５年前まで「人材不足」「やや人材不足」から、現在「適正」もしくは「やや過剰」となった“人手不足解消企業”に、５年前まで「人材不足」から現在「やや人材不足」となった“人手不足緩和企業”を加えた『人手不足解消・緩和企業』を対象に、省人化・省力化技術の導入による人手不足解消・緩和への効果をみていきたい。

５年前に「人材不足」「やや人材不足」だった企業はアンケート回答数509社に対し310社となっており、『人手不足解消・緩和企業』は、全体の20.6%と決して多くない（図表２-７）。

図表２-７　人手不足解消・緩和／非解消・緩和企業の比率

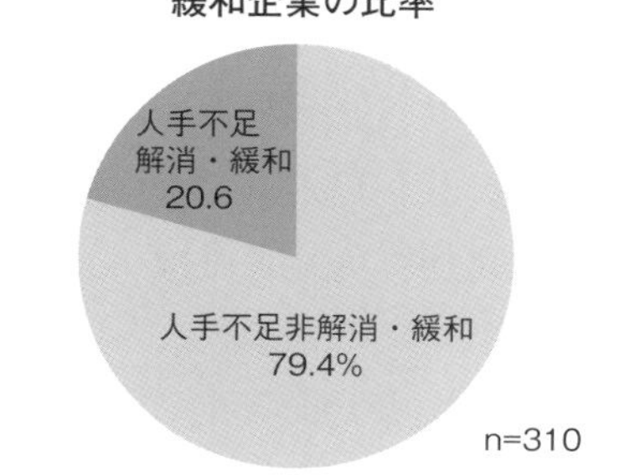

資料）九経調「働き方改革・人的資本経営に関するアンケート」

そして、この310社のうち、「ロボット（配膳、調理、介護、搬送など）の導入」「AI導入による効率化」「無人化システムの導入」のいずれか１つでも実施した企業は18.7%で、人材不足企業に限定しても、その回答は図表２-６が示す初期採用層のボリュームを少し上回る程度でしかない（図表２-８）。

こうした技術を導入した企業のうち、人手不足を解消・緩和した企業の割合は他の取り組み（人員増、業務内容工程／見直し、外部人材活用）より高くなっており、人手不足への対応としてのいくつかの選択肢の中では“相対的には”成果が上がっている取り組みと考えら

図表２-８　主な人手不足解消・緩和策の取り組み状況

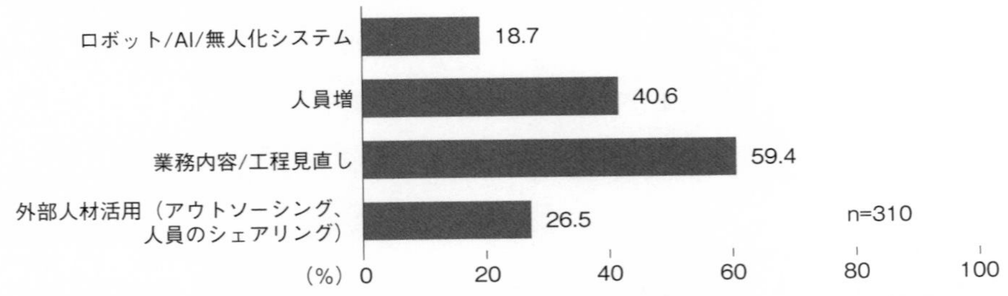

注）人員増は「日本人労働者の増員」「外国人労働者の増員」、外部人材活用は「アウトソーシング」「人員のシェアリング」のいずれか１つを選んだ企業
資料）九経調「働き方改革・人的資本経営に関するアンケート」

図表２-９　人材不足解消・緩和企業の割合（取り組み別）

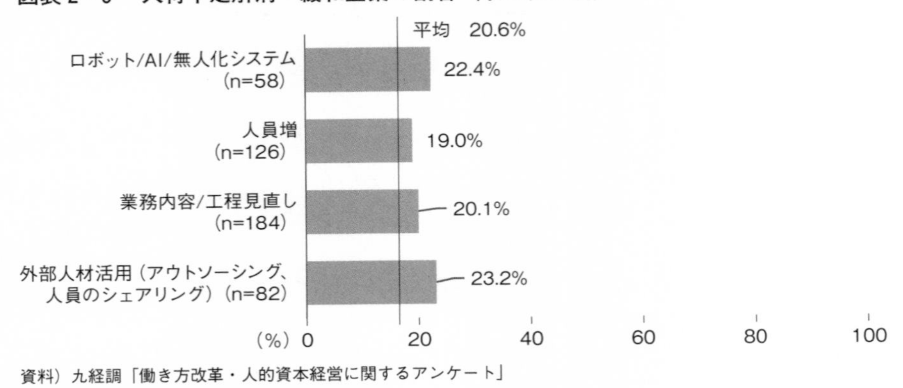

資料）九経調「働き方改革・人的資本経営に関するアンケート」

れる（図表２-９）。

しかしながら、これらの技術を導入しても成果を挙げていると推測される企業はまだ４分の１程度に過ぎず、当然ながら、投資に対して成功確率が低いと判断する企業も少なくないだろう。

3　省力化技術導入・効果最大化に向けた課題

第２節では、人手不足の解消に向けた省力化技術の導入に関して、「ロボット」「AI」「無人化システム」などの技術導入を進めている企業はまだ少なく、導入している企業についてもその技術が「人手不足」に対する効果をうまく発現できていない状況にあることが分かった。

マクロな視点でみても、近年、日本の労働分配率は欧米諸国と比べ急激なペースで上昇しており、2021年度においては日欧米５カ国の中で最も高い水準となった。また、九州・沖縄はもともと労働集約的な産業構造を反映して労働分配率は高かったが、日本（全国）と同様のペースで上昇し、2020年度時点で、全国を1.3%ポイント上回っている（図表２-10）。2021年度はこの割合がさらに上昇する公算は高い。労働分配率が向上すること自体、短中期的に問題ではないが、企業が労働と資本（機械設備やソフトウェア等）を用いて生産やサービスの提供を行っていると仮定すると、資本財の価格が賃金に対して相対的に低下すれば、労働

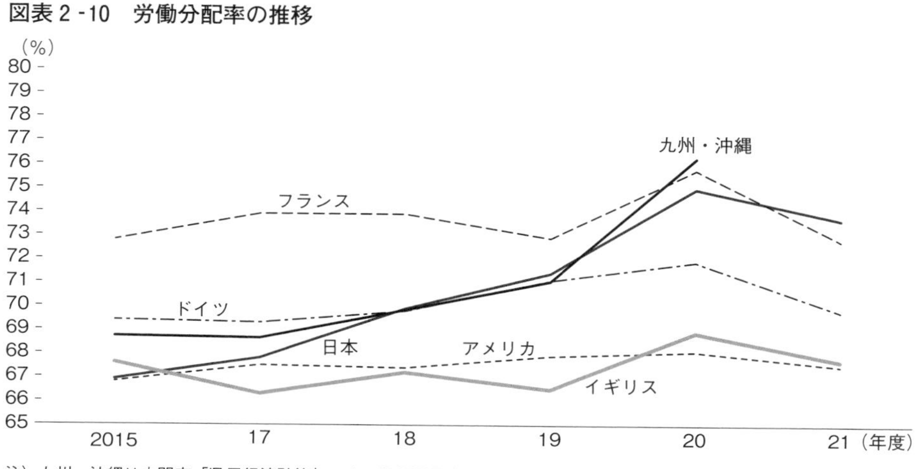

図表2-10　労働分配率の推移

注）九州・沖縄は内閣府「県民経済計算」による県民雇用者所得／県民所得
資料）労働政策研究・研修機構（JILPT）「データブック国際労働比較2023」、内閣府「県民経済計算」をもとに九経調作成

を節約してより多くの資本を用いるインセンティブが高まる。そして、適正な、かつ安定的な労働と資本の分配率水準に収れんしていくはずである[1]。

しかし、先のアンケート結果で示した通り、まだ省人化・省力化技術の導入は一部の企業に限られている点からみると、労働から資本（省人化・省力化技術が対価されたソフトウェアや機械等）へシフトする調整速度が遅いという問題があるものと考えられる。

そこで本節では、1つめに「技術導入促進」の課題と対応、2つめに「効果発現の最大化」にむけた課題について焦点を当て、その対応を検討していきたい。

1）導入促進に向けて

初期投資のハードルを下げる　①補助金

省人化・省力化技術の導入にあたっては、主にコスト面が課題となる。ロボット、AI、自動化技術などの導入となると特に高額な初期投資が必要となり、小規模事業者にとっては導入が難しいケースが多い。また今般、人手不足や物価上昇などの影響を受け、企業の賃上げ圧力が強まっている。人件費の上昇が避けられない環境のなかで、企業にとってはコスト面でのさらなる効率化が求められる。人件費と比べてAIやロボット技術の導入コストが安ければ、導入が進むと思われるが、今後も導入のコストメリットが拡大すると予想されるなかで、技術導入の原資がない企業は市場から淘汰されていくと考えられる。

企業は、短期的な解決策として人件費の安い外国人労働者やシニア人材などを積極的に活用することも考えられるが、それが困難であれば、長期的にはAIやロボットなどの代替技術への投資が不可欠である。また、定期的なメンテナンスやアップデートなどでかかるランニングコストや、ROI（Return on Investment）（投資利益率）を意識して投資を行うことも重要である。投資によってどれだけ効率的に利益を獲得できたのか、を測る指標となっており、過大な投資は経営にダメージを与えかねない。

[1] 財務省「法人企業統計」によれば、2022年度の中小企業における労働分配率は21年度比で低下しており、調整過程にあることを示す結果となっている

図表２-11　中小企業省力化投資補助事業

中小企業省力化投資補助事業
（中小企業等事業再構築促進事業を再編）
令和5年度補正予算額1,000億円

中小企業庁経営支援部 技術・経営革新課
中小企業庁長官官房 総務課

事業の内容

事業目的

中小企業等の売上拡大や生産性向上を後押しするために、人手不足に悩む企業等に対して、省力化投資を支援する。これにより、中小企業等の付加価値額や生産性向上を図り、賃上げにつなげることを目的とする。

事業概要

IoT、ロボット等の人手不足解消に効果がある汎用製品を「カタログ」に掲載し、中小企業等が選択して導入できるようにすることで、簡易で即効性がある省力化投資を促進する。

※なお、中小企業等事業再構築促進基金を用いて、これまで実施してきた、ポストコロナ・ウィズコロナ時代の経済社会の変化に対応するための新市場進出、事業・業種転換、事業再編、国内回帰又はこれらの取組を通じた規模の拡大等、企業の思い切った事業再構築の支援については、必要な見直しを行う。

事業スキーム（対象者、対象行為、補助率等）

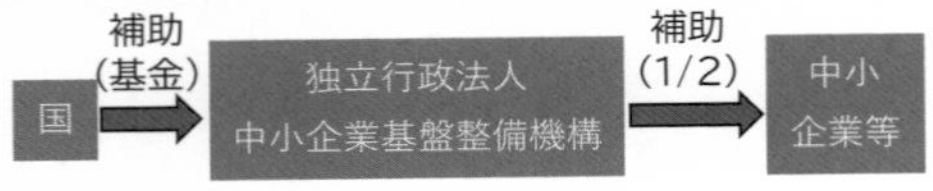

国 →補助（基金）→ 独立行政法人 中小企業基盤整備機構 →補助（1/2）→ 中小企業等

※これまで実施してきた中小企業等事業再構築促進事業のスキーム

枠	申請類型	補助上限額	補助率
省力化投資補助枠（カタログ型）		従業員数5名以下 200万円(300万円) 従業員数6～20名 500万円(750万円) 従業員数21名以上 1000万円(1500万円) ※賃上げ要件を達成した場合、()内の値に補助上限額を引き上げ	1/2

成果目標

付加価値額の増加、従業員一人当たり付加価値額の増加等を目指す。

資料）経済産業省「令和５年度補正予算の事業概要（PR 資料）令和５年11月」

しかし、労働力の確保は困難なばかりか、その問題をクリアしようとすれば、賃金面でより高い条件を提示することが今や不可欠になっていることから、上記の ROI の分子（投資によって節約し得る人件費）は今後も増大し、期待し得る投資収益率自体は高まっていくものと思われる。そのため資金的に、いかに導入のハードルを下げるかという点において、省力化技術の導入に向けた様々な補助金の制度が拡充されている。現在、特に注目されているのが、2023年11月29日に成立した2023年度予算における「中小企業省力化投資補助事業」である（図表２-11）。中小企業等の付加価値額や生産性向上を図るもので、IoT 関連製品やロボットなどの人手不足解消に効果がある汎用製品を「カタログ」内から申請者が選択できるものとなっている。

初期投資のハードルを下げる　②シェアリング

コスト問題の解決に向けた策として「ロボットのシェアリング」が考えられる。これは農村部で長年にわたり実践されてきた「機械利用組合」における、機械共同利用の概念を現代的な技術、特にロボット技術に応用したものである。農村部では昔から人手不足の問題に直面しており、複数の農家がトラクターやコンバインなどの高価な機械を共有するなど、農業機械の共同利用を通じて個々の農家の負担を軽減し、この問題に対応してきた。

この昔からの手法を現代の産業に応用することで、ロボット技術の高い初期投資費用を抑え、その恩恵を共有することができる。ロボットのシェアリングは、特に資本力の限られた中小企業にとって、コスト効率の良い方法として考えられる。また、この仕組みは必要な時にのみロボットを利用できるため、企業が柔軟に運営を行うことを可能にしている。

例えば、inaho（株）（神奈川県鎌倉市）では、報道等によると、自社で開発した自動野菜収穫ロボットをRaaS（Robot as a Service）モデルを通じて農家向けにレンタルするサービスを展開している。従量課金型のサービスで、「市場の取引価格×収穫量の一部」を利用料として徴収するビジネスモデルを構築しており、ロボットのメンテナンスについてもinaho側が行うサポート体制を整えている。農家側にとって、初期投資コストをかけずにロボットの導入が可能であり、農家の担い手・人手不足解消に向けて労働負担を軽減し、生産性向上につなげている企業と言える。

このように、ロボットのシェアリングは、新しい技術と昔ながらの共同利用の概念を組み合わせ、コスト問題に直面する多くの企業にとって有効な解決策となり得る。

初期投資のハードルを下げる　③OIによる実験

（有）浅野水産（日南市）は、近海かつお一本釣り漁船「第五清流丸」の操業や、水産仲買・仲卸・加工などを行っている企業である。同社は、「漁業」・「漁師の勘」の継承、労働環境改善などを課題と考えており、課題解決のためには船舶のIT化が必須であると考えていた。業務効率化、DX推進に向けてスタートアップ企業とのオープンイノベーション（OI）を活用し、目標としていた「漁師の勘AI化」に向けた取り組みを行った。同社の強み（知的財産）として、豊富な現場のデータや知識（漁師の勘）などがあり、スタートアップ企業側としても質・精度の高い実証実験を行うことができるため、双方のメリットが合致し、共創に至った。

▲（有）浅野水産の近海かつお一本釣り漁船「第五清流丸」
（出所：浅野水産webサイト）

実証実験の場（知的財産）を一部提供することで、研究開発かかるコスト減に繋げることのできた取り組みと言える。

2）効果最大化に向けて

ロボットや無人化システムなど、生産性向上のためにテクノロジーの導入を行う企業がある一方、導入するだけでは効果があるとは言い切れない。ロボットが労働力として特定の業務に参入すると、仕事がなくなる人員、負担が軽減される人員が生じ、全ての人員が従来の工程のまま業務を進めることが最適とは言えない状態になる。そのため、テクノロジーの導入を見据えた業務工程の見直しが、前提として必要である。

テクノロジーの導入によって、工程の中で必要な人員の数が減る業務があるが、「人員を削減する」という考え方だけでは人員不足解消は達成できない。テクノロジーは「人の仕事を肩代わりするもの」としての使い方がある一方で、業務を単純化することで、これまで特定の業務を担えなかった人材の活躍の幅を広げる役割も果たし得る。

例えば、うるま市にある宿泊業向けの実証実験施設「タップホスピタリティラボ沖縄」では、従来活躍の幅が限定的であった知的障害のある人材に目を向け、宿泊施設において厨房スタッフとして雇用できる可能性を模索する取り組みが行われている。ここでは、実際にレストランのスタッフとして働く知的障害を持つ人材一人ひとりに対し、調理法を指示するためのタブレット端末が割り当てられている。また、食材や調理器具など必要なものが入っている棚の位置は、注文が入った後にランプが光ることによってスタッフに示される。テクノロジーを使って従来の厨房スタッフの業務を単純化することで、厨房スタッフとして活躍できる人材の幅を広げる取り組みである。

また、宿泊施設では、コンシェルジュサービスのように「生身の人間」によるサービスが求められるため、「人材を削る」という考え方に適合し得ない業務も存在する。このようなサービスでは、リピーターの好みを把握している熟練のコンシェルジュでないと難しい対応もある。しかし、ここでも宿泊客の好みを記憶するシステムを併用することで、経験の浅い人材であっても熟練のコンシェルジュに劣らないサービスが提供できると考えられる。

3）技術導入以外の取り組み

省人化・省力化に対して、業種ごとに取り組みの特色があるが、運輸業に関してその特徴をみると、実施する取り組みに「当てはまるものはない」と回答した企業が他業種に比べて多い。「事業・組織編成の工夫」では47. 7%、「業務効率化・省人化・省力化」は52. 3%、「人手がかかる業務において実施、もしくは実施予定の取り組み」は23. 1%の企業が「当てはまるものはない」と回答しており、これらすべての設問において、「当てはまるものはない」と回答した企業の割合が最も高かったのは運輸業であった（図表２-12）

運輸業では現在、「2024年問題」への対策が急務となっている。働き方改革関連法により、2024年４月１日以降からは自動車運転業務に対する年間の労働時間の上限が960時間に制限され、ドライバーの労働時間が短くなることで輸送能力の低下が懸念されている。（株）野村総合研究所（東京都千代田区）の調査[2]によると、人手不足や2024年問題をうけて、需要に対する供給の割合（ドライバーベース）で、2030年には供給不足により全国で約35%、九

図表２-12　九州地域企業の人手がかかる業務において実施、もしくは実施予定の取り組み（業種別）

	業務内容や工程の見直し	業務の縮小	無人化システムの導入	ロボット（配膳、調理、介護、搬送など）の導入	AI導入による効率化	人員のシェアリング	アウトソーシング	日本人労働者の増員	外国人労働者の増員	その他	当てはまるものはない	無回答
建設業（n=87）	63.2%	3.4%	4.6%	0.0%	6.9%	18.4%	27.6%	28.7%	16.1%	0.0%	8.0%	2.3%
製造業（n=79）	70.9%	5.1%	16.5%	15.2%	7.6%	12.7%	17.7%	31.6%	29.1%	1.3%	6.3%	0.0%
運輸業（n=65）	55.4%	10.8%	3.1%	4.6%	3.1%	9.2%	10.8%	27.7%	6.2%	0.0%	23.1%	1.5%
卸売・小売業（n=75）	61.3%	6.7%	4.0%	4.0%	13.3%	12.0%	14.7%	17.3%	10.7%	1.3%	16.0%	0.0%
宿泊業（n=37）	54.1%	16.2%	10.8%	13.5%	10.8%	21.6%	13.5%	32.4%	37.8%	0.0%	5.4%	0.0%
飲食業（n=30）	43.3%	13.3%	10.0%	23.3%	6.7%	20.0%	3.3%	23.3%	20.0%	0.0%	13.3%	3.3%
医療・福祉（n=53）	49.1%	15.1%	1.9%	20.8%	11.3%	15.1%	7.5%	24.5%	32.1%	0.0%	7.5%	1.9%
その他サービス（n=44）	54.5%	6.8%	6.8%	9.1%	2.3%	4.5%	22.7%	25.0%	20.5%	0.0%	15.9%	4.5%
その他（n=39）	59.0%	2.6%	7.7%	5.1%	12.8%	7.7%	12.8%	17.9%	12.8%	0.0%	10.3%	2.6%

資料）九経調「働き方改革・人的資本経営に関するアンケート」

州においては約40%の荷物が運べなくなると推計されている。労働力需要に対する圧力が強まるなかで、自動運転技術の進展がドライバーの負担軽減やドライバー不足解消に直結すると期待されている。しかし、自動運転レベルが物流サービスにおいて導入が実現する段階まで至っておらず、制度的に認められていないなかで、運輸業では省人化・省力化技術への投資は限定的にならざるを得ない。

したがって、運輸業、特に物流業界では、「輸送網集約化」や「共同輸配送」など、輸送のシステムを見直すという方法での対応がなされている。国土交通省による運輸業の省力化及び物資の流通に伴う環境負荷の低減を目的とした法律に「物流総合効率化法」がある。この法律は、2社以上の連携による効率化を支援しており、事業が認定を受けると、計画策定・運行経費の補助、倉庫への税制特例の適用等の支援を受けられる。

図表2-13　物流総合効率化法に認定された事業の分野内訳

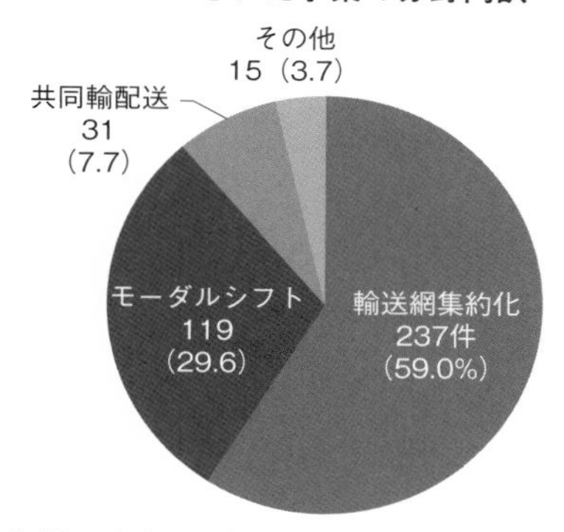

資料）国土交通省「物流総合効率化法の認定状況」をもとに九経調作成

国土交通省公表の「物流総合効率化法の認定状況（令和5年5月31日）」によると、2016年10月の認定開始から2023年5月の間で認定を受けた事業は402件に上る。輸送網集約化に関する取り組みが最も多く、全体の59.0%、次いでモーダルシフトに関する取り組みが29.6%、共同輸配送が7.7%となっている（図表2-13）。一般的に縄張り意識が強いと言われる運輸業において、地域の枠を超えた同業他社との連携により、ドライバーの業務時間や輸配送の時間ロスを軽減する取り組みが近年注目されている。

まとめにかえて

2023年に発生した九州の建設業者の倒産件数は158件であった。前年比+50.5%と急増しており、2000年以降で最高水準を記録した全国の倒産件数の増加率（38.8%）を上回った（図表2-14）。その背景の1つに『人手不足』が挙げられている。人手不足に陥ると、少ない人手で無理に業務を遂行しようと企業が動くため、離職率の上昇を誘発し、さらに業務の遂行が困難になることが考えられる。また、人員を集めるために高いコストをかけると収益が減ることが懸念される。建設業は外部環境の変化を受けやすい業種であり、余力のあるうちにDXや技術革新を行わないと、倒産リスクは高くなると考えられる。

図表2-14　地域別「建設業」倒産件数

	2022年（件）	2023年（件）	増減率（%）
北海道	20	62	210.0
東北	76	89	17.1
関東	424	576	35.8
北陸	32	47	46.9
中部	159	235	47.8
近畿	308	408	32.5
中国	55	76	38.2
四国	25	20	▲20.0
九州	105	158	50.5
合計	1,204	1,671	38.8

資料）（株）帝国データバンク「『建設業』倒産動向調査（2023年）」をもとに九経調作成

建設業のみならず、宿泊業、運輸業など、近年多くの業種で人手不足が深刻化している。人口減少による労働力不足が問題化するなかで、DXや技術革新は、今や企業の成長のための先進的な取り組みではなく、企業の存続のために取り組まなければならない喫緊の課題と言えるだろう。

2 （株）野村総合研究所「トラックドライバー不足時代における輸配送のあり方～地域別ドライバー不足数の将来推計と共同輸配送の効用～」

第3章

外国人受入政策の転換で必要となる多文化共生

はじめに

人手不足、労働供給制約は一時的なものではなく、長期的なトレンドである。その場しのぎの人材確保ではなく、長期的なスパンでの人材確保の戦略が必要となる。本章では主に外国人労働者にスポットを当てるが、長期的なスパンでの人材確保策という観点から、在留資格を持つ外国人のうち、出入国在留管理庁が定義する「就労が認められる在留資格」の外国人労働者に着目する。さらに、就労が認められる在留資格のうち、国際的な技術移転を目的とした「技能実習の在留資格群（以下、技能実習）」、一定の専門性・技能を有し、即戦力となる外国人材としての在留資格である「特定技能の在留資格群（以下、特定技能）」、就労目的で在留が認められる専門的・技術的分野の在留資格のうち「現業的業務に従事する在留資格群（以下、現業的業務）」、専門的・技術的分野の在留資格のうち「ホワイトカラー的職業に従事する在留資格群（以下、高度外国人材）」について、以下のように定義した（図表３-１）。なお、在留が認められるその他の在留資格については、就労を目的とした在留ではないことから、本章では取り扱わない。

本章では、九州地域における外国人労働者や受け入れ事業所に関するトレンドについて、産業や職種ごとの特徴を明らかにする。さらに、九州地域の企業や地域における事例などから、今後外国人労働者から選ばれる企業の戦略や取り組みについて整理する。また在留外国人は労働者であり、地域における生活者でもあるという視点から、外国人に選ばれる地域、さらには選ばれる九州としての取り組みについても紹介したい。

図表３-１　就労が認められる在留資格

在留資格群		在留資格
技能実習		技能実習１号イ　技能実習１号ロ　技能実習２号イ 技能実習２号ロ　技能実習３号イ　技能実習３号ロ
特定技能		特定技能１号　特定技能２号
専門的・技術的分野の在留資格	現業的業務	外交　公用　教授　芸術　宗教　報道　医療　教育 企業内転勤　介護　興行　技能
	高度外国人材	経営・管理　法律・会計業務　研究 技術・人文知識・国際業務　高度専門職１号イ 高度専門職１号ロ　高度専門職１号ハ

資料）出入国在留管理庁、近畿経済産業局、日本貿易振興機構（JETRO）の定義に基づき九経調作成

1 九州地域における外国人労働者と受け入れ企業

1）九州地域の外国人労働者の実情

“働く”外国人の多い九州

近年、九州地域における外国人労働者の増加が顕著であり、特に過疎化の進んだ地域では地域労働市場はもちろん、生活環境にも大きな影響をもたらしている。2019年からの３年間で九州地域における就労が認められる外国人は約7,000人増加しており、特定技能の外国人の増加が顕著である（図表３-２）。九州地域の在留外国人に占める就労が認められる在留資格の外国人割合は高く、2022年では全国約30%に対し、九州は約40%となっている（図表３-３）。県別では、福岡県や沖縄県が全国の水準に近いものの、すべての県で割合が高く、特に熊本県や宮崎県では約６割に達している。

2022年時点で、就労が認められる在留資格のうち技能実習の割合が、全国では約36%であるのに対し、九州地域では約51%と高く、約半数が技能実習である。また特定技能の割合も高い。一方で高い日本語習熟度や専門的技術的水準が求められる現業的業務や高度外国人材の外国人労働者は全国の水準より低く、特に高度外国人材の割合の低さが目立つ。

地域別の割合を見ると、関東、中部、近畿の３地域に約85%の外国人が在留しており、九州は6.2%に留まっている（図表３-４）。

高度外国人材や現業的業務の在留資格の外国人に限るとその割合はさらに高まり、関東、

図表３-２　全国と九州の就労が認められる在留資格の外国人数の変化　（単位：人）

		就労が認められる在留資格	就労資格別			
			技能実習	特定技能	現業的業務	高度外国人材
全国	2019年	819, 323	410, 972	1, 621	90, 933	315, 797
	2022年	908, 595	324, 940	130, 923	89, 183	363, 549
九州地域	2019年	74, 829	53, 340	216	6, 016	15, 257
	2022年	83, 417	42, 394	16, 513	6, 268	18, 242

資料）法務省「在留外国人統計」をもとに九経調作成

図表３-３　九州地域における在留資格の割合（2022年）　（単位：%）

	在留外国人に占める就労が認められる在留資格の割合	就労が認められる就労資格の外国人に占める各在留資格の割合			
		技能実習	特定技能	現業的業務	高度外国人材
全国	29. 5	35. 8	14. 4	9. 8	40. 0
九州地域	40. 4	50. 8	19. 8	7. 5	21. 9
福岡県	32. 1	42. 4	17. 9	8. 4	31. 3
佐賀県	53. 1	57. 0	21. 3	8. 3	13. 4
長崎県	44. 0	47. 8	25. 9	11. 3	14. 9
熊本県	62. 2	59. 1	22. 5	4. 4	13. 9
大分県	39. 6	58. 4	17. 9	6. 6	17. 2
宮崎県	58. 9	66. 9	17. 6	5. 7	9. 8
鹿児島県	60. 6	61. 7	24. 0	4. 1	10. 3
沖縄県	31. 6	29. 4	17. 2	13. 0	40. 5
山口県	36. 4	59. 5	17. 8	7. 2	15. 5

資料）法務省「在留外国人統計」をもとに九経調作成

図表３－４　国内の各在留資格のエリア別の割合　（単位：％）

地方	在留外国人の総数の割合	技能実習	特定技能	現業的業務	高度外国人材
北海道	1.5	3.4	4.1	3.7	1.2
東北	2.2	4.7	3.4	2.2	1.4
関東	46.7	27.3	31.4	55.8	61.7
中部	19.2	24.3	21.2	12.8	12.1
近畿	19.0	15.8	16.7	15.6	16.0
中国	3.9	8.1	7.3	2.8	2.1
四国	1.3	4.4	4.3	1.2	0.6
九州・沖縄	6.2	11.9	11.8	5.9	4.8

注）関東は甲信越を含む。中部は北陸を含む
資料）法務省「在留外国人統計」をもとに九経調作成

中部、近畿を合わせると高度外国人材では約９割、現業的業務の在留資格では約85%となる。

“働く”外国人は徐々に“技能実習”から“特定技能”へ

次に、九州地域と全国における外国人の在留資格別割合の推移をみていくことにする（図表３－５）。2019年時点における国内の外国人労働者の約半数は技能実習であったが、2019年４月に特定技能の在留資格が施行されたことにより、2022年には全体の約15%が特定技能となっている。

九州地域においては、2019年時点では就労が認められる在留資格の外国人労働者の71.3%が技能実習であったが、2022年には50.8%となっている。３年間で低下した部分が、そのまま特定技能の在留資格に置き換わる格好となっており、全国と比較し、特定技能への移行は進んでいる。

図表３－５　九州地域と全国における働く在留資格における割合の変化　（%）

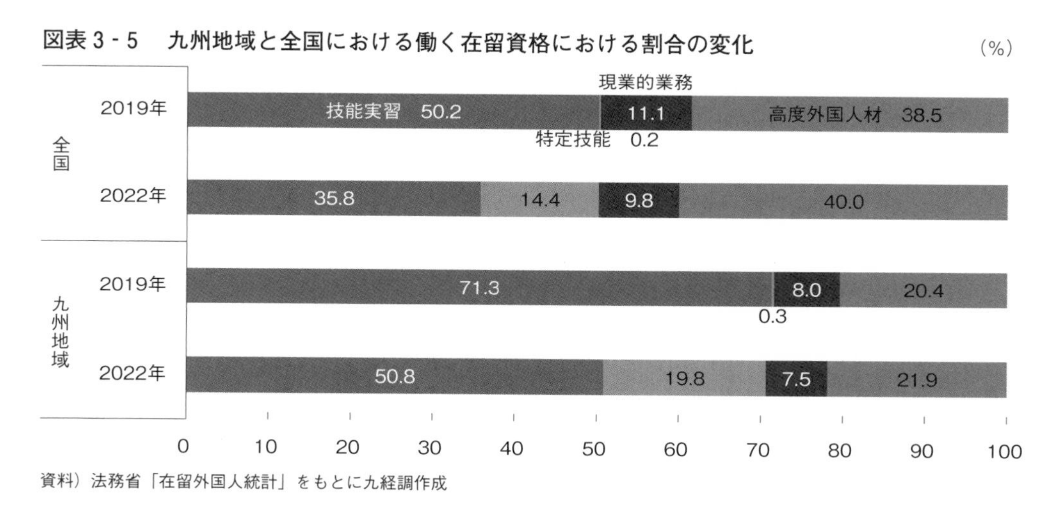

資料）法務省「在留外国人統計」をもとに九経調作成

中山間地域や半島・離島地域に多い技能実習生

九州地域の技能実習は、特定技能に置き換わることで、2019年の約5.3万人から2022年の4.2万人まで減少している。そのようななかで、2019年と比較して技能実習の在留外国人数が増加した市町村は、中山間地域や半島、離島に多い（図表３－６）。在留資格割合をみると、地方部の市町村では、半数以上が技能実習の在留外国人であるところも珍しくなく、在留外国人の８割以上が技能実習という市町村も目立つ（図表３－７）。

図表３-６　2019年から2022年で技能実習が増加した市町村

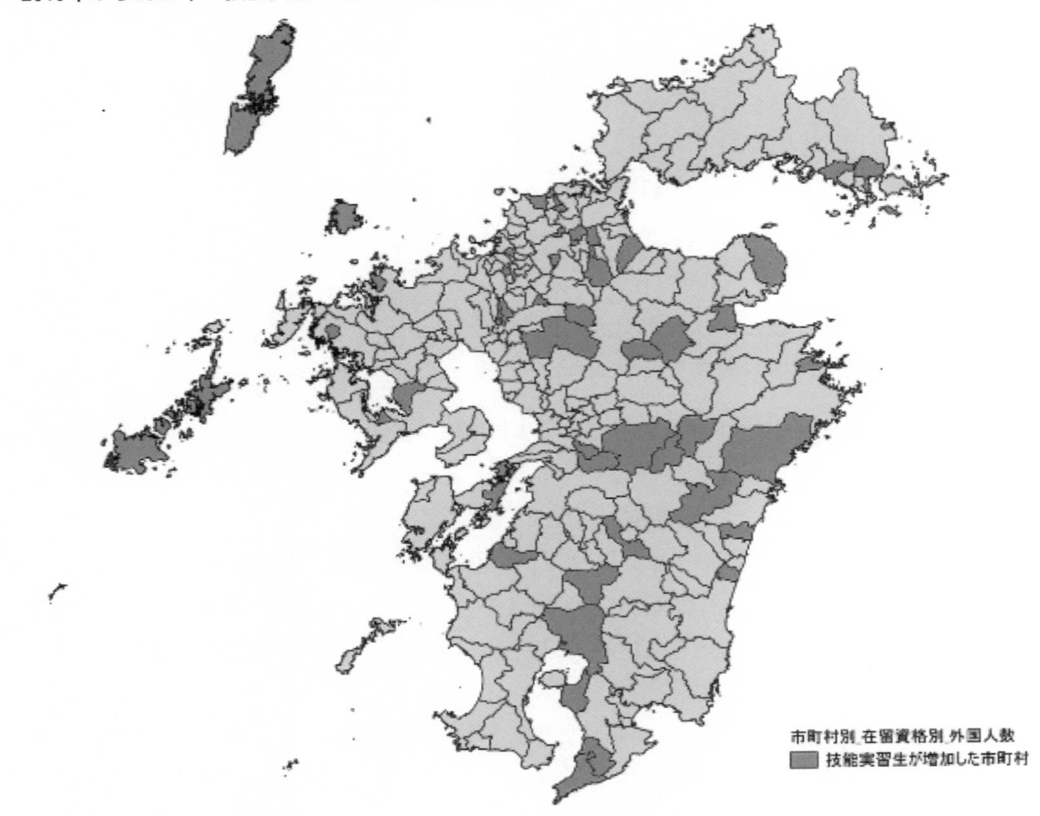

資料）法務省「在留外国人調査」をもとに九経調作成

図表３-７　在留外国人に占める技能実習割合（2022年）

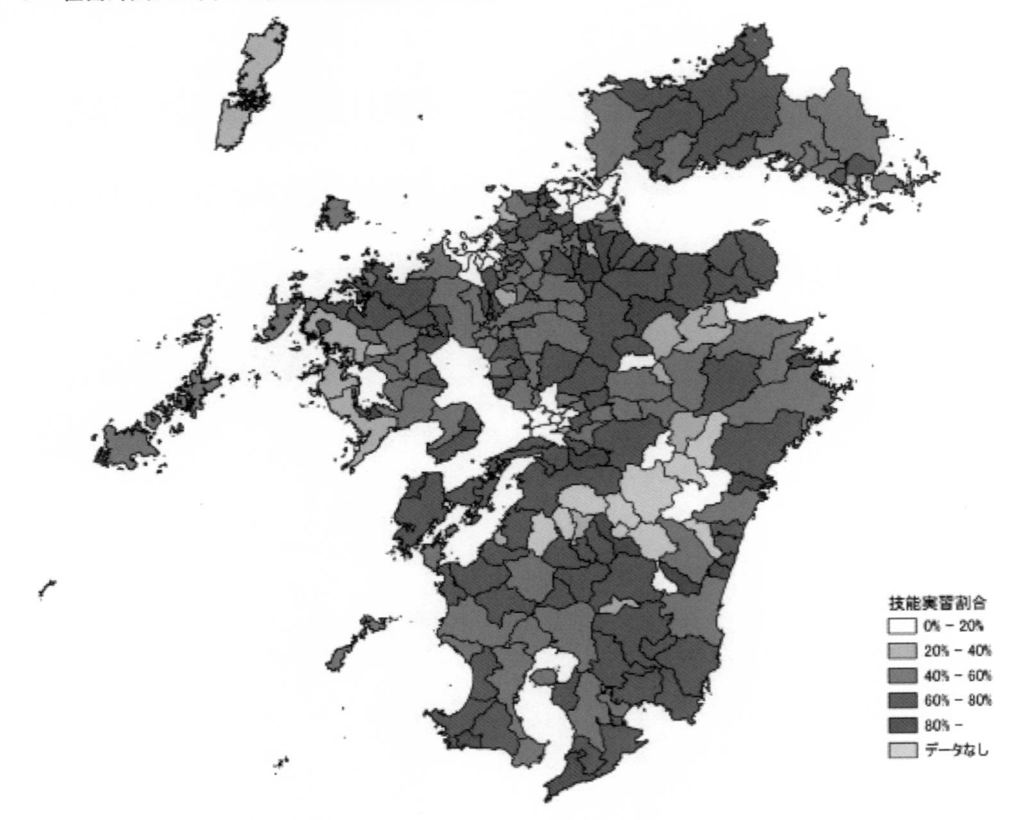

資料）法務省「在留外国人調査」をもとに九経調作成

図表３-８　市町村別在留資格人数（2022年）
【技能実習】

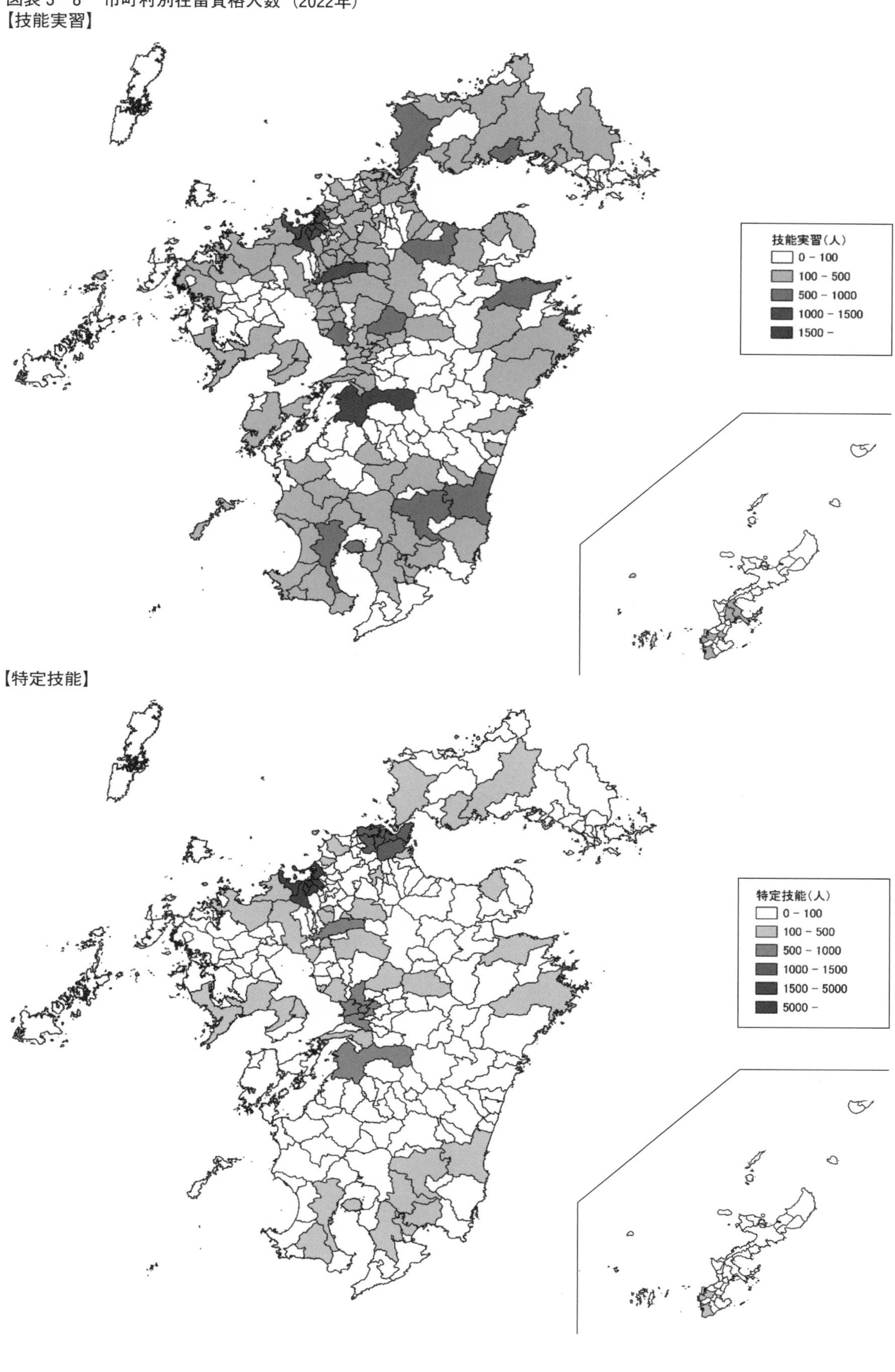

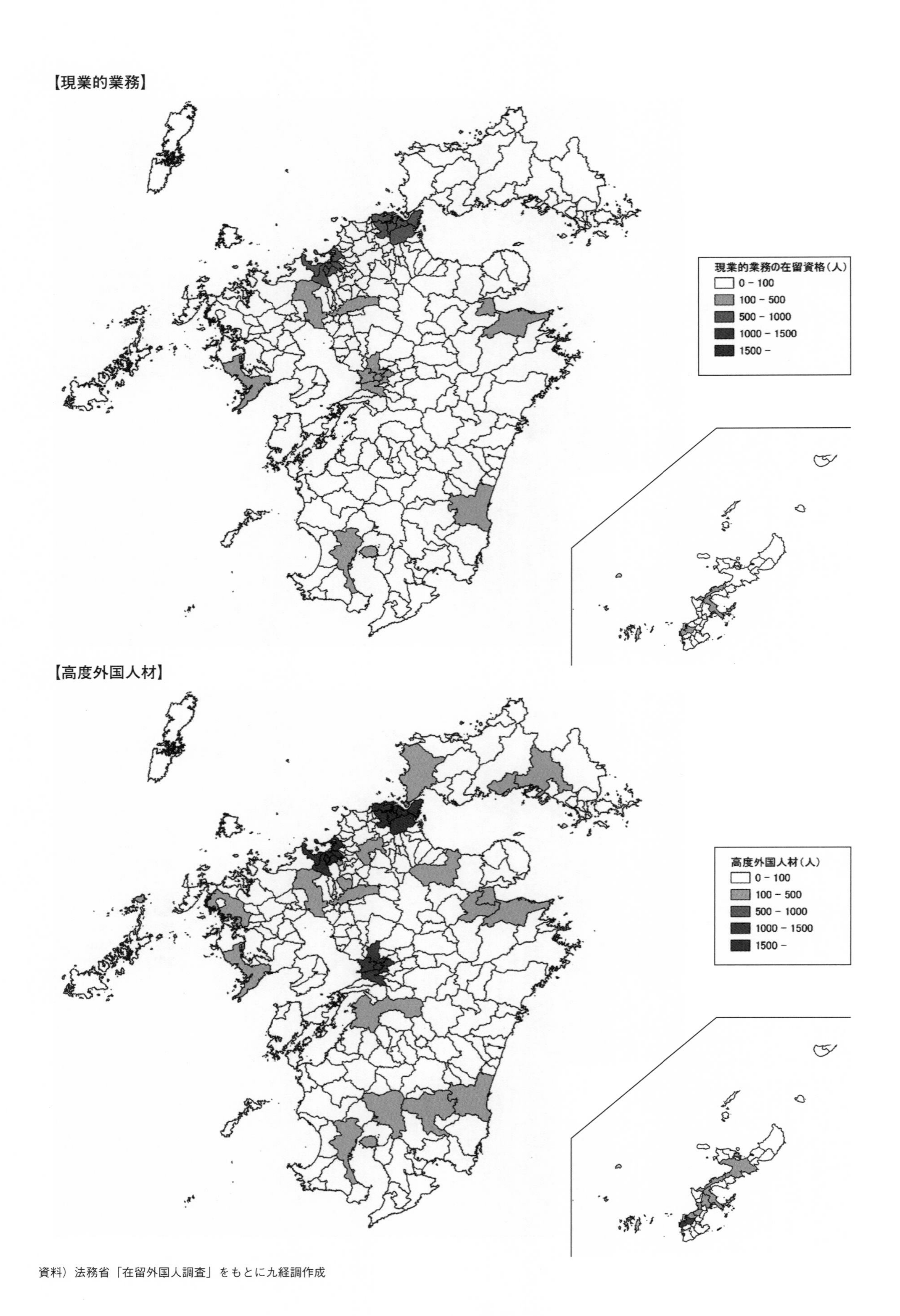

資料）法務省「在留外国人調査」をもとに九経調作成

九州地域における市町村別の在留資格人数をみると、どの在留資格も福岡市、北九州市、熊本市などの都市部に多いが、現業的業務の在留資格、高度外国人材はより偏在している。これは都市部に事業者が多いこと、転籍・転職が可能でため賃金水準の高い都市部に集まっていることなどが強く影響していると考えられる（図表３-８）。

特定技能と技能実習の違い

現行の特定技能と技能実習の在留資格の違いとして、技能実習は転籍・転職が原則不可なのに対し、特定技能（１号）では同一業務区分内または試験によりその技能水準の共通性が確認されている業務分野間において転籍・転職が可能となっている。技能実習は３年から５年働いた後、転籍・転職が可能な特定技能となることで、九州内だけでなく全国的に外国人労働者の流動性を高めている可能性がある（図表３-９）。

図表３-９　技能実習制度と特定技能制度の比較

	技能実習（団体監理型）	特定技能（１号）
関係法令	外国人の技能実習の適正な実施及び技能実習生の保護に関する法律／出入国管理および難民認定法	出入国管理及び難民認定法
制度目的	国際貢献のため、開発途上国等の外国人を受け入れOJTを通じて技術を移転するもの	深刻化する人手不足への対応として、生産性の向上や国内人材の確保のための取り組みを行ってもなお人材を確保することが困難な状況にある産業上の分野に限り、一定の専門性・技能を有し即戦力となる外国人を受け入れるもの
関係省庁の関与	制度所管省庁（法務省・厚生労働省）	制度所管省庁（法務省・外務省・厚生労働省・国家公安委員会）及び分野所管省庁
在留資格	在留資格「技能実習」	在留資格「特定技能」
在留期間	技能実習１号：１年以内、技能実習２号：２年以内、技能実習３号：２年以内（合計で最長５年）	通算５年
外国人の技能水準	なし	相当程度の知識又は経験が必要
入国時の試験	なし（介護職種のみ入国時Ｎ４レベルの日本語能力要件あり）	技能水準、日本語能力水準を試験等で確認（技能実習２号を良好に修了した者は試験等免除）
選出機関	外国政府の推薦又は認定を受けた機関	なし
監理団体	あり（非営利の事業協同組合等が実習実施者への監査その他の監理事業を行う。主務大臣による許可制）	なし
支援機関	なし	あり（個人又は団体が受け入れ機関からの委託を受けて特定技能外国人に住居の確保その他の支援を行う。出入国在留管理庁長官による登録制）
外国人との受け入れ機関のマッチング	通常監理団体と送出し機関を通して行われる	受け入れ機関が直接海外で採用活動を行い、又は国内外のあっせん機関等を通じて採用することが可能
受け入れ機関の人数枠	常勤職員の総数に応じた人数枠あり	人数枠なし（介護分野、建設分野を除く）
活動内容	技能実習計画に基づいて、講習を受け、及び技能等に係る業務に従事する活動（１号）技能実習計画に基づいて技能等を要する業務に従事する活動（２号、３号）（非専門的・技術的分野）	相当程度の知識又は経験を必要とする技能を要する業務に従事する活動（専門的・技術的分野）
転籍・転職	原則不可。ただし、実習実施者の倒産等やむを得ない場合や、２号から３号への移行時は転籍可能	同一の業務区分内又は試験によりその技能水準の共通性が確認されている業務区分間において転籍可能

資料）法務省「技能実習制度及び特定技能制度の現状について」をもとに九経調作成

2）産業別の外国人労働者の実情

外国人労働者を受け入れる企業が増加

九州地域における外国人労働者の受け入れ事業所数の状況について分析する。

九州地域における在留外国人数とその受け入れ事業所数は、2022年は2016年の２倍近い水準で全国の伸びを上回っている（図表３-10）。１事業所あたりの外国人労働者数は減少しており、少人数の外国人労働者を受け入れる事業所が増えていることがわかる。

県別にみると、沖縄県、宮崎県が２倍以上に増えている。また、最も増加率が小さい長崎県でも1.6倍に達している（図表３-11）。

図表３-10　2022年における外国人労働者と受け入れ事業所、１事業所当たりの外国人労働者数の増加割合（2016年比）

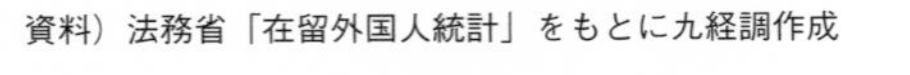

資料）法務省「在留外国人統計」をもとに九経調作成

図表３-11　2022年における事業所増加状況（2016年比）

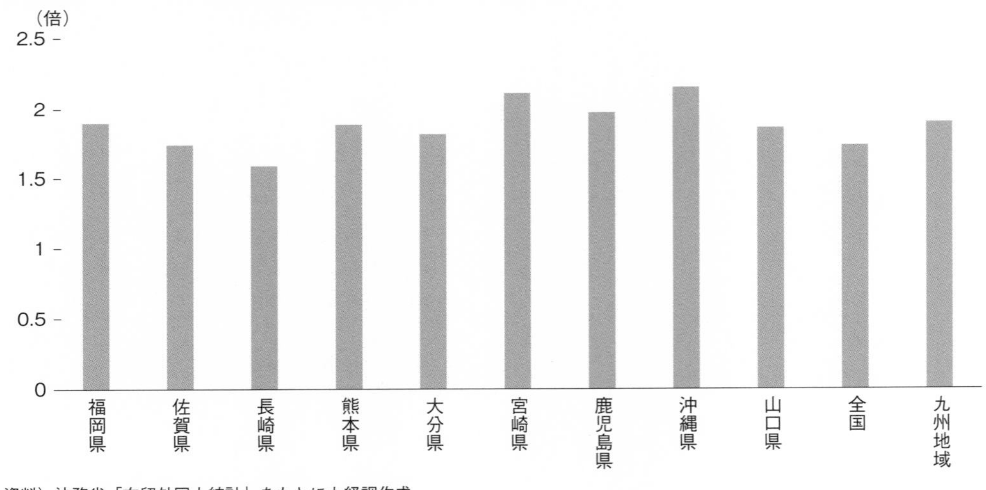

資料）法務省「在留外国人統計」をもとに九経調作成

九州地域の地方産業を支える外国人労働者

山間部や半島・離島地域で技能実習の外国人が増加していることからもわかる通り、生産年齢人口の減少が著しい地域において、外国人労働者が地域の産業を支える構図はますます強まっている。2022年度における産業別の外国人労働者をみると、いずれの産業においても全国の外国人割合のほうが九州地域の割合よりも高く、九州地域は全国と比較して、就業人口に占める外国人労働者の割合は低い（図表３-12）。しかし、割合の推移をみると、どの産業も上昇傾向にあり、特に九州地域では宿泊飲食サービスで外国人労働者比率が高まっている（図表３-13）。

企業向けのアンケートにおいても、外国人労働者を雇用している職種では現業的業務に従事している企業が多く、現場を回すのに重要な役割を担っている（図表３-14）。労働供給制約下においては、その役割はさらに高まっていくことが予測される。

図表３-12　就業人口に占める外国人労働者割合の比較（2022年度）

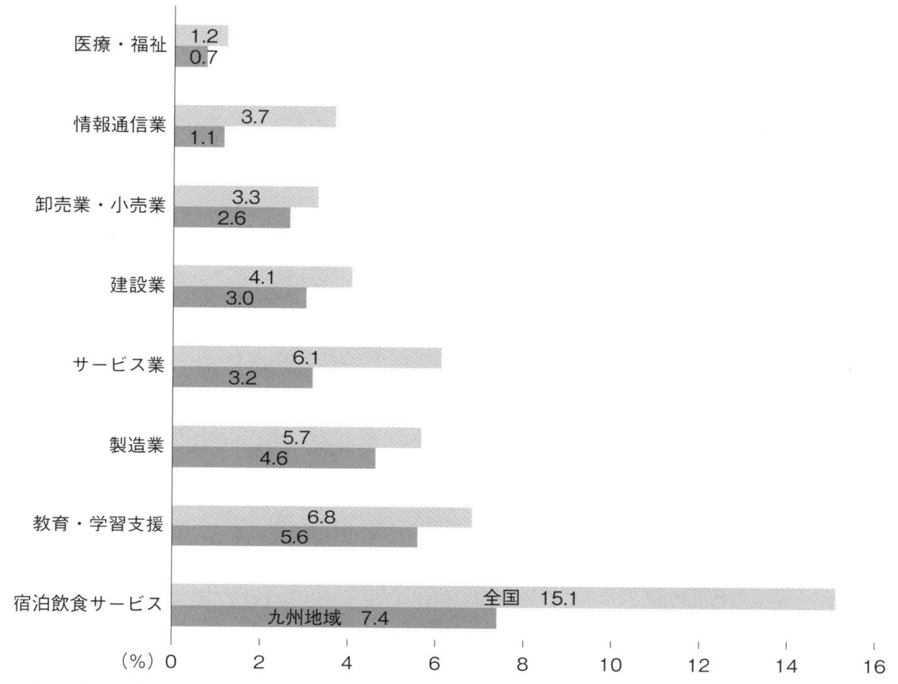

資料）厚生労働省「雇用保険事業年報」、法務省「在留外国人統計」をもとに九経調作成

図表３-13　就業人口に占める外国人労働者の割合の変化

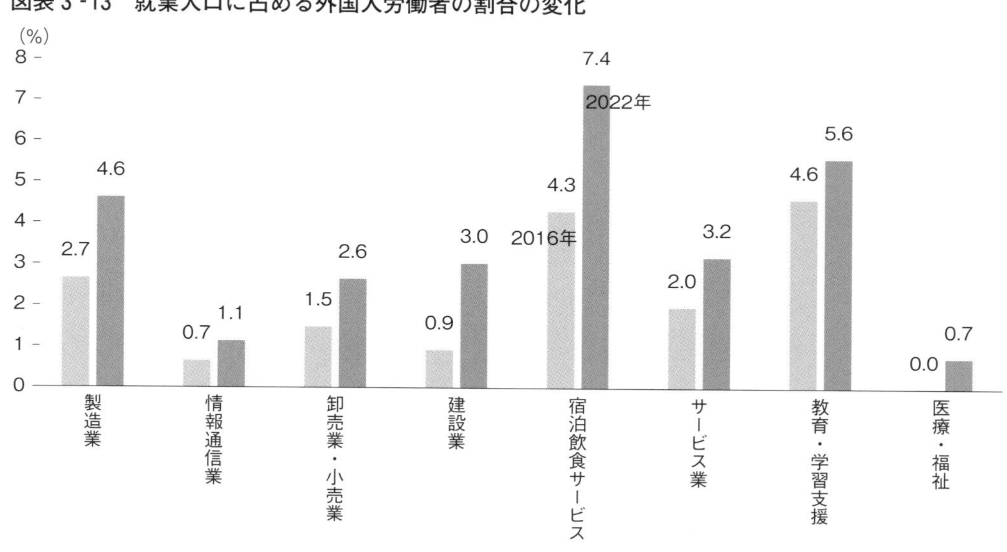

資料）厚生労働省「雇用保険事業年報」、法務省「在留外国人統計」をもとに九経調作成

図表３-14　業種別職種別外国人労働者雇用率　（単位：％）

	ホワイトカラー的職種		現業的業務に従事する職種						
	管理職	事務（事務員、コールセンターなど）	専門的・技術的職業（技術士、設計士、建築現場監督、看護師、プログラマーなど）	生産工程	サービス（介護福祉士、ホームヘルパー、ウェイター・ウェイトレスなど）	販売（ショップ店員、セールス員など）	建設・採掘（土木作業員、電気工事作業員など）	運搬・清掃	その他
建設業（n=87）	0.0	4.3	28.3	4.3	2.2	0.0	50.0	4.3	2.2
卸売・小売業（n=75）	8.0	8.0	24.0	28.0	0.0	12.0	0.0	0.0	12.0
飲食・宿泊業（n=67）	5.8	5.8	5.8	7.7	42.3	7.7	0.0	11.5	9.6
医療・福祉（n=53）	4.5	0.0	9.1	0.0	86.4	0.0	0.0	0.0	0.0
運輸業（n=65）	0.0	7.7	15.4	15.4	7.7	0.0	7.7	30.8	7.7
その他（n=162）	4.6	6.9	20.7	43.7	6.9	2.3	3.4	4.6	4.6
計（n=509）	4.1	5.7	18.0	21.6	20.0	3.7	11.0	6.5	5.7

資料）九経調「働き方改革・人的資本経営に関するアンケート」

人手不足業種における人手不足への対応

人手不足業種における業種ごとの対策を比較した。医療・福祉業では、日本人労働者よりも外国人労働者の増員の割合が高い（図表３-15）。飲食・宿泊業でも日本人と外国人の増員は同水準であり、その他の３業種では日本人の増員の方が高い。このことから人手不足業種の中でも事業の背景などによって、採る戦略が異なっていることが明らかとなった。ここには運転免許や専門の資格取得のハードルの高さが原因として考えられ、その障壁となっている可能性がある。

図表３-15　人手不足業種における人手不足への対策　（単位：％）

	建設業（n=87）	卸売・小売業（n=75）	飲食・宿泊業（n=67）	医療・福祉（n=53）	運輸業（n=65）
日本人労働者の増員	16.0	10.7	14.2	13.1	17.8
外国人労働者の増員	9.0	6.6	14.9	17.2	4.0

資料）九経調「働き方改革・人的資本経営に関するアンケート」

流動性が高まる外国人労働者

日本国内で生まれ育ったわけではない外国人は、家族を母国に残している場合が多い。また、日本で得た収入の中から定期的に仕送りを行う外国人がほとんどである。そのようななかで、外国人材は、収入や望む生活環境を求めて転職することを厭わない。当然ながら関東や関西では、生活コストが上昇するが、それでも転職する場合はあるという。外国人の場合、“地元”や“故郷”という概念は薄く、Ｕターンのようなものも期待できない。

本稿でヒアリングを行った特定技能の外国人をサポートする登録支援機関では、外国人受け入れ事業者に対して、１年で転職する外国人が出てくることを受け入れ前の段階で説明している。転職に関する情報は、在留外国人の同国コミュニティ（SNSも含む）で飛び交っており、その情報を元に転職を試みる外国人労働者が後を絶たないという。

実際に転籍・転職が可能な特定技能と転籍・転職ができない技能実習の都道府県別構成比

図表３-16　特定技能と技能実習における都道府県全国比の差（2021年12月）

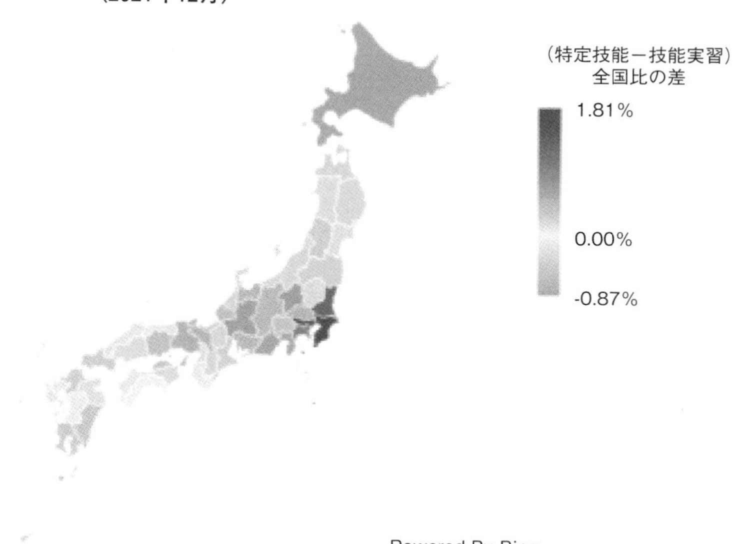

資料）独立行政法人国際協力機構（JICA）九州センター「熊本県における外国人材の生活と労働に係る実態調査報告書」

を比べてみると、後者が九州や東北まで分散しているのに対し、前者は東京や大阪へ集中している（図表３-16）。

高度外国人材の転職市場

在留外国人専用の転職サイトによると、登録された求人2,846件の約71%が関東に所在する企業であり、うち60%が東京都の企業であった。九州地域の求人数は74件、全体の2.8%にとどまる。なお、九州の求人の多くは、採用条件においてビジネスレベル以上の日本語レベルを求めている現業的業務の在留資格や高度外国人材に向けた募集であるが、雇用条件として提示されている年収を比較しても、関東の平均年収は、九州地域の1.3倍であった（図表３-17、３-18）。

このように外国人労働者の流動性の高まりは、九州地域にとって、人材流出のリスクファクターであり、ある程度日本語習熟度の高まった特定技能や現業的業務の外国人が、賃金条件の良い関東や関西エリアへの転籍・転職につながる可能性がある。

図表３-17　在留外国人専用転職サイトにおける募集件数

求める日本語レベル	関東		関東以外		総計	
	件数（件）	割合（%）	件数（件）	割合（%）	件数（件）	割合（%）
ネイティブレベル	192	9.4	91	11.2	283	9.9
ネイティブに近いレベル	444	21.8	85	10.5	529	18.6
ビジネスレベル	1,277	62.8	555	68.4	1,832	64.4
日常会話レベル	117	5.7	80	9.9	197	6.9
挨拶レベル	5	0.2	0	0.0	5	0.2
総計	2,035	100.0	811	100.0	2,846	100.0

注）2023年10月時点の集計
資料）在留外国人専用転職サイト掲載データをもとに九経調作成

図表３-18　在留外国人専用転職サイトにおける地域別募集件数と掲載年収

	件数（件）	割合（％）	最低年収（万円）	九州地域＝１	最高年収（万円）	九州地域＝１
北海道	91	3.5	355.5	1.19	571.5	1.17
東北	65	2.5	354.9	1.19	620.9	1.28
関東	1,858	71.4	401.6	1.34	653.3	1.34
中部	161	6.2	339.4	1.13	556.5	1.14
近畿	241	9.3	355.4	1.19	570.1	1.17
中国	48	1.8	327.2	1.09	608.4	1.25
四国	18	0.7	297.0	0.99	540.6	1.11
九州・沖縄	74	2.8	299.5	1.00	486.7	1.00
海外	33	1.3	376.3	1.26	579.6	1.19
フルリモート	15	0.6	466.0	1.56	774.7	1.59
総計	2,604	100.0%	385.8	1.29	629.3	1.29

注１）中部は北陸と山梨県、長野県を含む
注２）2023年10月時点の集計
資料）在留外国人専用転職サイト掲載データをもとに九経調作成

2　九州地域における“スタッフ”としての外国人労働者育成の取り組みとその課題

本節では、九州で外国人材が定着し、活躍するための取り組みについて、今後の技能実習制度の変更や現在の就業環境等を踏まえて考察する。

１）技能実習制度の変更等による労働市場の変化

技能実習制度の見直しにより求められる継続就業の仕組み

2023年11月現在、技能実習制度は制度の目的をこれまでの国際貢献や技術移転から、人材不足への対応に置き換え、外国人労働者の権利の幅の拡充を行う方向性で議論されている。そして、技能実習に代わる在留資格として議論されている「育成就労」の在留資格から国内でスキルアップして「特定技能」へ移行し、産業や地域を支える人材となっていくステップを想定するなど、現行の特定技能制度との連続性を担保することも検討されている。

また、2023年11月30日に行われた技能実習制度及び特定技能制度の在り方に関する有識者会議では、制度見直しに当たっての視点として、外国人の人権保護・キャリアアップ、安全安心・共生社会が示された。技能・知識の段階的な向上やキャリアパスの明確化、さらに特定技能の在留資格への円滑な移行という指針が示され、一定の条件下での転籍や日本語能力の段階的な向上などが盛り込まれている（図表３-19）。留意事項として、地方部や中小零細企業でも人材確保が図られるように配慮することとあり、その点を制度設計にどのように盛り込むかが九州地域の企業にとって重要となる。

原則として転職ができなかった技能実習制度の制度見直しに伴い、九州企業は外国人に対してキャリアアップの機会を設けるなど、特定技能や現業的業務、高度外国人材が継続的に働き続けられる仕組み作りが必要となる。

図表３-19　技能実習制度見直しの方向性

最終報告書（概要）（技能実習制度及び特定技能制度の在り方に関する有識者会議）　令和5年11月30日

① 見直しに当たっての基本的な考え方

見直しに当たっての三つの視点（ビジョン）

国際的にも理解が得られ、我が国が外国人材に選ばれる国になるよう、以下の視点に重点を置いて見直しを行う。

外国人の人権保護
外国人の人権が保護され、労働者としての権利性を高めること

外国人のキャリアアップ
外国人がキャリアアップしつつ活躍できる分かりやすい仕組みを作ること

安全安心・共生社会
全ての人が安全安心に暮らすことができる外国人との共生社会の実現に資するものとすること

見直しの四つの方向性

1　技能実習制度を人材確保と人材育成を目的とする新たな制度とするなど、実態に即した見直しとすること

2　外国人材に我が国が選ばれるよう、技能・知識を段階的に向上させその結果を客観的に確認できる仕組みを設けることでキャリアパスを明確化し、新たな制度から特定技能制度への円滑な移行を図ること

3　人権保護の観点から、一定要件の下で本人意向の転籍を認めるとともに、監理団体等の要件厳格化や関係機関の役割の明確化等の措置を講じること

4　日本語能力を段階的に向上させる仕組みの構築や受入れ環境整備の取組により、共生社会の実現を目指すこと

留意事項

1　現行制度の利用者等への配慮
見直しにより、現行の技能実習制度及び特定技能制度の利用者に無用な混乱や問題が生じないよう、また、不当な不利益や悪影響を被る者が生じないよう、きめ細かな配慮をすること

2　地方や中小零細企業への配慮
とりわけ人手不足が深刻な地方や中小零細企業において人材確保が図られるように配慮すること

資料）出入国在留管理庁「技能実習制度及び特定技能制度のあり方に関する有識者会議」資料（2023年11月30日）

教育投資で定着化対応を図る企業

企業アンケートにおいて、今後の外国人社員の雇用方針の設問に対し、約半数が「わからない」と答えており、多くの企業で外国人労働者の活用の戦略を描けていないことが伺える。一方で、18.9%の企業が「技能実習・特定技能の外国人を増やしたい」としており、「高度人材や専門的・技術的分野の在留資格の社員を増やしたい」という回答よりも多かった（図表３-20）。現在技能実習を受け入れている企業の制度変更への対応としても、「定着するように教育を検討する」と答えた企業が最も多く、技能実習の外国人労働者の定着には教育が有効であると捉えている企業が多いことが分かる（図表３-21）。

技能実習に代わる「育成就労」の在留資格は、人材確保と人材育成を目的に据える形での議論がなされており、外国人の人権保護の他、外国人のキャリアアップや安全安心・共生社会という３つの視点が掲げられている。外国人材の日本語能力を段階的に向上する仕組みの構築など、これまで日本人しか雇用していなかった企業にはない取り組みが求められる。専門的・技術的スキルだけでなく、日本語能力の向上に向けた仕組み作りなど、今後九州地域においてもキャリアパス制度等を整備する動きが加速してくるだろう。また、「技能実習・特定技能の社員を増やしたい」という回答よりは少ないものの、専門的・技術的分野や高度外国人材を増やしたいという企業も9.0%あり、日本語習熟度が高く、専門性や技術力をもつ外国人に継続的に働き続けてもらえる仕組み作りを考えていく必要がある。

外部環境の変化や制度改正にあわせ、企業も様々な外国人労働者の意向に合わせた柔軟な

図表 3 -20　今後の外国人社員の雇用の方針について

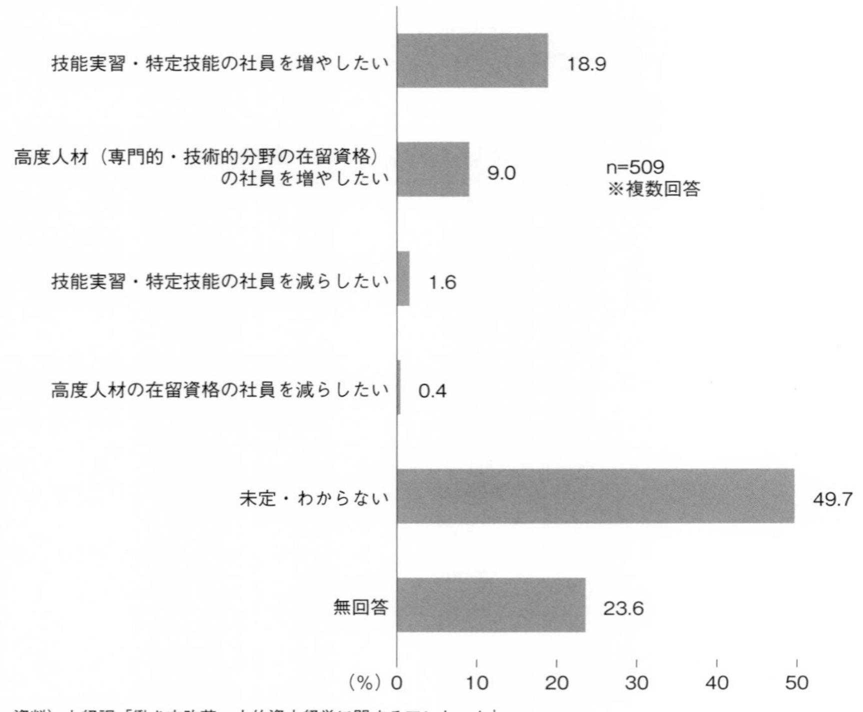

資料）九経調「働き方改革・人的資本経営に関するアンケート」

図表 3 -21　技能実習受け入れ企業の制度変更に対する対応

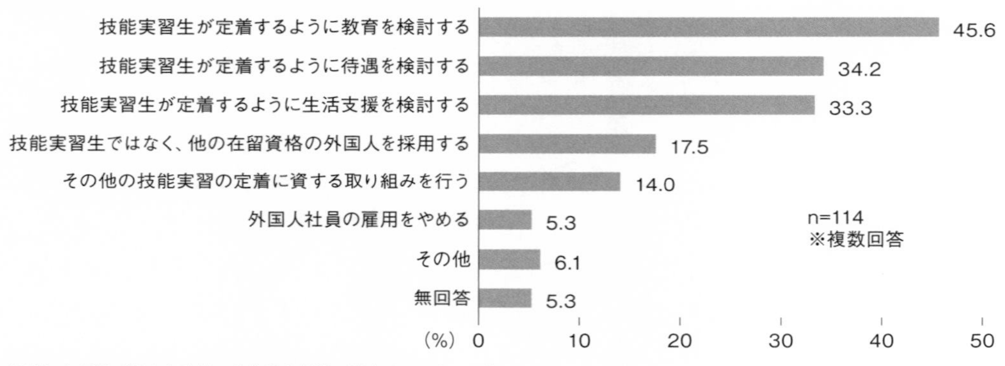

資料）九経調「働き方改革・人的資本経営に関するアンケート」

対応を迫られている。“日本人労働力の代わり”という側面が強かった外国人労働力を企業の付加価値の向上などに繋げ、「ワーカー」から「スタッフ」へ、外国人労働者とともに組織作りを進めていく必要性が高まっている。

2）就労が認められる在留資格とスキルとの関係性

外国人材活躍の肝となる日本語能力

外国人労働者の在留資格について、求められる専門性・技術力と日本語レベルによって4つの象限に整理し、担っている職種と在留資格との関係を示す（図表 3 -22）。その上で、外国人材の育成にむけてどのような取り組みが必要であるかについて分析する。

技能実習の外国人労働者は、在留期間が短いこともあり、日本語習熟度が低い。また専門

図表３-22　各在留資格と担う職種のイメージ

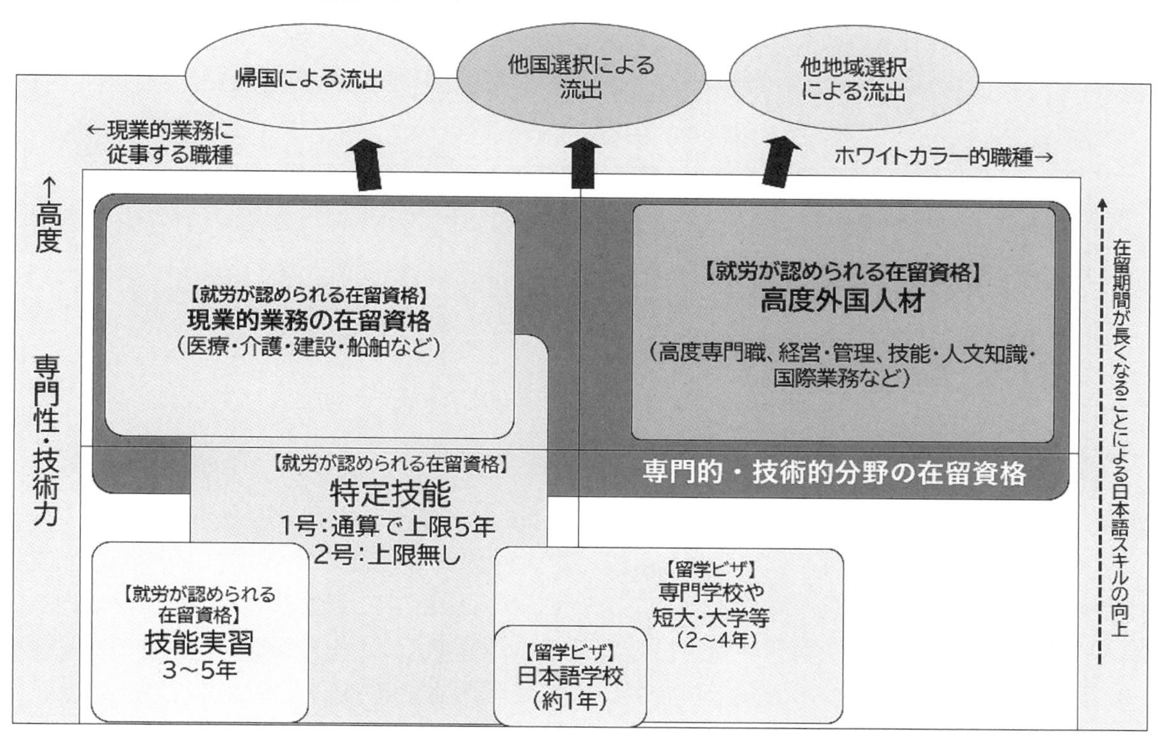

資料）九経調作成

図表３-23　外国人労働者に実施している教育について

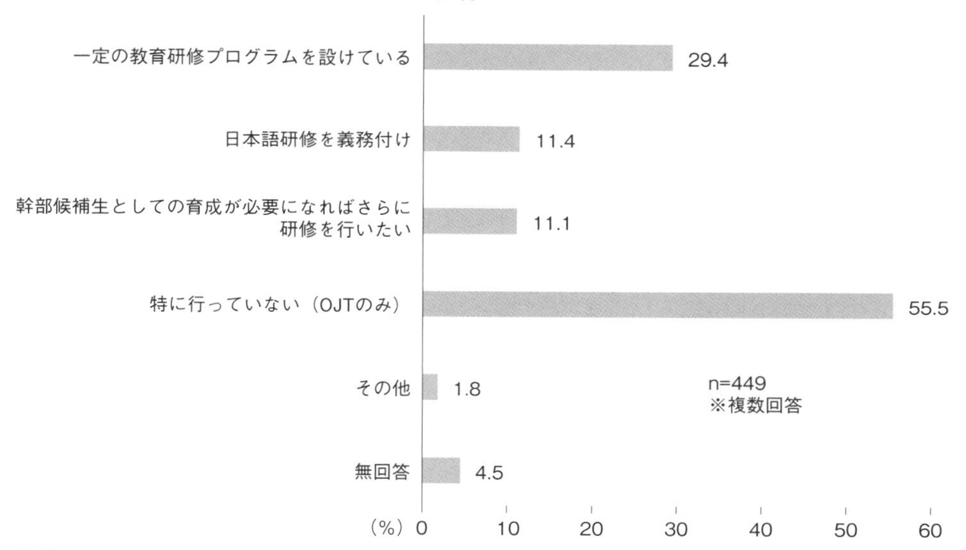

資料）日本総合研究所「人手不足と外国人採用に関するアンケート調査」をもとに九経調作成

性・技術力がない場合が多く、彼らが企業の中でその存在価値を示すには、企業による教育の仕組みや自己研鑽によるスキルアップが不可欠である。

企業による教育について、日本総合研究所が2019年に行った外国人活用の多い主要産業の上場企業・非上場企業を対象とした調査では、外国人労働者に提供している研修は「特に行っていない（OJTのみ）」が５割超であり、外国人労働者の受け入れの体制は十分に整っているとは言い難い（図表３-23）。特に人手不足業種で現業的業務に従事する外国人労働者は、

図表 3 -24　外国人雇用における課題

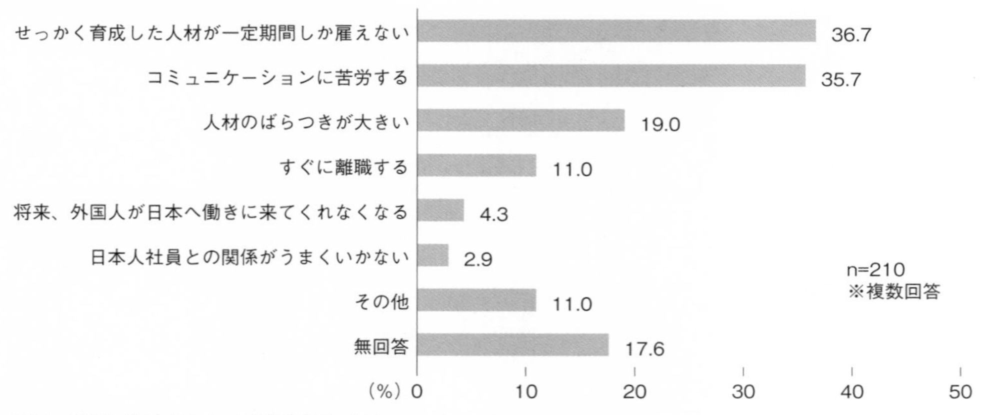

資料）九経調「働き方改革・人的資本経営に関するアンケート」

育成に人員を割くのが難しく、OJT のみでの研修にとどまっていることも想像に難くない。

外国人雇用企業の課題は、「せっかく育成した人材が一定期間しか雇えない」という技能実習や特定技能特有の課題と同じ水準で「コミュニケーションに苦労する」というものであった（図表 3 -24）。特に技能実習や特定技能等の日本語習熟度の低い外国人労働者を雇用していく場合には、日本語レベルの向上が企業、そして雇用される外国人労働者双方にメリットのある取り組みとなることが必要である。

外国人の長期滞在に必要不可欠な日本語学習環境

企業側からの視点だけでなく、外国人労働者側からの視点でも、より長期の在留が可能となるには日本語習得が不可欠である。2020年に出入国在留管理庁が在留外国人に対して行った調査によると、在留外国人の半数以上が日本への永住を希望し、約 8 割が 5 年以上の長期の滞在を希望している（図表 3 -25）。在留資格別にみても 5 年以上の長期滞在希望の割合は在留資格に関わらず高い。ただ、このような希望を叶えるには、技能実習から永住や長期在留が可能な特定技能や介護などの在留資格を取得する必要があるが、いずれの場合にも日本語スキルの向上が不可欠な条件となっている。一方、技能実習や特定技能は、現状では基礎段階の言語使用者レベルにあり、簡単で日常的な範囲なら情報交換が可能であるが、専門的な議論などは難しい場合が多い（図表 3 -26）。

外国人材活用の多い主要産業でも日本語教育を義務付けている企業は約 1 割程度という状況であり、日本語教育がなされている企業の割合は決して高くない（図表 3 -23）。しかも、九州地域は日本語教育空白地域が多く、その地域に住む外国人数も多いため、日本語習熟度の低い外国人が日本語スキルを高めるための社会的リソースも不足しているといえる（図表 3 -27）。そのため、受け入れ企業単位で日本語習熟度を高める取り組みが必要となる。

また、2020年に閣議決定された「日本語教育の推進に関する施策を総合的かつ効果的に推進するための基本的な方針」では、地域で在住する外国人が自立した言語使用者として生活していく上で必要となる日本語能力を身につけ、日本語で意思疎通を図り、生活できるよう支援する必要があるとしている。外国人労働者の増加に伴い、その生活の支援という観点から、行政も一体となって在留外国人の日本語レベルの向上に取り組むことも視野に入れる必要がある。

図表３-25　在留外国人の日本への滞在意向

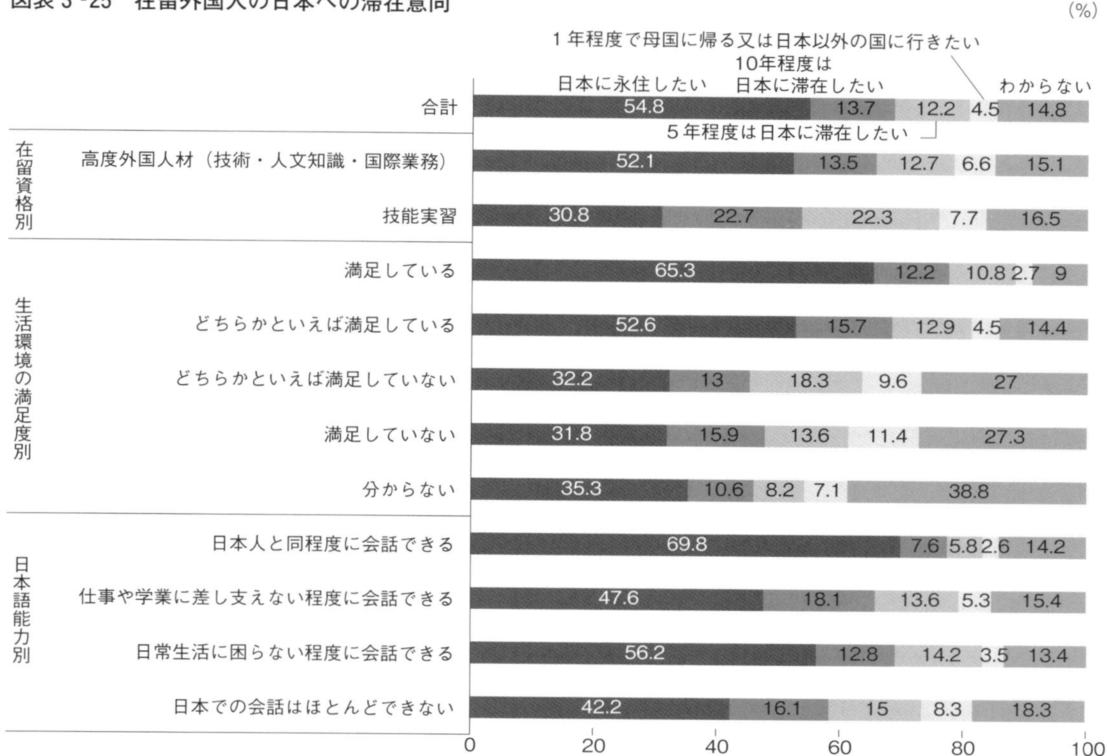

資料）出入国在留管理庁「令和２年度在留外国人に対する基礎調査報告書」をもとに九経調作成

図表３-26　在留外国人の日本語習熟に関するイメージ図

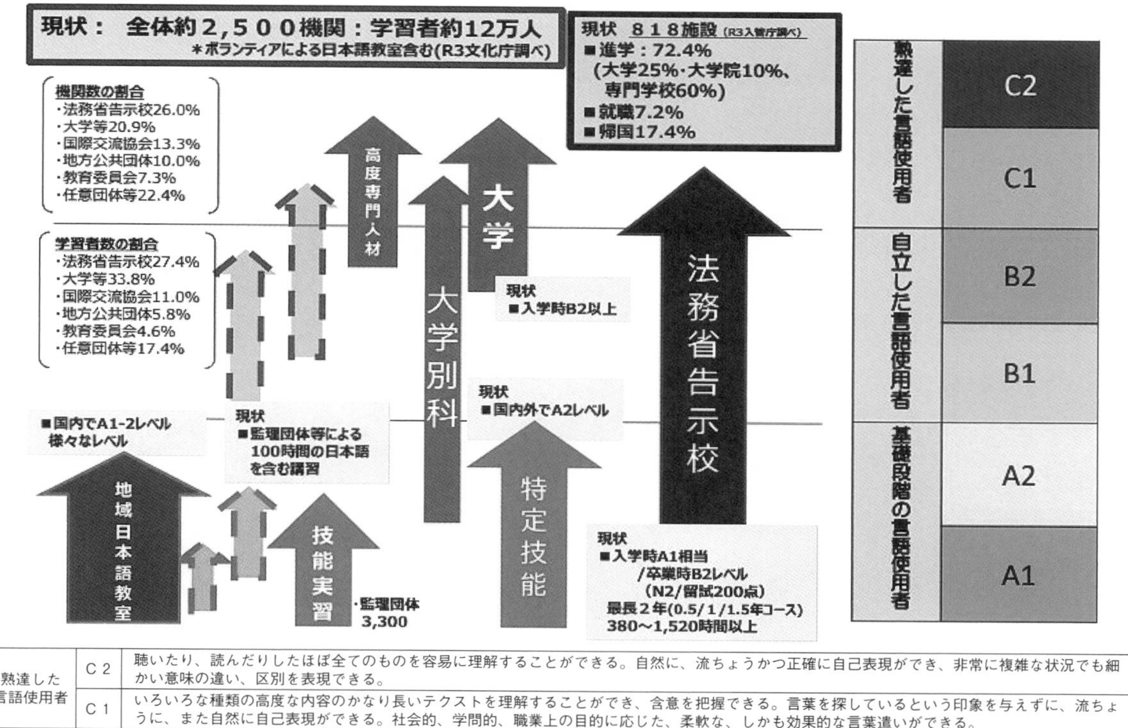

熟達した言語使用者	Ｃ２	聴いたり、読んだりしたほぼ全てのものを容易に理解することができる。自然に、流ちょうかつ正確に自己表現ができ、非常に複雑な状況でも細かい意味の違い、区別を表現できる。
	Ｃ１	いろいろな種類の高度な内容のかなり長いテクストを理解することができ、含意を把握できる。言葉を探しているという印象を与えずに、流ちょうに、また自然に自己表現ができる。社会的、学問的、職業上の目的に応じた、柔軟な、しかも効果的な言葉遣いができる。
自立した言語使用者	Ｂ２	自分の専門分野の技術的な議論も含めて、具体的な話題でも抽象的な話題でも複雑なテクストの主要な内容を理解できる。お互いに緊張しないで熟達した日本語話者とやり取りができるくらい流ちょうかつ自然である。
	Ｂ１	仕事、学校、娯楽で普段出合うような身近な話題について、共通語による話し方であれば、主要点を理解できる。身近で個人的にも関心のある話題について、単純な方法で結び付けられた、脈絡のあるテクストを作ることができる。
基礎段階の言語使用者	Ａ２	ごく基本的な個人情報や家族情報、買い物、近所、仕事など、直接的関係がある領域に関する、よく使われる文や表現が理解できる。簡単で日常的な範囲なら、身近で日常の事柄についての情報交換に応じることができる。
	Ａ１	具体的な欲望を満足させるための、よく使われる日常的表現と基本的な言い回しは理解し、用いることもできる。もし、相手がゆっくり、はっきりと話して、助け船を出してくれるなら簡単なやり取りをすることができる。

資料）文化庁国語課　「日本語教育関係参考データ集（2023年１月）」

図表３-27　地域別日本語教室と空白地域の現状（2022年度）

	地方公共団体数 ※政令市の行政区を含む（市区町村）	日本語教室数（件）	空白地域数（件）	空白地域のうち外国人比率が平均以上の地域数（市区町村）	空白地域に住む在留外国人数（人）
北海道	188	25	151	19	13,597
東北	231	119	130	2	11,539
関東	355	468	85	19	31,314
中部	346	337	110	20	22,585
近畿	274	271	86	9	17,810
中国	117	104	52	1	6,665
四国	95	53	50	2	6,377
九州・沖縄	290	143	170	8	39,175

注）空白地域とは、地域における日本語教育が実施されていない市区町村を指す
資料）文化庁「令和４年度国内の日本語教育の概要」をもとに九経調作成

日本語習熟度が高い人材育成には教育機関の役割も大

次に、「就労が認められる在留資格」ではないが、将来的に就労が認められる在留資格へ移行する人も多い留学生がどのように企業に就職しているかをみていきたい。

（独法）日本学生支援機構「令和３年度外国人留学生進路状況調査」によると、国内で就職した留学生の約６割が、専修学校や短大を経ている（図表３-28）。また、専門学校[1]に入学する留学生の約８割が日本語教育機関を経て入学している（図表３-29）。留学生の教育機関別の進路をみると、日本語教育機関からは約９割が国内で進学し、専修学校や短大からは半数以上が国内で就職している（図表３-30）。専修学校や短大まで進学した留学生は、約９割が日本国内で就職や進学をしており、大学から就職する留学生の約３倍も高い。大学・大学院を経た留学生は卒業後約半数が国内で就職するものの、３～５割は出身国やその他の海外に向かう。

この点から日本で就労を希望する外国人が、日本語教育機関から専修学校や短大を経由して日本での就労に至るトラックが大きいことが分かる。実際、こうした外国人は日本語教育機関における約１年の日本語教育と日本の文化・習慣の指導ののちに、専修学校や短大に進

図表３-28　国内に就職した外国人留学生の就学先割合（2022年）

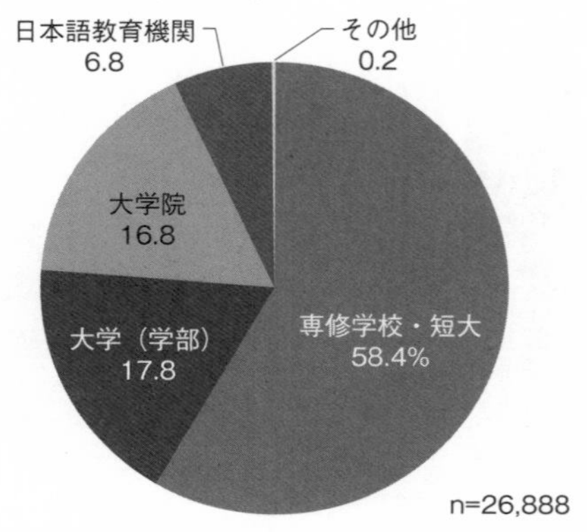

資料）独立行政法人日本学生支援機構　「令和３年度外国人留学生進路状況調査」をもとに九経調作成

図表３-29　専門学校に入学している留学生の入学経路割合（2023年）

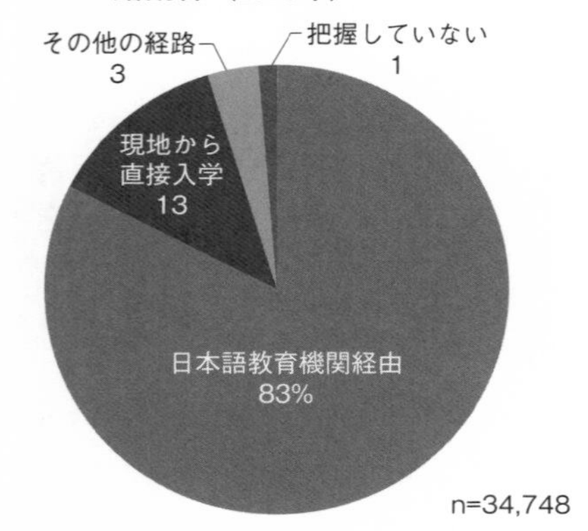

資料）一般財団法人日本国際協力センター「専門学校における留学生受入等実態に関するアンケート調査」をもとに九経調作成

[1]「専門学校」とは、専修学校のうち高等学校（準ずる学校を含む）を卒業したものを対象とする専門課程をもつものを指す

図表３-30　外国人留学生進路状況（2022年）

		国内に残った留学生の進路			卒業生の進路の国		
		就職	進学	その他	日本国内	出身国内	日本・出身国以外
大学院	人数（人）	4,506	2,490	2,163	9,159	7,746	633
	割合（％）	49.2	27.2	23.6	52.2	44.2	3.6
大学	人数（人）	4,781	2,916	1,899	9,596	4,638	369
	割合（％）	49.8	30.4	19.8	65.7	31.8	2.5
専修学校・短大	人数（人）	15,709	7,815	5,950	29,474	3,106	124
	割合（％）	53.3	26.5	20.2	90.1	9.5	0.4
日本語教育機関	人数（人）	1,834	16,271	791	18,896	1,454	132
	割合（％）	9.7	86.1	4.2	92.3	7.1	0.6
その他	人数（人）	58	1,347	48	1,453	119	3
	割合（％）	4.0	92.7	3.3	92.3	7.6	0.2

資料）独立行政法人日本学生支援機構「令和３年度外国人留学生進路状況調査」をもとに九経調作成

学し、２～３年の専門教育を受けながら日本語の学習をするというプロセスを辿っている。このような教育プロセスを経た外国人が地域の産業や企業で育成された後に、中核人材となっていく可能性がある。このことを踏まえ、次節では、受け入れ事業者に求められる仕組み作りについて整理したい。

３）先進事例から見る受け入れ事業者に求められる仕組みづくり

外国人労働者の長期滞在と九州地域の受け入れ態勢

九州地域の企業が外国人労働者を受け入れたきっかけの大半は「日本人労働力が集まらない」ことであり、日本人が集まらない代替手段として外国人が雇用されている（図表３-31）。このような認識を前提に、九州地域の外国人雇用環境の特徴は以下のようにまとめられる。

①　企業に日本語教育や専門的・技術的内容に関する教育の仕組みがある組織は少ない
②　OJT で外国人労働者に業務を指導している
③　九州地域で就労している外国人労働者には技能実習や特定技能の在留資格が多く、日本語習熟度としても基礎レベルである
④　地域に日本語を学ぶ場が少なく、日本語教室空白地域に住む外国人は多い
⑤　九州地域で働く外国人労働者は増えているが、受け入れ事業所も同様に増えており、事業所に外国人労働者が少人数で雇用されていることが予想される
⑥　専門的・技術的分野の在留資格の外国人材は、他の企業や地域からの引き合いも多く、

図表３-31　外国人労働者を受け入れたきっかけ

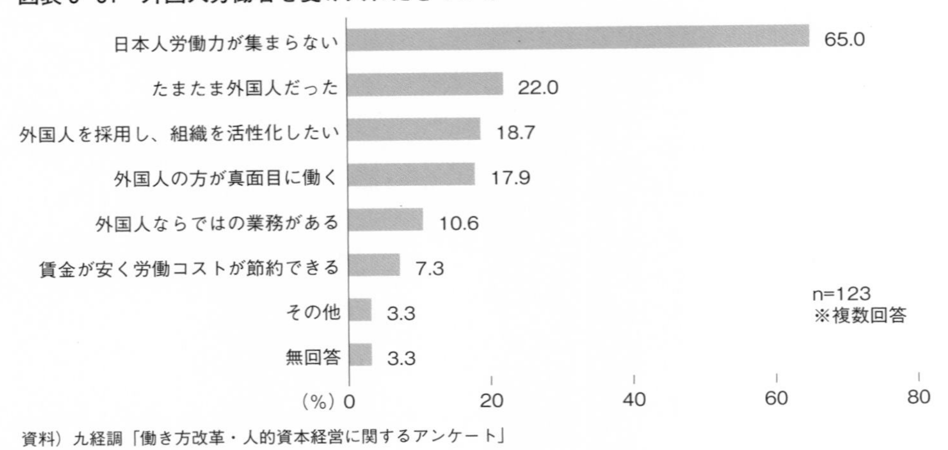

資料）九経調「働き方改革・人的資本経営に関するアンケート」

転出リスクは高い（関東・関西地域など）

このように九州地域における外国人労働者の雇用確保の環境は恵まれている状況とは言い難く、企業として戦略的に外国人労働者の活躍推進や雇用環境の見直しなどを行っていくことが、継続的に自社に貢献してくれる外国人労働者の確保につながるといえる。

今回、外国人労働者の受け入れに早くから取り組んでいる企業や、専門教育の段階から関わることで外国人労働者の活躍推進に寄与している企業、日本語教育機関、登録支援機関等にヒアリングを行い、今後、事業者に求められる取り組みを検討した。ここでは、入国時・入職時の対応、教育機関との連携による早期からの人材育成、企業内での教育・育成の仕組み作り、転職リスクに対する対応の４つの視点に整理した。

入国時の人材のスクリーニングと入国時からの関係性構築（技能実習など）

技能実習生の失踪者は年々増加しており、法務省の発表によると2022年には年間9,000人を突破した。（株）エイムソウル（東京都品川区）など３社が日本で働く外国人材に対して実施した調査では、回答した外国人材の44%が入職後１年以内の離職や離職希望[2]となっている（図表３-32）。実際に離職した外国人材のうち半数以上が半年以内の離職であり、入職時のミスマッチが多いとみられる（図表３-33）。技能実習の在留資格は、現状は研修期間中の転籍・転職ができない在留資格であるが、今後一定の基準を満たす外国人材は転籍や転職ができる見通しもあり、入職後早期の離職に対応する必要がある。

離職の原因として多かったのは、「上司のマネジメント・指導に対する不満」「業務内容のミスマッチ」「給料の安さ、残業代の不払い」「職場の人間関係に対する不満」であった（図表３-34）。離職に繋がっている原因の多くが、人間関係や雇用条件、就業内容にあり、外国人材受け入れ企業は、日本人社員の就業開始とは異なる対応を行っていく必要性がある。特に技能実習や特定技能の外国人材は、日本語習熟度が低く、日本語でのコミュニケーションにおける配慮や理解度の確認など入念に実施していく必要があるだろう。

ヒアリングを行った企業においても、技能実習や日本語教育機関に留学生として入国する

[2] 制度や契約のため離職には至らなかった

図表３-32　外国人材のうち１年以内の離職の経験割合（2021年）

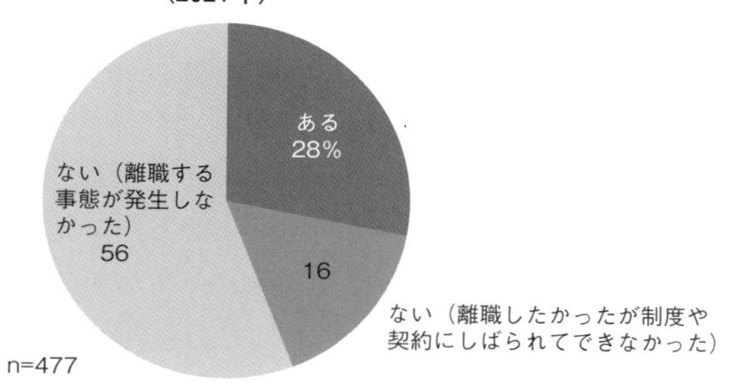

資料）（株）エイムソウル、ヒューマングローバルタレント（株）、リフト（株）「日本で働く外国籍人材の離職とモチベーションダウンに関する調査」をもとに九経調作成

図表３-33　早期離職した外国人材の離職までの期間（2021年）

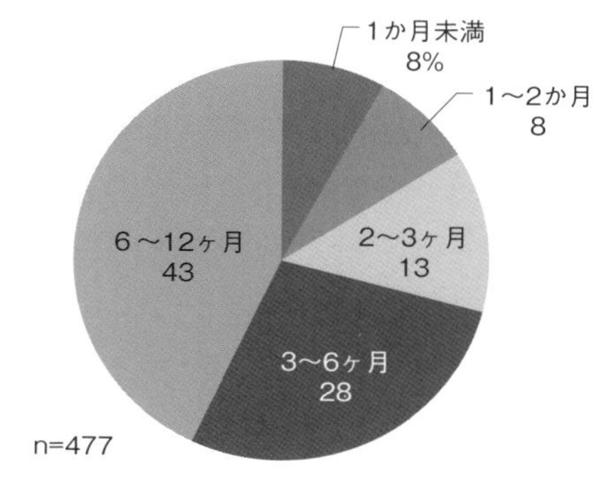

資料）（株）エイムソウル、ヒューマングローバルタレント（株）、リフト（株）「日本で働く外国籍人材の離職とモチベーションダウンに関する調査」をもとに九経調作成

図表３-34　早期離職に至った原因（2021年）

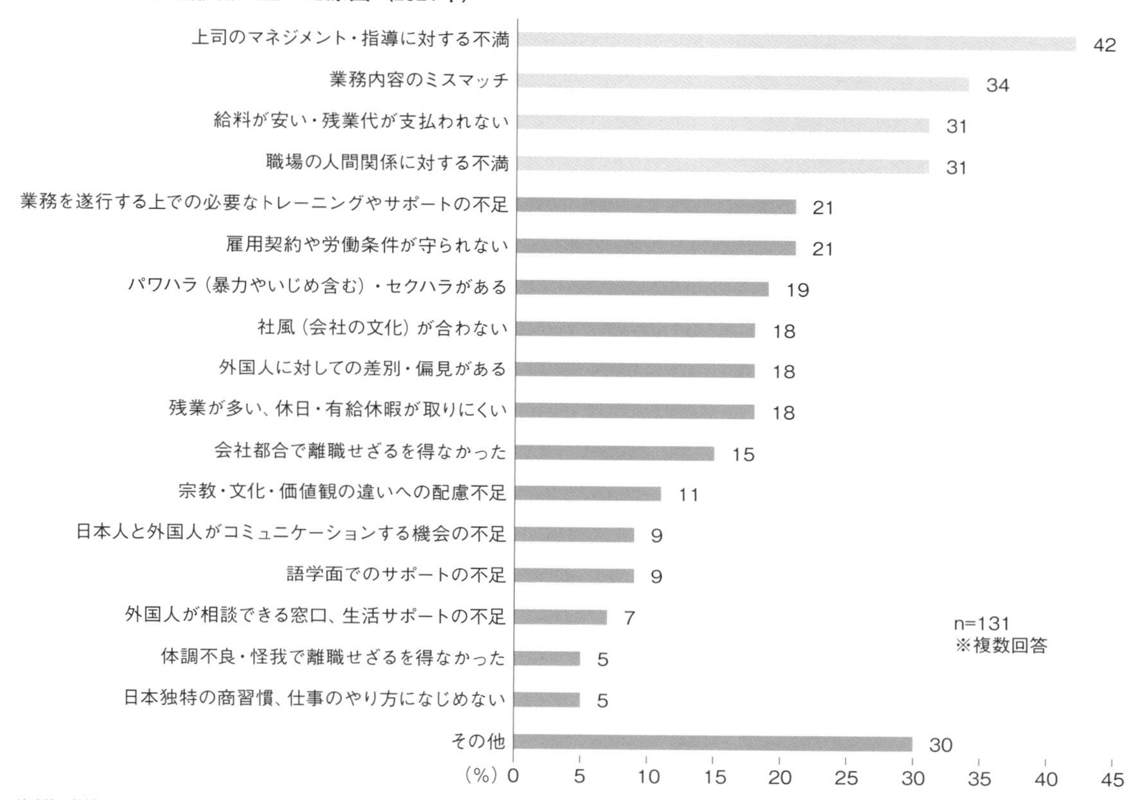

資料）（株）エイムソウル、ヒューマングローバルタレント（株）、リフト（株）「日本で働く外国籍人材の離職とモチベーションダウンに関する調査」をもとに九経調作成

前に関係機関で連携して、日本で働いている先輩在留外国人材や日本人職員から授業などをすることで、事前に企業や地域、業務に関する情報を伝えている。このことが受け入れたのちに担当する職員とのコミュニケーションにもなり、関係性構築につながっている。

また「介護」など外国人労働者の母国にない概念のサービスを提供している受け入れ事業者は、特定技能養成コースを持つ日本語教育機関に入学の前に、介護の概念に関する教育を母国で行い、日本で介護を提供しながら生活するという働き方について理解を深められるようにしている。日本に入国する前から学習意欲やスキルアップの意欲を示した外国人を、労働力としてだけではなく、育成を前提に受け入れていた。このように、入国前に企業や事業と外国人材との相性を確認することで、長期的な人材育成や活躍推進につながる取り組みとなっている。

教育機関と連携した人材育成（留学生など）

日本の専門学校で学ぶ留学生は、日本語を日本語教育機関での約１年間しか学んでおらず、専門教育を一緒に受ける日本人学生と日本語レベルの差は明らかである。2023年に日本国際協力センターが実施した専門学校に対する調査において、留学生のうち授業に必要な日本語能力に達している学生の割合が６割以下と答えた専門学校が約４割を占め、十分な専門教育を受けられるとは考えにくい（図表３-35）。今回取材した教育機関と連携している企業においても、同じ専門スキルを学ぶ日本人と外国人留学生が同様のカリキュラムでは難しくなってきているという。

このような問題への対応として、今回取材した日本語教育機関では、生活の一部を切り出したようなシチュエーションでの会話を考え、その文法を理解する形の学習方法に変更することで、より高度な日本語習熟度を目指している。この学習スタイルの変更により、日本語を日常生活の中にすぐに取り入れられることで会話スキルの上達に繋がっているという。

留学生の就労スキル向上を図る専門課程でも、さまざまな日本語習熟度の留学生に対応する動きがある。例えば、建設業の測量の専門学校では、留学生のみのコースを新設し、通常のカリキュラムの開始前の１年間は基本的な知識の学習や日本語教育を受けられるようにしている。また、介護分野の特定技能養成を行う日本語教育機関では、入学当初に座学で基本的な知識を学ぶのではなく、実際の介護現場で実践するような技術の教育から行うようにしている。それにより徐々に向上する日本語習熟度に合わせて、基本的な知識を身に付けやすくしている。

受け入れ企業と教育機関との連携も活発に行われている。教育機関を卒業して、企業で働く先輩外国人材が教育機関で授業を行ったり、企業が専門教育の実習を受け入れるなどの事例は多く見受けられた。日本語教育機関としても、受け入れ企業での継続的な日本語教育の必要性を感じており、今後教育機関と企業との連携の動きは活発になってくる可能性がある。

図表３-35　授業を進める上で留学生の日本語能力が十分なレベルに達していると思われる学生の割合（2023年）

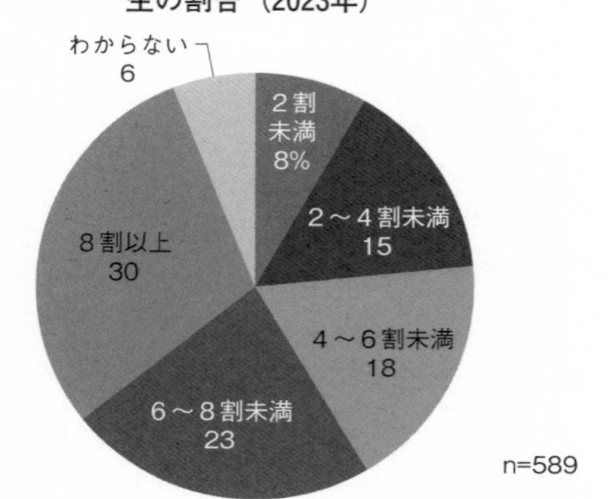

資料）（一財）日本国際協力センター「専門学校における留学生受入等実態に関するアンケート調査」をもとに九経調作成

企業内教育・育成

国内の外国人労働者受け入れ事業所で外国人労働者の教育・育成の仕組みを持っている事業所は珍しい。また１節で述べたように１事業所当たりの外国人数は増加しておらず、同胞が少ない環境で外国人が働いている状況もあり、組織的に仕組みを作っていく難しさはあるだろう。

厚生労働省が作成した企業における外国人労働者の採用育成能力のイメージによると、“企業における外国人労働者の採用育成能力は、一般に採用・定着の実績や、就労環境を取り巻くさまざまな経験や努力を通じて総合的に培われていくもの”としている。具体的には、Stage１で“外国人労働者の採用と並行して試行錯誤を繰り返しながら、採用育成能力は向上”し、Stage２で“外国人能力の活用を明確に意識し、必要な職場環境を整備することで人数が増える”。その後、Stage３で“チームリーダー、管理職、役員に到るまで、外国人が能力を発揮して活躍”とあり、今回のアンケート回答企業はその多くが未だStage１の段階にあるものと想像される（図表３-36）。

一方、個別にヒアリングを実施した外国人受け入れ事業者はStage２～３の水準にある、外国人労働者の受け入れ経験と社内での教育や育成の仕組みを持っている企業・事業所である。こうした企業・事業所へのヒアリングをもとに、業種に関係なく、企業内教育・育成に関する取り組みを整理すると、以下のような、外国人労働者特有の教育・育成のポイントを示しうる。

１つ目のポイントは、日本語習熟度に応じた会社の理念教育の取り組みである。当然のことながら外国人労働者向けに理念教育を積極的に実施している企業は、日本人労働者に対しても理念教育に積極的であるが、外国人労働者に対しては、日本語の習熟度に応じた理念教育を行っている。理念教育を行うことで会社や社会への貢献を意識でき、さらにその時間そ

図表３-36　企業における外国人労働者の採用育成能力イメージ

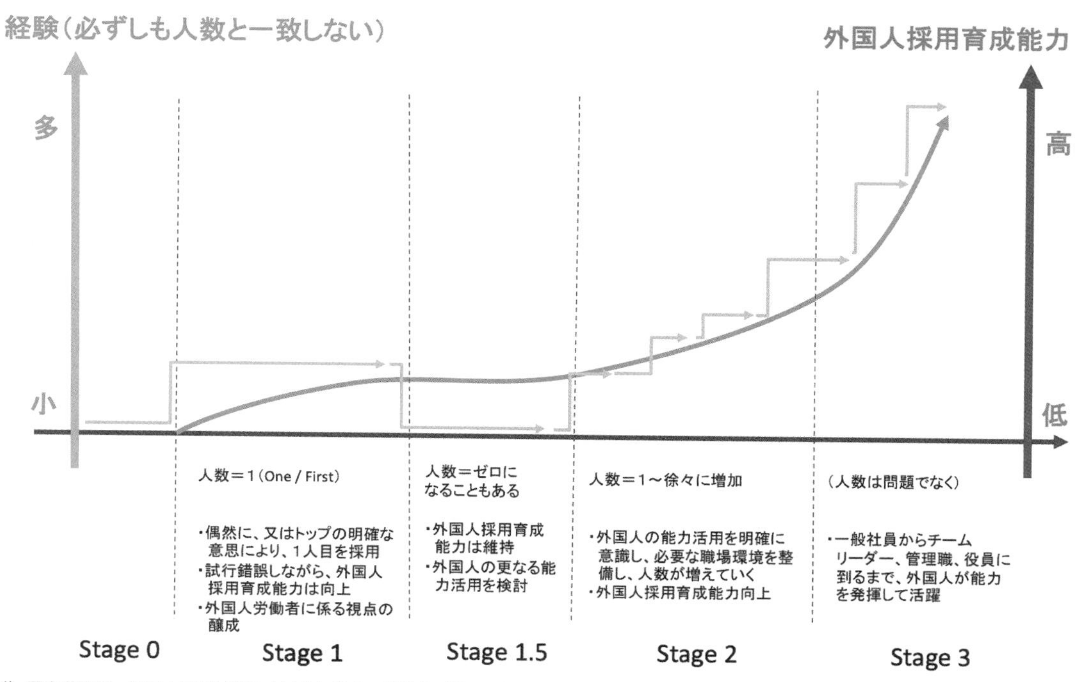

資料）厚生労働省　外国人雇用対策の在り方に関する検討会（第３回）会議資料（外国人労働者の職場・地域における定着）

のものがコミュニケーション機会ともなり、関係性構築に好影響を与えている。
2つ目に資格取得や教育カリキュラムの受講に紐づけて、収入面でのインセンティブを明確にしている点である。外国人材は、母国に仕送りを行うために日本に稼ぎに来ている人も多い。収入は、労働意欲に対する強いインセンティブであり、給料の安さや残業代の不払いが早期離職の原因ともなる（図表3-34）。そのため、日本人以上に収入面での見通しを示すことが職場への定着に対して効果があるという。また介護や建設など外国人労働者の多い業界では、技能資格を取得することによって在留資格の変更（例えば介護福祉士の資格を取得することで特定技能から介護の在留資格に変更するケースや建設分野で測量士（補）の資格を取得することで、高度外国人材（技術・人文知識・国際業務）に資格変更など）につながるケースも多く、資格取得とそれに伴う手当などを明示することは、日本で長く働くことを希望する外国人に対して強いインセンティブになる。
企業によっては、技能実習の3年目の段階で、今後のキャリアモデルを提示し、そこでの選択にあった教育プログラムを実施していた。これにより企業としては教育に力を入れるべき職員が明らかとなり、人材育成の戦略につながっている。
3つ目に、専門スキルの習得だけではなく、日本語習熟度を高める場を提供する点である。技能資格の取得と日本語習熟度が強く関係することもあり、企業にとっても外国人労働者にとっても不可欠な取り組みといえる。介護分野では介護福祉士資格の取得を目指す特定技能向けに、資格取得まで継続的に月に2回2時間程度の日本語講習を実施している企業もあった。また日本語習熟度に合わせてクラス分けをすることで、より現状に見合った教育を受けられる体制を構築している事例も存在した。

転職リスクに対する対応

転職サイトや同国人SNS等に収入水準の高い地域や企業への転職に関して多くの情報が流通しているなかで、九州地域における専門性・技術力や日本語スキルの高い外国人労働者ほど、転職による関東や関西エリアなど他地域への流出、帰国や他国選択による国外への流出の可能性が高くなる（図表3-22）。今回ヒアリングした企業では、外国人が日本人と同様の業務を一人前に担う一方で、後から入ってきた外国人の教育係を務めている事例が多かった。時間をかけて育成したスキルの高い外国人労働者の転職は、今後も外国人材受け入れ意向をもつ事業者に与える影響は大きいといえるだろう。
これまで紹介してきた受け入れ時からの関係性構築や人材育成の取り組みと併せて、従業員同士の交流ができる場づくりや雇用者との定期的なコミュニケーション機会などを創出していくことが、育成した貴重な外国人材が転職してしまうリスクへの対策となりうる。
またリーダーや管理職への道筋を示すことも外国人労働者の意欲を引き出すには有効である可能性が高い。ヒアリングした受け入れ事業者の話でも、日本人労働者よりも外国人労働者の方が、リーダーや管理職等の重要な役割を担うことに対して積極的なことが多いという。当然ながらその役割を担うスキルや人望があることは確認した上で、重要な役割を外国人材に積極的に担わせている。なかには外国人リーダーが日本人の若手スタッフの介護記録のチェックをしている介護事業者もあった。このような外国人リーダーの存在は、他の外国人材のロールモデルとなり、モチベーションアップにもつながっている。責任のある役職への外国人材の登用は、本人の企業に対する帰属意識を高めることだけではなく、同じ企業で働く外国人の意欲を高め、転職リスクを下げる効果がある。

外国人労働者の受け入れを幅広い業種で行っている企業では、グループ企業全体で外国人材委員会を組織し、今後の受け入れ計画やキャリアパスなどについて話し合う場を設けていた。外国人に関連する職場や地域における課題やトラブルなどへの対応についての共有や、さまざまな分野の外国人材同士の交流の場づくりなどを業種横断的に実施しているのが特徴であった。委員会にも外国人材が入っており、外国人の立場からの意見も踏まえて、仕組みや取り組みを検討している。

3　地域やほかの企業などを巻き込んだ多文化共生の土壌づくり

外国人の受け入れを一企業内だけで取り組むには限界もある。行政・地域が、他の外国人労働者受け入れ企業などと連携した取り組みを行っていくことで、仕事の部分だけではなく、生活の部分でのつながりを作ることが、転職リスク並びに九州地域からの流出リスク低減につながると言えるだろう。

地域や他の受け入れ企業などを巻き込んだ取り組みの必要性

九州地域には、技能実習や特定技能の在留資格をもつ外国人が多く、制度の変更の見込みを踏まえると、外国人材に選び続けてもらえるような教育・育成仕組みやロールモデル・キャリアモデルの提示などの取り組みの必要性を述べてきた。しかしながら、現状受け入れ事業者は外国人労働者を少人数で受け入れている事業者が多いことを踏まえると、各事業者単位で取り組める内容は限られるだろう。日本語教育の空白地域も多い九州地域で、各受け

図表３-37　外国人材の離職率が低い職場で実施率が高い取り組み（2019年）

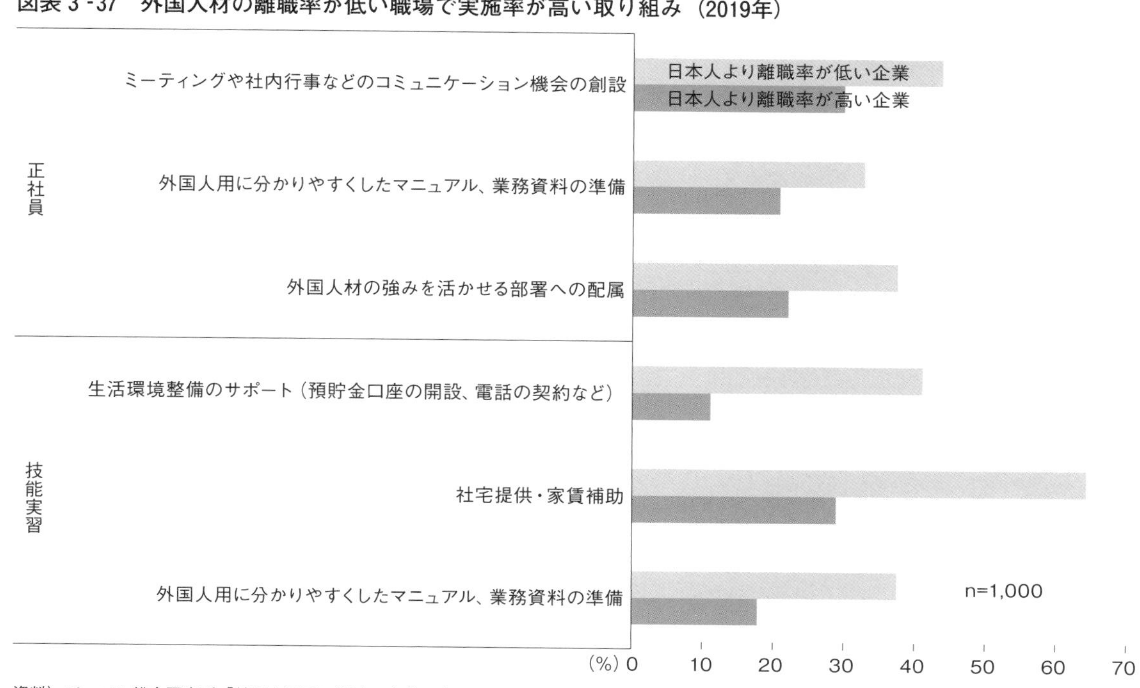

資料）パーソル総合研究所「外国人雇用に関する企業の意識・実態調査」をもとに九経調作成

入れ企業ごとに日本語教育を施していくのも現実的ではない。そのような中で、この企業・この地域で働き続けたいと思ってもらうためには、外国人材の労働者の側面だけではなく、地域での生活者としての側面にも着目し、取り組んでいく必要があるだろう。

2019年にパーソル総合研究所が企業向けに実施した外国人雇用に関する意識・実態調査では、日本人の離職率よりも外国人の離職率の方が低い企業の取り組みを比較している（図表３-37）。正社員においては、職場でのコミュニケーションの他、外国人材の強みを活かせる部署への配属など労働に関係する取り組みが多い一方で、技能実習の在留外国人に対する取り組みとして実施率が高かったのは、生活環境の整備サポートや社宅提供・家賃補助など、就労の内容よりも生活に関係する内容であった。

（独法）日本国際機構（JICA）九州センターでは2022年度から２カ年をかけ、『熊本県内における外国人労働者の労働と生活に関する調査』を実施し、在留外国人に対するアンケートや地域での多文化共生に資する取り組みのパイロット事業などに取り組んだ。本節では、それらの多文化共生につながる土壌づくりを行っている事例について紹介したい。

１）多文化共生を促進する交流プログラム

外国人材が地域で働き続けるか否かに影響する要因

JICA 九州による調査では、外国人材が地元（熊本県内）に定着にする要因を分析する目的で、給与の増加見込みのないと回答した外国人材のうち、熊本で働く意向のある群（以下、「熊本で働く」群）と熊本県外や海外、国に帰って働く意向のある群（以下、「熊本以外で働く」群）の特徴を比較した。

「熊本で働く」群では、仕事や生活で困ったときの相談先として、「学校や日本語の先生」「日本人の友達」「県や市役所、町役場の人」が、「熊本以外で働く」群と比較して有意に高い結果となった（図表３-38）。さらにその相談先について日本語能力別[3]に比較すると、日

図表３-38　熊本での仕事や生活で困ったときの相談先（得点）

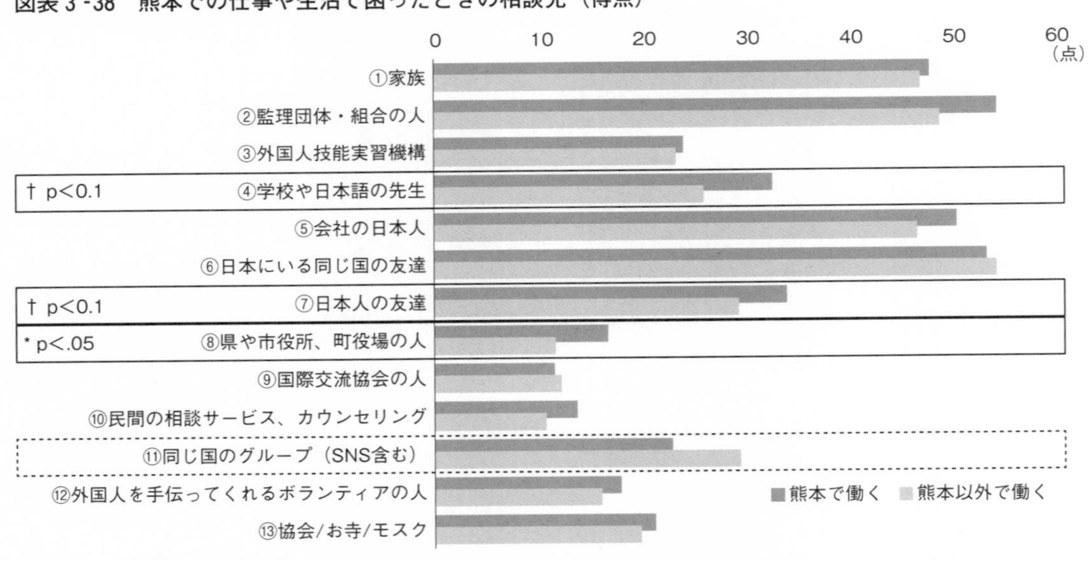

注１）グラフの値は「よく相談する」を100点、「ときどき相談する」を50点、「全然相談しない」を０点として、それぞれの回答率により加重平均した点数
注２）「p」はｐ値を示し、枠囲みは有意差が比較的高い項目
資料）独立行政法人国際協力機構（JICA）九州センター「熊本県における外国人材の生活と労働に係る実態調査報告書」

図表３-39　日本語能力別（２区分）相談先２群比較（「熊本で働く」群―「熊本以外で働く」群）

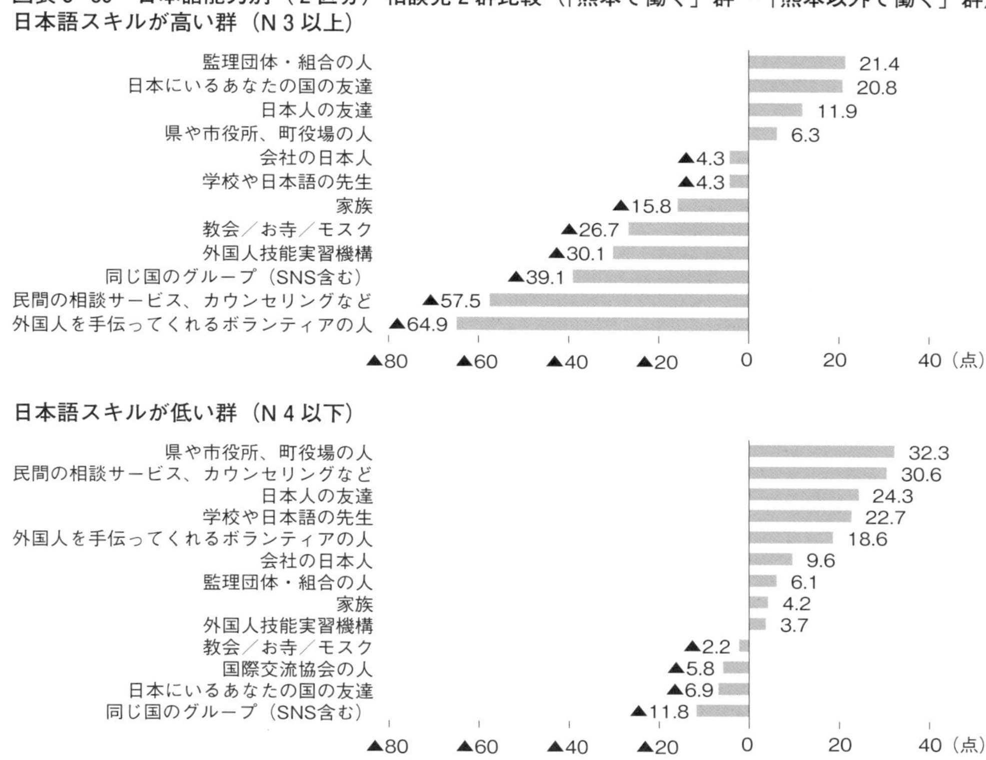

注）点数の定義は図表３-38と同様
資料）独立行政法人国際協力機構（JICA）九州センター「熊本県における外国人材の生活と労働に係る実態調査報告書」

本語スキルが高い人では、「監理団体・組合の人」「同国出身の友達」「日本人の友達」への相談頻度が高く、日本語スキルの低い人では、「県や市役所、町役場の人」「民間の相談サービス、カウンセリング等」「日本人の友達」「学校や日本語の先生」への相談頻度が高かった（図表３-39）。

給与という経済的インセンティブ以外に、継続的に地域で働き続けるか否かの意思決定に対して、頼りにできる日本人の存在が影響している可能性が示されている。

多文化共生の土壌をつくる「キクロスせかいかいぎ」

頼りにできる日本人の存在が地域に外国人材が定着する要因となる可能性が示されたことを受け、JICA九州はパイロット事業として菊池市で地域の外国人と日本人が定期的に話し合う場「キクロスせかいかいぎ」を作った。菊池市立図書館が月２回ほどの頻度で実施している日本語教室を舞台に、日本語教室に集まる外国人と日本人ボランティアを対象とした。外国人は、技能実習や特定技能の他、永住者も含まれ、国籍はさまざまであった。日本人は日本語教室のボランティアのほか、地域の大学生や高校生も参加した。取り組み内容としては、地域の多文化共生に資するイベントの企画や運営であり、活動を行う中でメンバー同士の交流や相互理解、地域住民との交流などを行った。共通語は「やさしい日本語[4]」を用い、日本人にとっても特別な言語スキルがなくても、外国人と交流ができるということを実感で

[3] 同調査では日本語能力検定Ｎ３以上を「日本語スキルが高い」、Ｎ４以下を「日本語スキルが低い」と定義
[4] やさしい日本語とは、難しい言葉を言い換えるなど、相手に配慮したわかりやすい日本語のこと。日本語の持つ美しさや豊かさを軽視するものではなく、外国人、高齢者や障害のある人など、多くの人に日本語を使ってわかりやすく伝えようとするもの

▲キクロスせかいかいぎの様子（出所：九経調撮影）

▲キクロスせかいかいぎが主催するイベントの様子（出所：九経調撮影）

きる機会となり、多文化共生の土壌づくりにつながっている。

参加した外国人も地域のイベントで出し物をしたり、出店で食べ物を販売などすることで日本人住民と自然に交流することができた。活動を行っていくなかで、技能実習のメンバーが特定技能の試験に合格したり、所属する企業において日本人とのコミュニケーションが技能実習生の中で突出してできているとの声を聴くなど、地域での活動が外国人の意欲や能動性などを引き出す可能性が示唆された。その他にも企業や国籍の壁を越えて、地域で生活する上での困りごとの相談などができており、地域における友達のような関係が生まれていた。地域での多文化共生に資する活動が、外国人の生活の満足度や日本語習熟度の向上にもつながる可能性がある観点で、地域への外国人材定着に向けた取り組みとして注目される。

2023年７月にJICA九州のパイロット期間を終えたキクロスせかいかいぎは、運営を主導するファシリテーターの大学生やそれをサポートする菊池市立図書館の体制はそのままに菊池市国際交流協会の活動となった。その後さらに参加する地域の外国人は増え、地域のイベントや高校の文化祭などに参加し、地域の多文化共生の土壌づくりに貢献している。

２）受け入れ企業の連携による負担軽減と機運を高める取り組み

地域で在留外国人を受け入れる仕組み作り

地域の受け入れ企業同士を繋ぐネットワーク構築の動きもある。日本での生活歴の少ない外国人労働者を小規模な企業が受け入れる場合、労働面への教育だけではなく、生活面においても支援が必要となる。これに対しては一般的には技能実習であれば監理団体、特定技能であれば登録支援機関がサポートするが、在留する外国人の増加とともに各機関が十分なサポートができるとは考えにくい。今後は外国人を受け入れる企業が主体的に生活面におけるサポートをしていく必要性が高くなるだろう。

生活面におけるサポートとは、自転車の乗り方やゴミの分別や出し方など、地域で生活するために不可欠な知識を支援することを指し、企業が日本人労働者を雇用する際にはほとんど実施する必要がない。そのため、外国人労働者を雇用した後、生活支援の方法や頻度などは企業の担当者によってばらつきがあることが予想される。日本での生活に不慣れな外国人労働者では、この支援が不十分な場合、地域の方からの苦情などにつながる可能性が高く、

図表３-40　KUMAMOTO KURASU の全体像

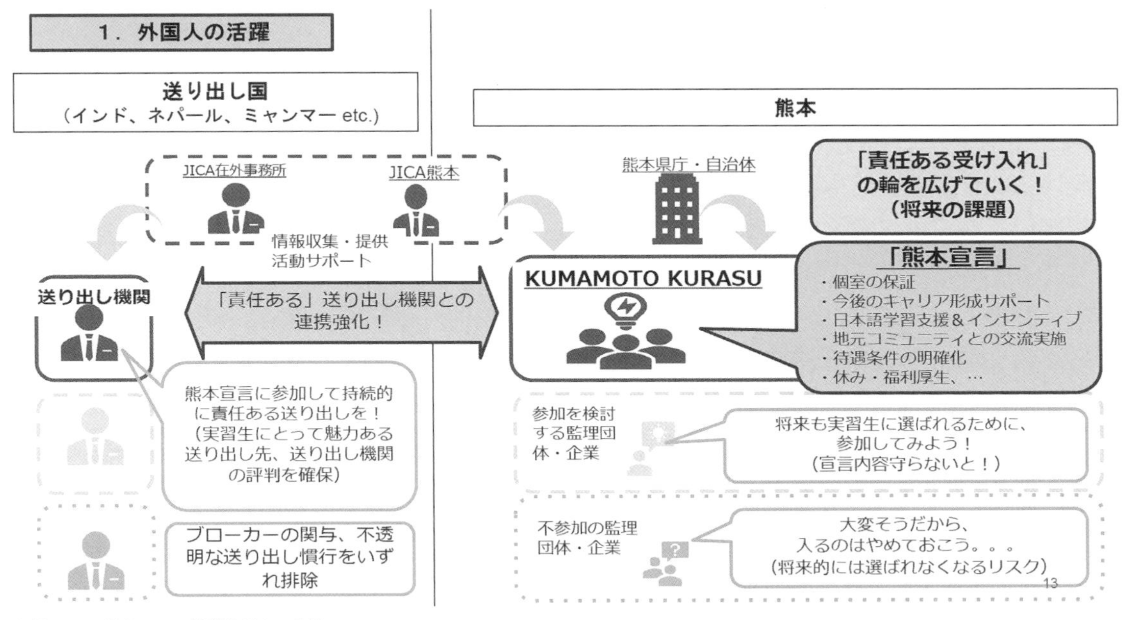

資料）JICA 熊本チーム提供資料より抜粋

▲KUMAMOTO KURASU が行った地域での自転車教室の様子（出所：（株）KDS 熊本ドライビングスクール）

受け入れ企業としては必要性が高い。しかしながら、小規模事業者や外国人労働者の少ない企業では担当者をつけるのは難しく、外国人労働者の受け入れ意欲を下げたり、地域との共生が課題となることで受け入れを行わない企業もある。

JICA熊本チームが取り組む「KUMAMOTO KURASU（クマモトクラス）」は受け入れ企業のネットワーク構築のための取り組みである（図表3-40）。これは「選ばれる熊本」を目指す熊本県内の関係機関のネットワークであり、外国人材の責任ある受け入れの輪を広げていくため、「熊本宣言」に賛同する企業や監理団体等で構成されている。熊本宣言には、受け入れに際しての透明性を持った情報提供や、送り出しプロセスの改善、受け入れ後のキャリアサポートに取り組むことが約束されているほか、参加メンバー共同での多文化共生・防災などの活動などを行っている。参加メンバーの自動車学校では、自転車の安全な乗り方について、受け入れ企業の枠を超えて講習を行うなどしている。

ネットワークを構築することで、受け入れ企業としての課題を共有し、行政と連携した形での受け入れ体制を構築することにつながる。また生活のサポートでも役割分担をすることで、一企業にかかる負担を低減できる可能性も高い。

3）九州地域で外国人が活躍する仕組み作り

在留資格を猶予する仕組み

国内、九州地域で受け入れている外国人は“移民”ではなく、あくまでも“労働者”であり、受け入れの負担の多くは雇用している企業にかかる。また外国人労働者は、全国の企業を選択肢に、条件面で受け入れ企業を選んでいる。このことは九州地域の企業にとって、関東や関西への流出リスクであるとともに、選ばれる企業や地域となれば、国内のどこからでも転職を希望する外国人労働者を受け入れられるとも捉えられる。ただ、選ばれる企業や地域になることは、一企業の努力だけでは難しく、地域や行政機関も巻き込んだ仕組み作りを行う必要がある。

九州地域で進んでいる仕組み作りとして、2018年より北九州市等が特区となり取り組んできた在留資格の猶予が挙げられる。海外の大学を卒業した外国人留学生が日本語教育機関を卒業し、就職活動を継続する際に特定活動の在留資格を付与する取り組みである。この取り

図表3-41　特定活動の在留資格で就職活動が可能な留学生

継続就職活動大学生	在留資格「留学」をもって在留する本邦の学校教育法上の大学（短期大学及び大学院を含む。以下同じ。）を卒業した外国人（ただし、別科生、聴講生、科目等履修生及び研究生は含まない。）で、かつ、卒業前から引き続き行っている就職活動を行うことを目的として本邦への在留を希望する者（高等専門学校を卒業した外国人についても同様とします。）
継続就職活動専門学校生	在留資格「留学」をもって在留する本邦の学校教育法上の専修学校専門課程において、専門士の称号を取得し、同課程を卒業した外国人で、かつ、卒業前から引き続き行っている就職活動を行うことを目的として本邦への在留を希望する者のうち、当該専門課程における修得内容が「技術・人文知識・国際業務」等、就労に係るいずれかの在留資格に該当する活動と関連があると認められる者
継続就職活動日本語教育機関留学生（海外大卒者のみ）	海外の大学又は大学院を卒業又は修了した後、在留資格「留学」をもって在留する一定の要件を満たす本邦の日本語教育機関を卒業した外国人で、かつ、当該日本語教育機関を卒業する前から引き続き行っている就職活動を行うことを目的として本邦への在留を希望する者

資料）出入国在留管理庁ウェブページ

組みは2020年に全国展開となり、在留外国人の在留資格に猶予を持たせる仕組みなどを構築することで、外国人が地域の企業を吟味して選ぶことができることにつながっている（図表３-41）。

行政や企業などが連携した受け入れ体制作り

熊本県では、行政が主体となり外国人受け入れ事業者連絡協議会の立ち上げを市町村に促している。このモデルとなったのは熊本県長洲町の外国人受け入れ事業者連絡協議会である。長洲町は造船業などが盛んな地域で、県内で最も外国人住民割合の高い自治体であった。2021年６月、外国人が心身共に豊かな暮らしができることに向けて、街や町内の外国人受け入れ事業者などが生活環境の整備や支援を行うために情報交換を行う「長洲町外国人受入事業者等連絡協議会」を設置した。ここには受け入れ企業や監理団体だけではなく、警察・消防や郵便局など外国人の生活に関わる行政関係者も含めて組織され、町内での外国人住民の生活をより豊かなものとするための議論が行われている。また外国人相談窓口として町役場入り口に外国人の困りごと相談を受ける窓口を設置し、県内の大学に通うベトナム人留学生が相談への対応をしたり、情報発信を行うなどしている。

今後も行政機関において外国人住民に向けた支援や外国人受け入れ企業を支援する部署などが立ち上がる可能性もあり、受け入れ事業者としては行政機関と連携した外国人労働者の受け入れ体制の構築を検討する余地はある。

事 例 集

顧客対応や社内ドキュメント・ナレッジ共有を効率化する AI を開発

(SELF（株）：東京都新宿区)

顧客対応と社内向けの AI ツールを開発

SELF（株）は会話型 AI 開発を主たる事業とする2014年創立の企業である。同社は独自の会話 AI システム“SELF”を開発している。企業向け製品として、各企業へ自社エンジンをカスタマイズし導入先企業の会員向けサービスを長期的にサポートする“SELF Custom”、2023年 5 月からは自社システムと ChatGPT を連携した“SELFBOT”という顧客対応向けの AI チャットボットや、社内ドキュメント・情報について検索・回答する社内向け AI ツールなどを展開している。

同社の製品により、マニュアル作業やオンライン問い合わせ・接客業務など、多くの分野で効率化を進められる。カスタマーサポートの効率が大幅に向上し、一部の企業では約30%の効率化が達成されたとの報告がある。

独自 AI は深いユーザ理解が特徴

自社の独自 AI は、会話やサービス内行動からユーザ特性の把握と各種情報解析を行い、情報や提案をサービス側から積極的に届けることができる点が大きな特徴である。属性や時間軸、生活体系、位置、心理状態などさまざまな要素を捉え、深いユーザ理解から情報を提供する。ユーザの日常生活や状況に合わせてアドバイスを提供することにより、例えば勉強の習慣づけやスキンケアなど、個別性が高い情報提供や習慣形成の支援などが実現できる。こうした精度の高いユーザ対応により会員継続率やコンテンツの利用率が大幅に飛躍し、導入先企業の売上に寄与する。

いままでのドキュメント、ナレッジ共有

・多数のファイルの確認が必要
・ソース元に辿り着く時間が必要
・人に聞いたほうが早い…

いままでのドキュメント管理

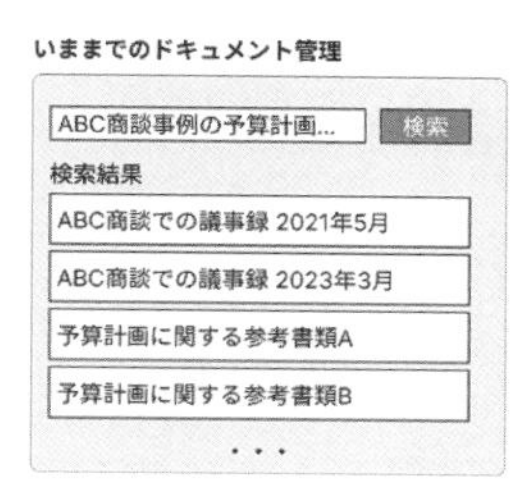

いままでのナレッジ管理

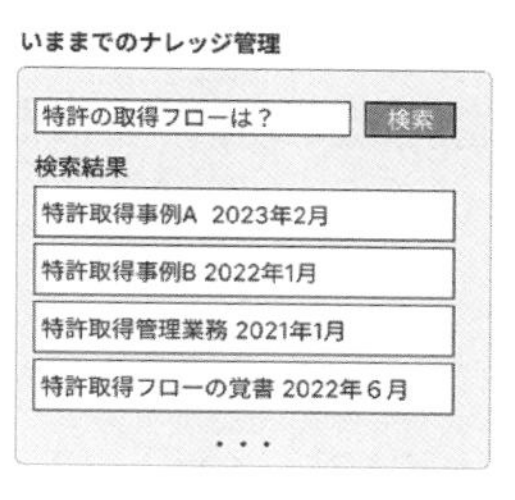

これからのドキュメント、ナレッジ共有

・ファイルからAIが最適回答
・ソース元を即座に提示
・言葉のゆらぎに柔軟対応

これからのドキュメント管理　これからのナレッジ管理

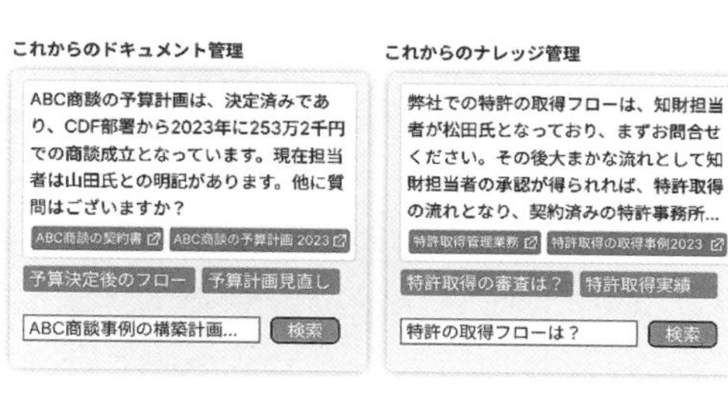

・社内問い合わせ対応の件数低減
・新入社員のキャッチアップ効率化
・事業開発スピード向上

▲AI によるドキュメント・ナレッジ共有の効率化（出所：SELF（株））

AI ツール開発の方向性

ChatGPT 連携の“SELFBOT”においては、一般的な一問一答のチャットボットではなく、より高度な処理を必要とする、商品（EC 等）やユーザ情報など各種データ連携を軸に拡張していく。

ChatGPT は情報提供に特化した AI であり、即時的な要求への対応能力は非常に高い一方で、ユーザの状態や感情などについては把握できておらず、必ずしも深いユーザ理解に基づいた回答を行うわけではないため長期的なユーザサポートは難しい。同社の独自 AI はそうしたユーザ状態の把握に優れている一方で、即時的な要求への回答は難しい。今後は ChatGPT と“SELF”の連携を強めることで双方の特性を兼ね備え、情報・感情や、状態、判断のすべてをサポートする AI 開発を進めていく。

（相川　弘樹）

自社サービスに AI を組み合わせて新機能を搭載

（postalk（株）：福岡市中央区）

コミュニケーション領域に特化したデジタルホワイトボード“postalk”に AI を導入

postalk（株）は、コミュニケーション領域に特化したデジタルホワイトボード”postalk”を開発・運営している。KJ 法[1]をオンライン上で実装したものであり、ブレインストーミングで出た意見をグループ化することで議論を有意義に整理するツールである。複数人で議論を展開する際、参加者の意見を一覧して整理する必要があるが、このツールはオンライン上でそうした意見集約を効率的に実現できる。ホワイトボードにメモ書きした付箋（カード）を貼るような形で、各人が自分の意見をフィールドに張り付けることで、全員の意見を整理し、創造的な議論を展開する。同社はこのツールに文字起こし AI“Whisper”と ChatGPT を組み込み、既存サービスとの相乗効果を生み出すことで、ユーザの利便性が格段に向上するような機能の拡充に成功した。

postalk と AI の相乗効果

AI による利便性向上の一例は、入力作業の簡略化（“postalk　with”）である。従来までは、会議の参加者は自分で意見を入力する必要があり、議論の進行とホワイトボードへの記入が連動していなかった。文字起こし AI“Whisper”と ChatGPT の導入により手動で入力する必要がなくなり、発話が要約されてカードになるため、ツールが議論をほぼリアルタイムに反映できるようになった。

また、議論後の要約においても AI による新機能（“postalk　letter”）をリリースした。会議の終了後は、議論の展開や議決事項、今後のタスクなどを整理した”議事録”を作成する必要があるが、ChatGPT の導入により、ユーザはホワイトボードから議事録や要約を自動的に要約したり、参加者のタスクを整理したりできるようになった。これにより利用者は、会議の結果を研究や業務へ迅速に反映できるようになった。

[1] データをカードに記述し、カードをグループごとにまとめて図解し、論文等にまとめていく。共同での作業にもよく用いられ、「創造性開発」（または創造的問題解決）に効果があるとされる。（出所：Wikipedia）

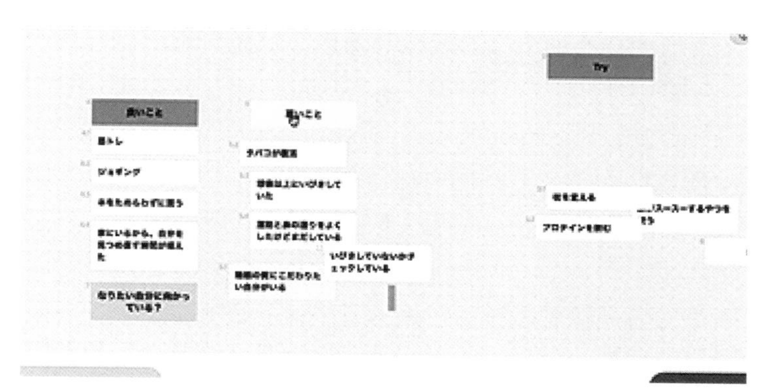

▲postalk の使用例（出所：postalk（株））

こうした機能の活用により利用者数は急上昇している。同社のサービスは複数人での利用を前提としているためユーザ数の正確な把握は難しいが、AI 導入後は導入前の 4 倍程度の付箋が作成されるようになっており、利用者数は確実に増加している。

今後の構想と人間の役割

今後、同社は AI を活用したさらなる機能拡充を構想している。例えば、カードをどのようにグループ化するか、洞察を様々な角度から検証する。さらに文章化することで、より議論を活性化させるなどといった活用が考えられる。このように、AI の活用を進めることで付加価値の向上を目指す。一方で、代表取締役の川野氏は「偶然性や不完全性といった人間の特徴により、仕事を AI が完全に代替するのは困難である」とも強調している。

（相川　弘樹）

地方の教育格差縮小に生成 AI を活用
（Kanauuu 合同会社：宮城県大崎市）

問答法による思考プロセスの可視化ツールを開発

Kanauuu 合同会社が運営するカラフル学舎は、2011年の東日本大震災を契機に宮城県大崎市古川で設立された、教育心理学を取り入れた個別指導塾である。同社は学習塾のほか、ピアノ教室やプログラミング教室など多様な教育サービスを提供している。

（株）みんがく（東京都目黒区）と共同で開発したオンライン AI ツール “NANDE” は、生徒の思考プロセスを可視化し、個別学習支援サービスを提供する。このツールは問答法[2]を取り入れ、直接的に答えを教えずとも生徒が自ら答えに辿り着くよう導く。生成 AI を用いて個別指導をオンラインで再現することで、教育業界での人手不足を緩和できる。

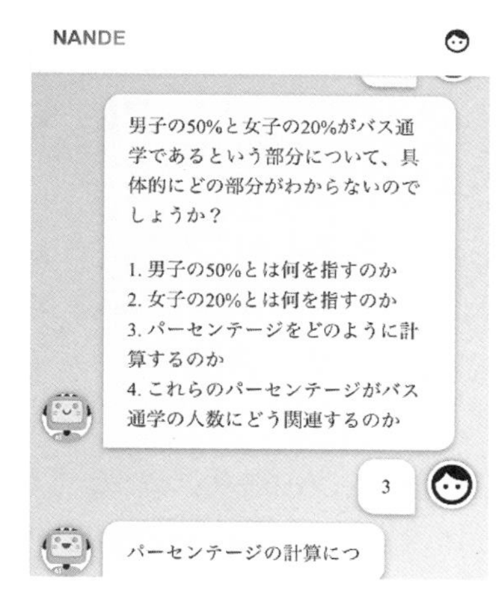

▲NANDE の使用例
（出所：Kanauuu 合同会社）

[2] 教師と児童・生徒との相互的な質問・応答の過程を通して、学習を深化させようとする学習指導法。（出所：日本大百科全書）

特に、人手不足が顕著な地方と都市部の間にある教育格差を縮小できる可能性がある。

個別指導を生成AIで省力化

同社は生成AIを使用することで、個々の生徒に合わせた学習支援を実現するツール“NANDE”を開発した。このツールは問題文を複数の単元に分解し、どの単元でつまずいたかを対話を通じて特定していく。新人教師でも生徒の思考プロセスを理解し、適切な声掛けができるようになるため、教師の負担が軽減される。生成AIには、事実と異なる回答を生み出してしまう“ハルシネーション”という現象が発生するが、解答をAIへ渡すことでそうした現象を緩和している。AIにより個別指導を補完することができれば、ティーチング（授業）と同じようにコーチング（個別指導）も省力化が進み、指導者の不足を緩和できる。

このサービスは教育格差の解消に貢献し、特に指導者が不足している地方や離島部、過疎地域において重要な役割を果たす可能性がある。“NANDE”はその革新性が高く評価され、第20回 日本e-Learning大賞経済産業大臣賞を受賞している。

人手不足の解消と地方の教育格差縮小に貢献

今後、カラフル学舎はAI技術のさらなる活用と、地方におけるAIツールの普及を目指す。代表の加藤氏は「人間は学習計画やメンタル指導など、より総合的な観点からコーチングするスキルが重要になってくる」と語り、AIの登場による教育現場の役割の変化を強調した。同社は人手不足に苦しむ地方こそ、こうしたツールの活用が進むと考えており、サービスを全国へ展開すべくパートナーを求めている。また、ピアノなどの芸術領域においても、同様のメソッドが有効ではないかと考えており、特に指導者が不足する分野での横展開を検討している。

（相川　弘樹）

多様な働き方を支援する制度設計と運用

（スリーアール（株）：福岡市博多区）

スリーアール（株）は、2001年に創業した総合商社で、「あしたの欲しいを実現し、社会を元気にする」をビジョンに掲げる。デジタル製品・測定器・医療機器・防疫製品などの企画・販売のほか、太陽光発電事業、ソフトウェアの開発を手がけており、売上高を順調に伸ばしている。外国籍社員の採用および定着と「カスタムワーク」の整備が評価され、経済産業省の「新・ダイバーシティ経営企業100選」に選定されている。

社員一人ひとりのための「カスタムワーク」

同社は、社員の多様な働き方を支援するために「カスタムワーク」という独自の時短制度を2016年に導入した。「カスタムワーク」の名前のとおり、一人ひとりの都合に合わせて働く時間のカスタムが可能である。子どもの有無や結婚状況に関わらず利用可能で、社員は時短勤務を希望する理由や就業時間を会社に申請し、協議を経て働き方を決定する。育児だけ

▲「新・ダイバーシティ経営企業100選」受賞式
（出所：スリーアール（株））

▲社内図書館（出所：スリーアール（株））

でなく、学業、不妊治療、介護など、さまざまな事情による取得が認められており、現在13名の社員がこの制度を利用している。東京在住で在宅勤務をしているソフトウェアエンジニアは、プロゲーマーという夢の実現のために、勤務時間は 8 時から15時までとし、16時からｅスポーツの練習をしている。

制度の導入にあたり、同社代表が朝礼でカスタムワーク制度の目的と将来のビジョンを定期的に発信することで、社内の雰囲気を醸成した。このステップは、制度の利用促進と社員間の温度差を防ぐために重要であると考えられる。

「カスタムワーク」導入による効果

カスタムワークは、採用市場においても魅力的であり、男性からの関心も高まっている。40歳代を含む多くの人からこの制度を利用して働きたいとのエントリーや問い合わせを受けている。なお、時短社員の給与は、役職手当も含めた時間割合に応じて決定している。一方で、時短社員であっても2021年度は 3 名、2022年度には 2 名が昇格をしている。社員のライフステージの変化や男性社員の在籍数の少なさなど、人材確保の危機に直面したことが背景にある。特に出産後も時短制度で働きたいという社員の声が多かったため、この制度を導入することとなった。

スキルアップに向けた取り組み

2021年にはキャリアディベロップメントプログラムを導入した。役職ごとに必要なスキルを明文化した、個人のスキルアップの指標となるものである。さらに、資格取得支援制度も整備しており、資格試験に合格した際には、その受験費用を会社が負担する。資格のジャンルは問わず、金額についても上限を設けていない。セミナーに関しても、就業時間内に受講ができるよう配慮している。また、同社代表が読書好きということもあり「社内図書館」も整備した。蔵書は業務に関わらず多種多様なジャンルが揃えられ、現在では約3,800冊が所蔵されている。読書感想文を提出すると、同社代表から「感想感動賞」が贈られる褒賞制度があり、多くの社員が制度を利用している。

（山本　美香、永野　敦嗣）

技術革新がもたらした生産性向上

((株) 政工務店：小城市)

（株）政工務店は、公共事業および土木工事全般を行う建設会社である。道路の基礎となる道路構造物の設置工事や下水道、管理施設工事を手がける。業界でもいち早くICT施工を取り入れた会社である。ICT建機の活用により生産性を向上することで、建設業でありながら完全週休二日制を実現している。

ICT技術による建設機械操作の効率化

ICT施工（i-Construction）は、建設機械にICT技術を組み込むことにより、人間のスキルや経験を補って機械を操作できるようにするためのシステムである。この技術は、ブルドーザーやバックホー（油圧ショベル）などの建設機械に適用されている。ブルドーザーなどの操作は技術が要求されるが、ICT技術によるオート機能を利用すれば、初心者でも計画通りに仕上げることが可能である。基本的な運転方法を学べば、従来よりも短い期間でベテランと若い社員のスキルの差がほとんど無くなり、誰でも一定の品質で仕上げることができる。

導入の契機とその展開

同社がICT建機を導入したきっかけは、建設機械メーカーの営業担当者からの紹介であった。デモンストレーションでのブルドーザーのマシンコントロール機器の実演は、熟練オペレーターによる効率的な作業と、新人社員でもすぐに成果を出せることを示した。さらに、同社のオペレーターからの肯定的なフィードバックが導入の契機となり、ブルドーザーとバックホーを１台ずつ導入した。

同社はICT建機を2012年に導入したが、他社でも導入が進んだのは、i-Construction開始と国土交通省による導入施策が行われた2016年からであり、他社よりも先んじていた。当初は多くの企業が使用方法や現場運用に課題を抱えていたが、近年になって、他社も積極的にこの技術を活用し始めている。代表の指針により、初期の導入時から同社の社員は積極的に取り組んでおり、多くの努力と経験を経て技術が定着した。現在では、オペレーターが遠隔操作をする無人化施工の可能性も見据えている。

▲ICT建機の例（出所：（株）政工務店）

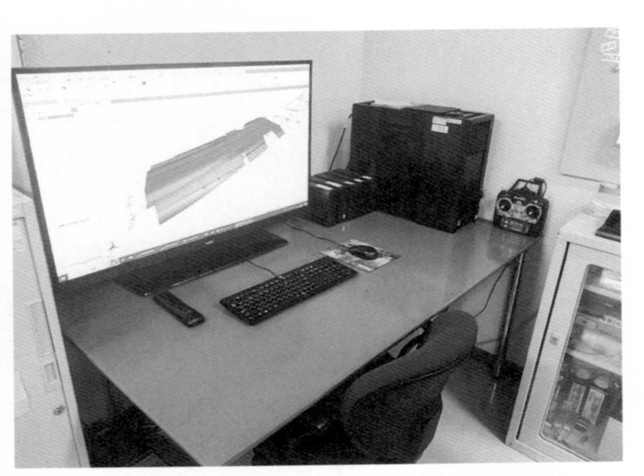

▲３次元計測データの作成（出所：（株）政工務店）

経済的影響と企業成長

現在はICT建機を35台保有している。初期段階では年に１台ずつ増やしていたが、現在は年に平均３台のペースで増加している。コストは最大のデメリットであるが、それを上回るメリットが存在する。同社においては、ICT施工が強みとなり、経営が安定してきた。システムの取り付けやメンテナンスを内製化することで、ICT施工に関して一貫した対応が可能となり、仕事の依頼が増加している。これらの効果は、新卒者の安定した採用にもつながっており、社員の平均年齢は39歳[3]と若く、若年層から中年層の社員が多く在籍している。若手社員の離職が無くなり、完全週休二日制の実現も可能となった。

（山本　美香、永野　敦嗣）

社員教育プログラムの整備による人材育成と定着

（澤田建設（株）：防府市）

澤田建設（株）は、土木・建築を主体に住宅、開発も手がける総合建設業である。2023年に創業80周年を迎えた。河川の治水工事を主業として創業し、街づくり、人づくりで地域社会に役立つ事をミッションとする。木材活用を推進するほか、農業土木や林業の活性化などSDGsへの取り組みにも力を入れている。2019年に新本社を建設し、ワンフロアにしたことで、社員間のコミュニケーションが向上し、意見交換や課題解決にも良い効果が表れている。2022年には、「令和４年度やまぐち働き方改革推進優良企業表彰」で優秀賞を受賞している。

社内教育プログラム「SAWATAアカデミー」

同社は、社員教育に特に力を入れており、１カ月間の総合的な教育プログラム「SAWATAアカデミー」を2020年より運用している。内容は会社の理念・方針、就業規則、社会人マナーから、営業や品質管理までと幅広く、Webライブラリ形式で提供されている。社長をはじめとする各社員が講師となり、動画形式によるプログラムに社員がいつでもどこでもアクセ

▲新設した本社（出所：澤田建設（株））

▲ワンフロアの本社内（出所：澤田建設（株））

[3] 九州地域における建設業就業者の平均年齢は47.6歳（出所：総務省「労働力調査」(2022)）

スできる。また、プログラムには「理解度テスト」が含まれ、履修記録も残るようになっている。さらに、SAWATA アカデミーとは別に、業務に関する資格に関しては、勤務時間に会社の費用負担で受験できる制度も整えている。宅地建物取引士や建築士、ドローン操縦士など、社員の資格取得を会社が後押ししている。

効率的な育成と人手不足への対応

新卒社員の早期離職が問題となるなか、迅速かつ効率的な育成が重要視されている。近年、全国的な人手不足と、地元の工業高校における土木・建築科のコース再編により、特に建築の知識を有する卒業生数が減少しているため、土木・建築の知識を持たない人材も採用し、入社後に育成をする必要が生じている。同社でも、早く一人前になってもらうために、これまでは1カ月の研修後に現場に配属していたが、今年からは半年間の研修を実施している。

SAWATA アカデミーについても、現場の負担軽減を目的に導入しており、社員から理解を得たうえで導入した。業務外の時間を減らすことで、働き方改革の取り組みが進み、本来の仕事に集中できる時間が増えている。また、研修の講師を中堅社員が担うことで、中堅社員の再教育・スキル向上にもつながっている。

（山本　美香、永野　敦嗣）

「全国どこでもワーク」導入で人材採用が有利に

（小平（株）：日置市）

小平（株）は、エネルギー、国際貿易、IT ソフトウェア開発、ガソリンスタンド事業など多角的に事業を行う地域商社である。鹿児島、九州だけでなく、アメリカを始めとしたグローバルなビジネスを展開している。2024年2月に日置市へ本社を移転し、「街まるごとオフィス」などのチャレンジを通じ、今後も地域と深く連携していく意向である。

「全国どこでもワーク」の実現とその背景

同社では、社員の柔軟な働き方を支援するため、リモートワークを導入・推奨しており、2023年からは日本全国どこからでも仕事をすることが可能な「日本全国どこでもワーク」採用を打ち出した。現在フルリモートで働く社員のうち、他県在住者が3名となっている。対面でのコミュニケーションが必要な場面に対応するため、年に2回「ビジョンミーティング」を開催するなど、重要な節目ではリアルな交流を取り入れる方針である。社長と副社長もリモートワーク中心で勤務しており、リモートワークは同社にとって自然な働き方となっている。同社の新しい取り組みに興味があるという理由で、多くの応募が来るようになった。以前はエンジニアの採用に苦労していたが、現在では多くの優秀な人材の採用が可能となった。

ウェルビーイングを実現する新オフィス

同社は、新オフィスに移転したばかりだが、オフィスの持つ機能や意味合いはこれまでとは異なる。まず、出社と在宅勤務の選択を自由にし、オフィス面積を現在の約200坪から3分の1程度まで縮減する。オフィスには最大20名収容できる空間を設け、毎週金曜日は社員

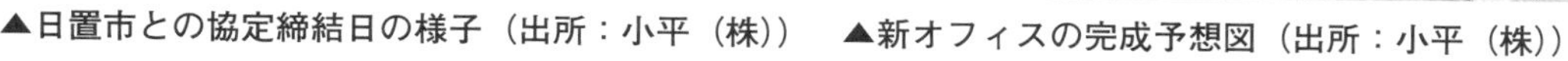

▲日置市との協定締結日の様子（出所：小平（株））　▲新オフィスの完成予想図（出所：小平（株））

が集まり共に昼食を取るなど、コミュニケーションの創出を最大の目的とする。セミナーやイベントを開催するなど、地域の住民と社員やパートナーの方々との交流も期待している。また、新オフィスには、大きな窓型のスマートディスプレイを導入し、各オフィス間との常時接続、メタバース接続など実験的な取り組みも検討している。

さらに、オフィス移転地域である日置市と企業との新しい関係性の構築にも取り組む。2023年には、日置市の温泉街「湯之元」を世界に誇れる「ウェルビーイングタウン」にしていくための連携協定を日置市と締結した。テイクアウト専門のシェアカフェである「ハマポケ」を運営するほか、空き家をミーティングルームやワーキングスペースとして有効活用するなど、ウェルビーイングタウンの実現のため、街全体を「街まるごとオフィス」として活用する計画である。

人材獲得への新たなアプローチ

同社内において社内改革を始めるまでは、社員から「自社の最大の魅力は福利厚生だ」という声も聞こえたが、現在では「地域へのコミットメントや新しい挑戦への取り組みが魅力だ」と言われるようになった。顧客からの肯定的な評価やメディアの取材が増え、その記事を通じて同社の取り組みが評価されることが、社員の意識変化に影響を与えている。

同社は、業務効率の観点から、一定の出社が組織には必要と考える一方で、個々の社員の生活の充実度や幸福度は、在宅ワークという選択肢があることによって高まると認識している。給与面では首都圏の企業に対する優位性を出せないため、個人の自由度やウェルビーイングを重視する働き方を推奨している。このような制度の導入は、特に地方の中小企業が競争に勝つための重要な戦略であると言える。

（山本　美香、永野　敦嗣）

副業人材の活用による業績の向上と離職率の低減

（(株) 九州パール紙工：小城市）

（株）九州パール紙工は、百貨店や料亭が販売する料理の紙重箱や弁当容器の製造・直売を手がけている。顧客の要望に応じて小ロットからオリジナル容器を作成し、長年培ってきたノウハウをもとに、他社にない製品づくりを心がけている。九州各県の営業所を起点とする地道な営業活動を中心に販売してきたが、近年ではオンライン販売にも力を入れている。

副業人材受入れの経緯

同社では2021年１月より副業人材の受け入れと活用を行っている。佐賀県プロフェッショナル人材拠点から、「自分たちが持っていないような知識を持った人材が、副業として支援してくれる制度がある。」と紹介されたことが導入のきっかけである。同社ではコロナ感染拡大前、オンライン販売強化のためスキルを持った人材を採用したが、離職してしまい、Webページを適切に活用できない状況となっていた。そこにコロナ感染拡大によって、飲食店や弁当のテイクアウト需要が急増したことで紙重箱・弁当容器のオンライン注文が殺到するようになった。オンライン販売のスキルを持つ人材は同社にいなかったが、これを業容拡大の機会と捉え、スキルを持つ副業人材を活用したいと考えたことが契機となり、業務委託契約を締結する運びとなった。

副業人材に依頼した業務内容

最初に受け入れた副業人材は、ネット事業部の業務に従事した後、１年で契約を終了した。続いて2021年10月から12月の３カ月間で副業人材のデザイナーと契約し、パンフレットの作成に携わってもらった。その後、３名の副業人材と新たに契約し、広島県以東への販売力強化のためにさまざまな取り組みを進めることとした。平月でオンラインによる売り上げ１千万円以上をタスクとしたところ、28名応募があり、その中から担当スタッフを交えた面接を行い、３名を選定した。副業人材とは、同社スタッフと効果的に連携するため、グループウェアによるメッセージのやりとりやオンラインミーティングを頻繁に行っている。副業人材に対して、時間による拘束はしていないが、月に20時間から30時間を同社の業務の推進に費や

▲パッケージ仕上げの様子（出所：（株）九州パール紙工）

▲試作品の検討（出所：（株）九州パール紙工）

してもらっている。

副業人材受け入れのメリット

オンライン販売を強化するため、副業人材からのアドバイスにより、SNSのアカウントを新設し、毎日更新を行っている。副業人材は大手企業のプロモーションに関わった経験がある人物で、会社パンフレットの刷新にも力を発揮してもらった。また、副業人材による効果は他部署にも波及しており、例えばSNSの情報が、ルート営業スタッフが顧客と接点を持つ際のきっかけとなり、営業のモチベーション向上につながっている。ルート営業で得られた製品の使用感や評価は、SNSで発信される有力なコンテンツともなり、販売拡大に寄与している点でも、良い相互作用がもたらされている。

オンライン顧客からの評価や既存顧客からの反応が可視化されたことで、社員間のコミュニケーションが非常に円滑になり、高かった離職率が低下した。特に顧客との接点が少ない工場スタッフのモチベーションが向上し、離職者がほぼいなくなった。副業人材の受け入れは、スピード感を持って業務を遂行する力や専門スキルの活用という面に加え、従事部門外にも効果が波及している点で、与える影響は非常に大きいと同社は評価している。

なお、副業人材が持つスキルは多様で、かつコンサルタント事業者への依頼に比べても費用も高くない。副業人材としても、報酬面だけでなく、自身の知識を活かすことへの充足感、成果が表れやすいことや地域への還元に対する満足感などが得られているようである。

同社では、副業人材のポイントとして、複数名を3カ月から12カ月程度の期限を区切った上で受け入れ、同社の事業に対してさまざまな意見をもらうことを推奨している。複数の専門スキル人材が同じ事業に携わる場合には、プロパー社員が調整役となり、各人の役割分担を明確にすることも円滑な業務推進に不可欠と考える。

（山本　美香、永野　敦嗣）

副業人材の活用によるオンライン塾の事業拡大

（(株) 白谷塾：延岡市）

（株）白谷塾は、延岡市と宮崎市で中学生、高校生向けの塾を運営しながら、オンライン塾の全国展開も手がけている。動画配信やSNS発信を活用することで、更なる事業拡大を図っている。指導にも工夫を重ね、自立した生徒を育てることを目標としている。

副業人材受入れの経緯や人選

同社では、授業動画の配信やSNSでの情報発信を強化するため、副業人材を受け入れている。受け入れは、プロフェッショナル人材を副業人材として紹介するマッチングサイトを通じて実施している。2021年より受け入れを開始し、現在も継続して起用している。

人材マッチングサイトにおける募集には、1週間から2週間で十数名の応募があり、東京都在住の1名を含む複数の候補者から選定を行った。応募者は動画配信やSNS発信の経験者、個人事業主、大手企業の広報担当者など多岐にわたり、その中から最もアドバイスが的確であった人材を選定した。月単位での契約を行い、塾のスタッフと相談しながら、施策に

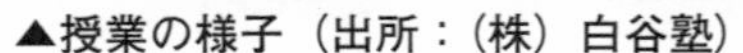
▲授業の様子（出所：（株）白谷塾）

▲オンライン自習会の様子（出所：（株）白谷塾）

対するアドバイスやアイデアを出してもらっている。

動画配信など新たなサービス導入に寄与

毎週、同社から集客の課題を出し、それに対して副業人材の経験やデータに基づいたアドバイスを受けている。SNS アプリを活用した迅速なコミュニケーションが行われ、親身なサポートが提供されている。副業人材の受け入れから 2 年が経過したが、コミュニケーションの面で困った経験は一切ないという。

副業人材からの提案により動画の新しい配信方法を導入し、実際に入塾者が増加するなどの効果が表れている。また、ビジネスモデルや月謝の料金設定に関するアドバイスも受けている。この副業人材は教育業界には精通していないが、他業界の視点から新たな発想が提供されることも、同社のメリットとなっている。また、副業人材の受け入れにより、SNS 発信やマーケティングが効果的に行われるようになった。広告代理店やコンサルタントに頼る代わりに、マッチングサイトで優秀な副業人材を起用することができている。

業容拡大やマーケティングに力を発揮する副業人材

延岡市は既に人口減少が進んでいるが、同社の教育サービスが評価され、延岡市校舎の塾生は減少していない。将来を見据え、 2 年程前に宮崎市に校舎を新設した。オンライン会議ツールの発達、コロナ感染拡大によるオンライン授業の推進など、好機に恵まれたこともあり、オンライン塾は成長を続けている。オンラインであっても授業はリアルタイムで行うことを特徴としており、将来的にはリアル校舎とオンライン塾とのハイブリッドを目指している。

副業人材はオンライン塾の開拓や運営、マーケティングにおいて重要な役割を果たしており、同社の成長に欠かせない存在となっている。さらに、今後のオンライン塾の事業拡大に向け、各種 SNS 配信を強化する計画である。新事業を手がける人材は、副業人材の新たな受け入れによる対応を考えている。

（山本　美香、永野　敦嗣）

宿泊業の生産性向上に向けた「宿泊体験型」実証実験施設

（（株）タップ（タップホスピタリティラボ沖縄）：うるま市）

宿泊施設の次世代モデルケースを実証実験

ホテル管理システム（PMS）開発を手掛ける（株）タップは、2023年６月、宿泊・観光産業に特化した世界初の実証実験施設として「タップホスピタリティラボ沖縄」を開設した。施設案内や配膳、清掃など多種多様な機能を持ったロボットを実際のホテル現場にて稼働させ、これらのロボットを集中管理するシステムを開発している。

実証実験の特徴としては、宿泊事業者や観光事業者が「宿泊者」となり、同社が開発するシステムやロボットを利用し、自社での導入を検討できる点にある。各宿泊事業者が考えるホテルサービスの特徴に合わせた、システムやロボットの導入を提案できる。

同社では、ロボットや同社システムの導入による宿泊業のDX化をミッションに掲げ、さらにその先の目標として、宿泊業と同様に立ちおくれている観光産業全体のDX化も視野に入れている。

ロボット、システムの活用で宿泊者の快適性向上、雇用の多様化を目指す

タップホスピタリティラボ沖縄の客室は、ルームサービスや清掃用のロボットが、出入りしやすいように作られている。従来ルームサービスや清掃は、多くの宿泊施設で人間の従業員によって行われてきたが、ロボットが行うことによって、宿泊者がプライバシー面を心配することなく、快適に過ごせるようになると考えられている。ロボットやシステムの開発のみならず、その導入に最適な施設づくりをレイアウト面の工夫により提案している。

また、宿泊業における雇用の多様化に関する提案として、障がい者雇用に関する実験も行われている。同施設のレストランでは、支援システムを活用した実証実験を行っており、知的障害をもった人材が厨房スタッフとして活躍している。食材は冷凍食品を使用し、一人ひとりに詳細かつ分かりやすい調理の指示が出されるタブレットを割り当て、完成まで１人で行えるようにしている。将来的には、仕込み・簡易的な調理までタブレットを見ることで他者の支援なく業務を遂行できることを想定している。

他企業との共同実験として、施設１階にイオン琉球（株）（沖縄県南風原町）と共同で無人店舗を開設している。ホテルのシステムと連携し、店舗での買い物代金を部屋付けにする機能や、マイナンバーカードの機能を活用した酒類販売認証の実験を行っている。

▲施設内で稼働している多種多様なロボット（出所：（株）タップ）

複数のロボットの一括管理に向けた取り組み

今後、サービスロボットの開発が進み、宿泊施設では複数のロボットが多岐にわたるサービスを提供することになる。（株）タップでは現在、そのニーズを想定し、異なる機能を持つ複数のロボットの位置情報などを一括管理するシステムの開発を進めている。しかし、信号の規格などの違いから、異なるメーカーのロボットの動きを一括管理することの難しさが大きな課題となっている。現在、経済産業省や大手メーカーが主導し、ロボットの部品の規格をメーカー間で統一する取り組みが行われている。同社も、宿泊事業者や観光事業者の視点からその取り組みに参画し、業界をあげて規格統一に向けた動きを進めている。

（野中　彬史、山本　悠太）

物流 DX による生産性向上

（（株）セイノー情報サービス（長崎ラボ）：長崎市）

取り組みのきっかけは自社の働き方改革

岐阜県大垣市に本社を置く（株）セイノー情報サービスは、1984年に西濃運輸（株）（岐阜県大垣市）の情報戦略会社として設立された。創業当初は、西濃運輸（株）の物流最適化を目的とした事業を展開していたが、現在はそのノウハウの蓄積を生かし、グループ外企業へソリューションを提供する外販事業を拡大している。外販事業では、物流 IT クラウドや物流業務クラウドを用いてデータを可視化し、そのデータの活用を支援することで、クライアント企業の物流効率化を後押ししている。

2020年、同社は物流 DX による業務革新「BRAIS」の研究開発拠点となる「長崎ラボ」（長崎市）を開設した。「BRAIS」とはB：ビッグデータ、R：ロボット、A：AI、I：IoT、S：シェアリングの頭文字を取った言葉である。長崎ラボでは、本社の開発チームとリモートで連携し、動画解析により倉庫内の安全を管理するシステムや、AI を活用した商品管理システムの開発を行っている。研究開発は長崎大学など、高等教育機関と共同で行っている。

▲移転拡張した（株）セイノー情報サービス「長崎ラボ」
（出所：LOGISTICS TODAY）

データを用いて作業時間の短縮、安全性の向上を目指す

（株）セイノー情報サービスのソリューションに、ロボット管理システム「CLOUD RMS」がある。倉庫管理システム「SLIMS」や可視化分析モニタと連携し、倉庫内での人やロボットの動線、荷物の配置などの現状を把握し、そのデータの蓄積を利用して作業者の移動距離や作業時間の短縮を図る。このほかにも、監視カメラの映像を AI が分析し、フォークリフトの一旦停止違反をアラートで知らせるものなどの安全管理のソリューションを提供している。

先端的な技術によって、倉庫内の作業を効率化するソリューションがある一方、物流倉庫には古い造りのものも多く、高さなどの制限からロボットの導入ができないという課題を持つ事業所が多い。

IT に強い現地人材の活用

物流業は、労働時間の長さや体力的な消耗の大きさから、人員確保が難しい業種となっている。（株）セイノー情報サービスでは AI を就業人口の減少を補うものとして活用する考えを持っており、今後も検品や安全管理等の用途で活用を進める考えである。また、物流を担う人材が減る中で、DX による生産性向上へのニーズは増加しており、長崎ラボでは規模を拡大している。同ラボは2023年11月に移転し、人員の増員と実験用スペースの確保を目的に面積を従来の5.5倍に拡大した。現在は11名体制で操業しているが、今後は地元の人材を中心に人員を 2 倍に増員する予定である。

IT に強い人材を継続的に生み出すことができる長崎の強みを生かし、深刻な人材の流出に直面する長崎の地域課題を DX で解決する事業に今後も力を入れる意向である。

（野中　彬史、山本　悠太）

外国人現場監督を育てる建設会社

（松栄技建（株）：佐賀市）

松栄技建（株）は佐賀市で下水道の技術に特化した、土木建築業を営む事業者である。同社のスローガンとして「世界中の真の仲間と豊かになる」「つくる人間が育つ企業を目指し続ける」を掲げ、海外の案件の受注も視野に、人材育成に力を入れている。

外国人材の活用における現状と課題

将来的な労働力不足を見据え、技能実習の外国人の受け入れから外国人材雇用を開始した。制度開始当初であったこともあり、受け入れ企業も少なく、技術の習得が目的の外国人が多かったが、徐々に人材の就業目的の変化を感じたという。その後、建築系の大学を卒業した留学生を高度外国人材としての受け入れや特定技能の外国人材の雇用を行っている。

外国人材雇用における課題として、土木施工管理技士の国家資格を取得するには、日本での工事実績とともに日本語での学科試験・実技試験が必要となるなど高いハードルがあるという。そのため、専門知識を学びながら、日本語の習熟度についても高める必要がある。

外国人材の活躍推進に向けた取り組み

同社はベトナム語の通訳ができる人材も採用し、外国人材との現場でのコミュニケーションの課題を解決しつつ、日本語習熟度が高まるように支援している。外国人材が技術のプロセスや用語を覚えるために現場写真を撮影し、その管理や整理をする業務にまずは取り組み、専門的・技術的知識の向上を目指している。

外国人材の採用面接の際には、10年間継続して働く覚悟があるかを聞いており、自身の専門性や技術力を高めたいと考えている人材には現場監督や独り立ちすることについても支援すると伝えている。これは日本人においても同様ではあるが、６年から７年ほどで現場のことだけではなく、経営についても教えながら、10年間で全てのことを習得できるような人材育成方針を持っている。

また生活面においては、現場に長期的に出張する場合もある同社の業務において、寮を全国３カ所に整備し、生活環境を整えている。

外国人材の育成や活躍推進における今後の展望

今後、外国人・日本人ともに採用・育成は積極的に行っていくが、外国人の資格取得などについてもさらに支援を進め、外国人材だけで１つの現場を回すことができるレベルを目指すという。外国人材においては母国に戻るプランがある人には、母国での事業展開の際に技術や機械の提供などで協力する計画がある。

（松尾　厚）

外国人リーダーが活躍する介護施設の取り組みと登録支援機関としての外国人材に関する問題意識

（（株）ハーティーマインドなぎの：福岡県川崎町）

（株）ハーティーマインドなぎのは、福岡県川崎町で介護付き有料老人ホームを営む介護事業者である。また特定技能の外国人材紹介業も営んでおり、登録支援機関としては主に九州地域の受け入れ企業に対し、支援業務を行っている。介護事業者として外国人材雇用を実践しながら、他の事業者に外国人材の受け入れに関する支援を行っている。

自社の介護施設で取り組む外国人材活躍推進の取り組み

特定技能は、転職・転籍が認められた在留資格であり、受け入れ事業者で定着に向けた取り組みや考え方がなければ、転職・転籍は免れない。同社が受け入れ事業者として大切にしていることとして、雇ってあげているというスタンスではなく、来ていただいているというスタンスでのサポートをすることや休日に共にご飯を食べたり、地元の人たちとの交流機会を作ったりすることがあるという。また中長期的な視点では、外国人材のキャリアアップの希望に応えられるようなキャリアラダーなどの制度構築が望ましいと考えている。

同社では、介護施設入所者の口腔内のケア方法などについて検討する口腔ケア委員会の委員長を外国人材が担い、外部の歯科医師などと連携しながら取り組みを推進している。外国人材にとって役割を担い、頼りにされることがやりがいにもつながっているという。

登録支援機関としての問題意識と対策

同社は有料職業紹介の資格を持つ登録支援機関として、九州内の受け入れ事業者に対して外国人材の紹介を行っている。同社の登録支援機関としての問題意識は、せっかく九州企業で勤め始めた特定技能の外国人が、転職で九州外に流出してしまうことにある。日本国内でも外国人材を斡旋するブローカーの存在があり、国内での賃金の差を利用して、高収入を提示し外国人材を勧誘することで手数料を稼ぐという。構造的に関東へ集まりやすい状況があり、日本国内に“地元”と呼べる場所もなく、母国の家族に仕送りなどをしている外国人材は転職・転籍に対して、積極的になりやすい。

同社では特定技能の外国人材を紹介する際に、送り出し国の制度や送り出し機関との信頼関係を重視した上で紹介することで、受け入れ事業者との関係性が構築できる前に転職・転籍してしまうリスクを低減できると考えている。

今後の展望

外国人材受け入れ企業においては、まだ受け入れを始めたばかりの企業がほとんどであり、これから制度構築などに取り組むことが多い。各受け入れ企業の参考となるような事例を同法人の介護現場で実践しながら、それを受け入れ企業に紹介することで、外国人材の活躍の推進に繋がることを期待している。

（松尾　厚）

測量分野における高度外国人材育成の取り組み

（(株) ARIAKE：熊本市南区)

（株）ARIAKEは熊本市南区に本社を置き、国や行政が取り組むインフラ整備事業に関する調査・計画・設計などに関する技術コンサルティングサービスを行う事業者である。現在120名の従業員のうち、5名の外国人材を雇用している。

外国人材雇用・育成に取り組み始めた背景

外国人材雇用の取り組みの背景には、まず測量の技術者の人材不足があった。採用活動をしても日本人技術者が集まらない状況があり、技術者の高年齢化が進んでいた。次に、測量士を育てる養成校の学生に占める日本人学生の割合が低下し、測量業界に輩出される新卒日本人の採用が難しい状態であったことがあげられる。3つ目にドローンなどの新しい技術への対応がある。新しい技術を取り入れる上でも吸収力の高い若い人材を採用したいというニーズがあり、外国人材の雇用に取り組み始めたという。

教育機関と連携したより習熟度の高い外国人材育成

同社代表の藤本氏は、熊本県測量設計コンサルタンツ協会の会長も務めており、九州でも2つしかない測量士を養成する九州測量専門学校で入学者が少ない状況に対し、留学生コースを開設するように働きかけたという。2017年に同校では、留学生向けに通常2年間のカリキュラムを3年間で教育するコースを新設した。新設された国際工学科では、1年目に測量や土木建設の基礎を学びながら、日本語のさらなる上達のための日本語教育も受けられる。これにより日本語習熟度の低い留学生でも専門の知識を、時間をかけて学習できるカリキュラムとなっている。同校の卒業生でもある同社の外国人職員が測量に関する授業を担当することで、教育機関と連携した人材育成に取り組んでいる。

外国人材の管理職登用

国家資格である測量士を取得するためには、測量の専門学校を卒業後、2.5年から４年の実務経験が必要であるが、実務経験があれば国家試験免除で測量士となる。現在同社には測量士として現場で最も責任の重い監理技術者を担う高度外国人材も雇用しており、クライアントである行政などの発注者とのやり取りなども日本語で行っている。企業における管理職登用という観点でも日本人と外国人の区別は全くなく適性のある職員を引き上げていく姿勢を持っている。外国人材の中にも主任の役職をもつメンバーが所属しており、日本人の新人教育なども担当しているという。それに続く外国人材も育ってきており、組織の中でも外国人材が重要な役割を担っていく可能性が高い。

今後の展望・方向性

同社にとって、外国人材の採用、日本国内での活躍推進は最初のステップである。次のステップとして考えているのは、国内で技術が習熟した外国人材の母国などで支店を開設し、海外にも事業を展開していくことである。支店の開設後は人材の採用は現地で、育成は現地と日本で行う。国内の人材不足の解消だけではなく、技術の移転や外国人材の活躍支援にもつなげていきたいと考えている。

測量の技術者だけではなく、IT の技術者の高度外国人材を２名採用することが決まっており、CAD を用いた業務に就く。今後も様々な高度外国人材が活躍することが見込まれる。

（松尾　厚）

技能実習生から介護福祉士を育てる外国人材育成の取り組み
（社会福祉法人今山会：福岡市西区）

社会福祉法人今山会は福岡市西区や早良区、糸島市内で地域密着の介護福祉施設を運営する事業者である。1989年に福岡市西区で特別養護老人ホームを開設後、デイサービスや居宅介護支援事業所など在宅介護から入所支援まで幅広い介護事業を展開している。また同法人はへいせいグループのグループ企業であり、グループ企業には、土木・建築・住宅関連・賃貸管理事業のほか、スポーツクラブや有料老人ホームの運営などが含まれている。

同法人が取り組む外国人材雇用の変遷

現在、法人全体で外国人は30名勤務しており、その内訳は介護福祉士を持つ職員が11名、特定技能が６名、技能実習が13名である。同法人の外国人材に関する取り組みは、2013年にEPA[4]で外国人材を受け入れたところから始まった。その後、介護福祉士養成校の留学生をアルバイトで採用し、免許取得後に介護福祉士として雇用するなど、様々な外国人材の雇用に関する取り組みを行なってきた。現在は技能実習から特定技能、その後の介護福祉士免許取得まで連続的に外国人材を法人内で育成することに力を入れている。

[4] EPA（経済連携協定）とは、日本と相手国の経済上の連携を強化する観点から、看護・介護分野の人材の受け入れを行うもの。労働力不足への対応が目的ではない。

「技能実習からリーダーへ」外国人材育成の仕組みづくり

同法人では現在、常勤換算にすると４割弱が外国人材で、日によっては現場に外国人材しか働いていないという施設もあり、職員に占める外国人材の割合は高い。外国人材を育成する仕組みとして、日本語の学習や介護技術、法人の理念を理解するための研修などが段階的に受けられる。特に日本語習熟度が低いうちには理念教育やマナー研修などは別途カリキュラムを組んで、どの日本語レベルでも理解できるようにしているという。３年間の技能実習の２年目が終わる頃に、特定技能を経て介護福祉士を目指すコースがあることを、給与や手当の金額を明らかにしたうえで伝えている。資格取得を目指す人材には、資格が取得できるまで日本語教育を受けられるなどの継続的なバックアップ体制がある。

また部署間の連携をとる役割のリーダーを対象とした研修もあり、現在受講する10名のうち５名は外国人材と、国籍は関係なく、適性・意欲のある職員を積極的にリーダーに登用している。

グループとして取り組む外国人材委員会

グループ企業内には建設業の技能実習の外国人材も雇用しており、外国人材の受け入れ計画やキャリアパス、課題・トラブル対応などをそれぞれ対応していた。2020年頃にそれらを共有する外国人材委員会を立ち上げ、生活マナーなど近隣とのトラブルになりやすいことについても、その対応や研修を一体的に行っている。委員会には外国人も２名入っており、外国人の立場からも意見が出せる環境になっている。その他にも地域のお祭りに参加する委員会などがあり、グループ全体や地域住民との交流につながっている。

外国人材活躍推進に向けた今後の展望

現場の運営においては、常勤換算で職員に占める外国人材の割合を、現在の４割弱から５、６割に引き上げ、それを維持していきたいと考えている。現段階で現場にリーダー的な日本人スタッフがいれば、その他がほとんど外国人スタッフになっても運営可能となっており、今後さらに外国人材の雇用を推進する。また雇用の方法としても、技能実習からの介護福祉士養成に力を入れ、育成の体制強化に取り組む。

外国人材が多くなることで、日本語以外での会話が増えないように、外国人同士の会話は必ず日本語で行うようルール作りを行うなど、コミュニケーションを円滑にする仕組み作りも行っている。そのほかICTを導入することによって、外国人だけではなく、日本人も働きやすく魅力的な職場作りを推進していくことで選ばれ続ける事業所を目指している。

（松尾　厚）

半導体製造にグローバルな高度外国人材を活用する取り組み

((株) マイスティア：熊本県益城町)

（株）マイスティアは熊本県益城町に所在し、半導体製造装置や半導体に関連する事業を広く展開している事業者である。1986年の創業時は有料人材紹介業からであったが、現在は多くの外国人のエンジニアを雇用し、研究開発を行っている。現在国内に11拠点、海外にアメリカ、台湾、中国の３拠点に現地法人を有している。

高度外国人材のエンジニアを採用・育成する背景

同社の主要事業は半導体関連であり、その中心は生産事業である。この生産事業を基盤に、関連する先端の開発設計事業および品質評価関連事業も展開している。品質においては、同社は日本の産業の強みを反映し、ワールドFabサポート事業部では製品の評価や測定、データ解析を高い信頼性で行っている。この事業部では製造装置・製造支援システムのサポートやメンテナンスも担当しており、製品の評価や測定・データ解析を一貫して提供している。また、台湾の高度外国人材が同事業部で活躍しており、これにより近接しているTSMC（jasm）からも仕事がしやすいという理由でグローバル人材（エンジニア）が期待されている。

大学と連携してインターンシップ生を高度外国人材に育成する仕組み

台湾では、半導体分野では大学と企業が連携して在学中から半導体製造の特定の業種に向けたカリキュラムが組まれているため、大学卒業時点で台湾と日本の大学生では即戦力という点では大きな差があるという。同社でも大学と連携したインターンシップからの採用に力を入れていきたいと考えており、日本人の採用の８割はインターンシップを経ている。台湾の現地法人でも台湾の大学と連携して、インターンシップを３カ月から半年程度のスパンで受け入れたいと考えており、日本でのインターンシップ希望も多いことから人材の交流もできる形で大学との調整を行っている。

高度外国人材のキャリアパス制度への対応

高度外国人材においては、日本人よりもキャリアアップへの意識が高く、同社としてもキャリアパス制度は明確にしていく必要性を感じている。一方で、高度外国人材では次のステップとして別の企業に移ることも多く、それを意識した採用やキャリアパス制度の構築を考えておく必要がある。同社ではアメリカや台湾、中国にも現地法人を持っているため、グローバルな働き方を希望する高度外国人材にとっては、それも選ばれる理由の一つになっている。

外国人材に関する考え方

技能実習、特定技能、高度外国人材と日本人とでは、従事する業務に違いはなく、各人の能力グレードによって付与業務の難易度や内容は異なる。また技能実習でもリーダーのポジションに就くこともあり、優秀な人材に役割を担ってもらうという考え方をもっている。そのような人材には、同社で長く働いてもらえるように働きかけている。

また管理職への登用という観点でも、外国人、日本人に関係なく、本人の適性と能力で判断している。

今後の展開について

高度外国人材が転職する選択をしないようにするのではなく、同社は自社に愛着を持ってもらえるような環境整備を行っていくことが重要であると考えている。転職しないように制限をかけること自体が、自社の成長を止めることにつながると考え、外国人材が住みやすい地域となるような取り組みも推進する。企業内保育所の設置や住宅費の控除などもその一つであり、これらが地域への愛着にもつながっているという。

（松尾　厚）

日本語習熟度の高い人材輩出に向けた取り組み

（福岡国際学院（エフ・エイ・エス（株））：福岡市博多区）

福岡国際学院は、福岡市博多区で留学生向けに日本語教育を行う事業者であり、毎年多くの外国人留学生を受け入れている。外国人留学生は、母国で最低限の日本語能力を習得したのちに入学し、約１年間の同校での在籍中に、日本語教育のほか、日本における生活に必要な各種手続き（住民票の届出、口座作成など）の支援、TPO に関する教育などを受けている。

外国人材育成における日本語教育機関の役割

日本語教育機関では留学生に対する日本語教育はもちろんのこと、その他の重要な役割として、日本の文化や習慣の教育という役割を担っている。具体的には遅刻欠席時の連絡や書類の提出期限の厳守、挨拶、ゴミ捨てのルールなど企業や地域で共生していく上で不可欠な教育を行うことで、留学生が地域や企業から受け入れられるような生活習慣の定着にも取り組んでいる。

また、より高度な日本語習熟度を目指すために学習スタイルの変更にも取り組んでいる。日本語教育において当初主流であった文型先行型の学習から、場面先行型の学習に変更した。場面先行型の学習スタイルとは、留学生の生活にとって必要な場面・状況での会話を考え、その文法を使っていく形の学習方法である。この学習スタイルの変更により、日本語を日常生活の中にすぐに取り入れられることで、日本語での会話スキルの上達に繋がっている。

登録支援機関（（株）アウルメイト）と連携した外国人留学生への教育

より高い日本語習熟度が求められる介護分野の人材育成においては、日本語教育機関と登録支援機関、さらには同校卒業後の受け入れ企業が連携した仕組みを構築している。

ミャンマー語は日本語と文法が似ているため、ミャンマーからの留学希望者が多いが、ミャンマー国内には介護サービス事業がなく、家族の介護を専門家に依頼する習慣がない。「施設に入所させるのはかわいそう」という考え方もあるため、留学前に介護サービスに関する理解を深めておく必要性もある。そのため、同校に入学前にミャンマーで日本語を学びながら、日本での介護の仕事について、先輩であるミャンマー人介護福祉士が授業を行う。それを理解し実践することを希望した人だけを同校に受け入れている。日本語教育機関の受講料は、特定技能を取得後に働く医療機関や介護施設などが一時的に支払い、雇用開始後に給与から天引きされる形をとることで、志のある人材が日本語教育や介護での就労を行いやすいような仕組みとなっている。

同校が認可を受けた介護の特定技能育成コースでは、外国人留学生に合わせた教育カリキュラムを実践している。通常、入学当初に座学で、解剖学や生理学などの基本的な学習を行う場合が多いが、同校では、入学当初に実際の介護現場において実践するような技術の教育から行う。これにより、日本語習熟度が高まった後に、学習した内容についてその理由や背景を座学で学ぶ形となり、特定技能の外国人材のスキル向上に寄与している。

日本語教育・専門教育ともに、外国人留学生に対してはボトムアップではなく、トップダウン的な教育カリキュラムの方が有用であると考えている。

留学生が地域に定着するために必要な取り組み

北九州市では、留学生の就職活動中の在留資格を付与するような特区を設定し、それが全国に拡大された。同校から進学した卒業生が地域に定着しないという実情がある中で、留学生が地域で就職しやすくなるような仕組みづくりを行政も巻き込みながら作っていく必要があるのではないかと考えている。

また日本語教育機関としても、企業で働く外国人の日本語習熟度の向上や企業と連携したカリキュラムの作成などの高度外国人材を育成できるような取り組みを推進する必要性を感じている。

（松尾　厚）

JICA が取り組む外国人材受け入れ事業者ネットワーク構築の取り組み

（JICA 熊本チーム：熊本市中央区）

独立行政法人国際協力機構（以下、JICA とする）は日本の政府開発援助を一元的に行う実施機関として、開発途上国への国際協力を行っている。近年は国内の外国人材の受け入れや多文化共生における取り組みも推進している。出向者や国際協力推進員で構成する JICA 熊本チームは、多文化共生やグローバル人材育成、復興支援、官民連携、外国人材などをテーマに活動している。

JICA による熊本県での挑戦

JICA は2019年10月より熊本県と連携協定を結んでおり、地方創生や多文化共生に貢献する人材育成や県内企業の海外展開支援などに取り組んでいる。JICA は外国人の活躍やイノベーションの推進、グローカル人材の活躍の 3 つの取り組み課題を掲げ、さまざまな関係者との協働により、「国際化」と「イノベーション」による地域経済・社会の活性化および復興に挑戦している。

本取り組みの背景

JICA 九州では熊本県を舞台に2022年に外国人労働者を対象とした実態調査を行った。調査の結果、労働者としての外国人は、必ずしも熊本で働き続けたいと思っておらず、賃金のほか、労働時間、滞在期間、職種などの多様な要素が当事者の意思に大きく影響している可能性が高いと結論付けた。また生活者としての外国人は、自治体の情報網、地域コミュニティ、各種サービスとの関係性を構築するには困難があり、取り残されていることが明らかとなった。

選ばれる熊本（地方）となるために

外国人材や送り出し国から「選ばれる」ために必要な取り組みを、自治体、受け入れ事業者、監理団体ごとに整理した。自治体に必要な取り組みとしては、多様な主体と共に防災訓練や多文化共生事業を入り口に外国人との距離を縮めること、受け入れ企業や監理団体とも関係性を構築することとした。受け入れ企業に必要な取り組みとしては、スキルや日本語能力に見合う賃金とキャリアラダーの整備、わかりやすい言葉でのコミュニケーション、コミュニティ作りの推進とした。監理団体に必要な取り組みとしては、監理団体の本来の役割に加え、自治体との関係性づくりや日本人との交流を促す取り組みへの積極的な協力、外国人材のコミュニケーションに関する情報を、自治体を含む関係機関と共有することとした。

外国人労働者受け入れ事業者のネットワーク構築とその取り組み

JICA 熊本チームは、限られた人数の優良人材の取り合いが世界的にも、日本国内でも始まっていることや途上国の所得向上・円安の進展により日本に来る経済的メリットが大きく減退したことを目の前の課題として、責任のある外国人材受け入れ体制の強化に向け、「KUMAMOTO KURASU」の取り組みを開始した。同取り組みは「選ばれる熊本」を目指す熊本県内有志企業・監理団体のネットワークであり、外国人材の責任ある受け入れの輪を広げていくため、「熊本宣言」に賛同する企業や監理団体等で構成されている。熊本宣言には、受け入れに際しての透明性を持った情報提供や、送り出しプロセスの改善や受け入れ後のキャリアサポートに取り組むことが約束されているほか、参加メンバー共同での多文化共生・防災などの活動が広がりつつある。

（松尾　厚）

高度外国人材の活躍推進による国内新規需要の獲得

（（株）くまもと KDS グループ：熊本市北区）

（株）くまもと KDS グループは、自動車教習所の運営を中心に熊本県内で 4 つの関連会社を経営している。2018年から自動車教習所において外国人材の採用を開始し、現在では 4 名の外国人材が活躍している。

同社が外国人材を受け入れ始めた経緯

同社が外国人材の受け入れを始めた経緯は、少子化で自動車教習所の教習生が減少していく一方で、外国人の自動車免許取得の市場の広がりを感じたことにあるという。外国人材の採用を始める以前から、同社が自動車教習所を運営する熊本市や菊池市では、技能実習生などアジア圏を中心に外国籍教習生が増加していた。彼らは日本語をある程度理解できるとはいえ、自動車教習では「右折」「路肩」など、普段耳慣れない言葉が多く用いられ、それらを理解しなければ検定に合格できない。日本語だけで教習する難しさが現場から上がったことを受け、経営改善の解決の一環として、さまざまな言語圏のスタッフを採用するようになった。現在くまもと KDS グループでは、ベトナム、ミャンマー、ネパール、香港出身のスタッフに加え、タガログ語と英語に対応できる日本人が勤務しているため、７カ国語に対応した教習が可能である。

外国人材の受け入れからの事業展開

こうした多言語対応の教習所は珍しく、熊本県外企業の外国人従業員が自動車免許取得のための合宿に参加するなど、外国人材の採用によって、くまもと KDS グループの事業規模の拡大に成功している。そのため、2018年には外国人教習生が37名であったのに対し、2023年末には202名にまで増加している。また TSMC の菊陽町への進出も控えているため、今後更なる需要の拡大が進むと見込んでおり、台湾出身スタッフの採用計画も進んでいる。

高度外国人材のキャリアパス

自動車教習では、教習指導員が教習生の運転する自動車に同乗し、直接指導する。教習指導員以外の教習車への同乗は認められておらず、外国人教習生の増加に対応するためには教習指導員の多言語対応が必要であった。そのため、外国人材に対し、定期的な日本語教育機会を設けることで、教習指導員になるための資格取得を支援している。2022年に同社の外国人材で初めて教習指導員資格を取得したスタッフが誕生し、今後さらに外国人教習生の受け入れ枠の拡大が見込まれる。日本語習熟度を高めながら、教習指導員の資格を取得することができるような教育体制の充実を図っている。

既にインターナショナル課の管理職は外国人材が務めており、高度外国人材を積極的に管理職登用している。

今後の展望

今後さらに見込まれる熊本における在留外国人の増加に伴い、外国人の運転免許取得のニーズは高まると予測する。在留外国人の運転免許取得がより円滑に行えるようになるために、外国人材の教習指導員資格取得者の増加を目指す。

JICA 熊本チームが推進する「KUMAMOTO　KURASU」についても、活動に賛同しており、地域の外国人向けに自転車講習を行うなど、地域に根ざした多文化共生に資する活動も推進している。

（松尾　厚）

外国人材にも選ばれる事業所づくり
(社会福祉法人さわら福祉会：福岡市西区)

社会福祉法人さわら福祉会は特別養護老人ホームなどを運営する介護事業者である。福岡市内に数多くある特別養護老人ホームの中で選ばれる存在になるために、医療体制の強化、誤嚥性肺炎の予防、地域貢献の3つの特色を持ち、外国人材の採用も含め、多くの特色ある取り組みを行っている。

「選ばれる事業所」となるための取り組み

介護福祉士養成校に日本人の学生が減少しているため、新卒の日本人介護福祉士を採用するのは競争率が高くなっている。福岡市内では、介護事業を運営している事業者も多く、その競争率はさらに高まる。同法人は2015年度以降、留学生2名を含む28名の新卒介護福祉士の採用をすることで従業員を充足できており、採用競争力は高い。

また同法人では、医療体制の強化や誤嚥性肺炎の予防など専門的なスキルの習得を特色として掲げ、実際に医療機関などと連携しながら医療体制強化につながる取り組みを推進している。多くの介護施設において、看護職員が行う喀痰吸引などの技術も、同法人では夜勤をする介護職員にライセンス取得を支援し、その全職員がライセンスを保有している。この取り組みは、スキル習得の意欲のある人材の採用につながっている。

その他、生産性向上に向けたICT機器の導入も積極的である。居室に訪問せずに入居者の状況がリアルタイムで確認できる見守りシステムは、入居者のQOLの向上や職員の精神的・肉体的負担の軽減につながる。介護記録などを音声で入力できるシステムは、汚れた手を使わずに入力可能な点で効率的であり、さらには「書く」ことが苦手な外国人介護スタッフの負担軽減につながる。

このような取り組みは介護職員の専門性の向上や専門職としての自己効力感を高めることに繋がり、ICT機器を導入していない同業他社への転職の抑止力にもなるということである。

外国人材の雇用に関して

同法人が雇用している外国人材2名は共に介護福祉士の資格を保有しており、介護福祉士として就労している限りは日本に永住が可能である。彼らが就職した当初、留学生として日本語学校1年間と介護福祉士の養成校2年間の計3年の在留期間があり、日本語でのコミュニケーションはある程度取れるくらいであった。実際に雇用してみると、日本人と人材育成の部分でも何ら変わらないという印象を持ったという。

これまでは介護の在留資格をもつ外国人材を雇用してきたが、今後は特定技能の雇用計画があり、これまでと比較して日本語習熟度が低い。そのため、先輩外国人材が特定技能の外国人材の教育や生活支援の部分で、役割を担い、より就労しやすい体制づくりを検討しているという。

さらに、外国人材の管理職登用に関しても、国籍は全く関係なく、適性や意欲によって登用していく方針である。

(松尾　厚)

参考資料

参考資料：九州経済白書アンケート調査について

2024年九州経済白書では「働き方改革・人的資本経営に関するアンケート」を実施した。概要は以下の通り。

■調査目的■

九州地域における労働供給、人手不足の現状を分析し、地域・企業が人手不足を改善し持続的な成長を実現するための対応策を検討するため

■調査対象■

九州地域に立地する企業のうち、以下の条件のもとで3,894企業を抽出。企業情報は（株）東京商工リサーチ「CD・Eyes50」より入手した。

・対象業種：①工事業、②製造業、③運送業、④宿泊業、⑤飲食業、⑥介護福祉業、⑦その他の事業所（農林水産業、公務を除く全業種）
・資本金：３億円以下
・従業員数：100人以上300人以下
・所在地：山口県、福岡県、佐賀県、長崎県、熊本県、大分県、宮崎県、鹿児島県、沖縄県

■調査方法■

郵送による依頼。

■調査期間■　2023年11月～12月

■回答率■

発　送　数：3,894通
回　答　数：　509通
有効回答数：　509通
有効回答率：　13.3％（郵送未達66通を除いて算出）

■アンケート回答属性■

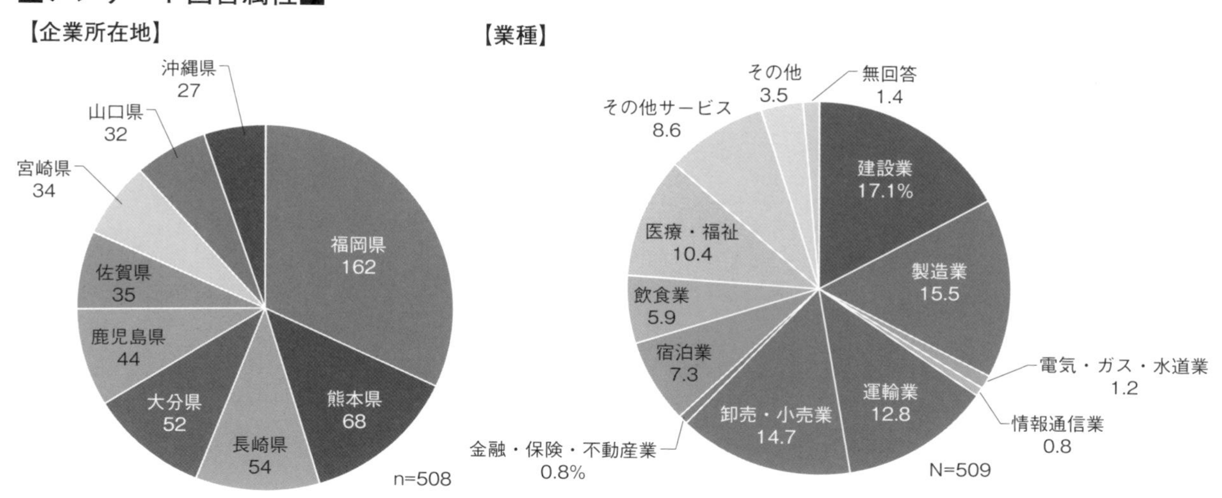

注）無回答を除く
資料）九経調「働き方改革・人的資本経営に関するアンケート」

2023年11月22日

総務・人事ご担当者様

公益財団法人九州経済調査協会

「働き方改革・人的資本経営に関するアンケート調査」ご協力のお願い

拝啓　時下ますますご清祥の段、お慶び申し上げます。

当会は1946年に設立した学術研究機関であり、2013年4月からは内閣府より認定を受けた公益財団法人として、九州経済に関する調査・研究、国や地方公共団体等の地域振興計画に関わる政策立案を支援しています。

当会が毎年発行している「九州経済白書」2024年版では、働き方改革・人的資本経営をテーマに調査研究を行います。働き方改革法案の施行や多様な働き方への対応、人的資本経営への関心の高まり、外国人労働者受入政策の転換等、労働や働き方をめぐる環境が変化し、中小企業・地域企業においても対応が求められる局面にあります。白書では、企業における人材不足や働き方改革への対応に関する現状分析を行うとともに、企業・自治体の先進的な取り組みの分析により、今後の展望を描きます。

つきましては、貴社における働き方改革、人的資本経営に関する取り組み状況について、アンケート調査にご協力いただきたいと考えております。ご多忙のところ誠に恐縮ですが、この度の趣旨をご理解いただき、ご協力くださいますよう、何卒よろしくお願い申し上げます。

なお、当会が発行する九州経済白書は、1967年に創刊し、今年度で第57号を迎えます。九州・山口の地場企業をはじめとする約600機関の会員のほか、九州・山口の財界・行政・学術界の皆様に広くお読みいただいております。

何卒宜しくお願いいたします。

敬具

■ご回答にあたって■

1. お答えいただいた内容は、個社が特定されないよう統計的に処理し、本調査以外には使用いたしません。
2. **アンケートは差し支えのない範囲でお答えください。貴社の業務内容に当てはまらない項目は空欄で結構です。**
3. 甚だ勝手なお願いで恐縮でございますが、**12月8日（金）**までに同封の返信用封筒（切手不要）またはFAX（**092-721-4904**）でアンケート票をご返送ください。
4. アンケートにご回答いただいた方には、集計結果をご提供します。ご希望の方はアンケート票「１．貴社の概要」の連絡先の欄にメールアドレスをご記入の上、□にチェックを入れてください。
5. アンケートのお問い合わせについては、下記担当者までお願いします。

【アンケート調査に関する問い合わせ先】

公益財団法人九州経済調査協会 調査研究部　担当：松嶋（まつしま）
TEL　：092-721-4905　　FAX：092-721-4904
Email：matusima@kerc.or.jp

働き方改革・人的資本経営に関するアンケート調査

1．貴社の概要

貴社名		所在地	県　　　市
記入者	所属：　　　　お名前：		
連絡先	E-mail： □　集計結果をご希望の方はチェックを入れてください		
創業年	（　　　　　　）年　※西暦	代表者年齢	（　　　　）歳
従業員数 （派遣・パート含む） ※外国人数は在留資格別もご記入ください	従業員総数　（　　　）人 うち外国人数　（　　　）人 うち技能実習・特定技能　（　　　）人 うち高度人材　（　　　）人 うち　その他　（　　　）人 ※高度人材：専門的・技術的分野の在留資格	前期の売上・利益 （当てはまるものに○）	1．増収・増益 2．増収・減益 3．減収・増益 4．減収・減益
業種 （○はひとつ）	1　建設業　2　製造業　3　電気・ガス・水道業　4　情報通信業 5　運輸業　6　卸売・小売業　7　金融・保険・不動産業　8　宿泊業 9　飲食業　10　医療・福祉　11　その他サービス　12　その他		

2．経営戦略と人材戦略について

問1　貴社では、人材採用にあたり、自社の企業理念やビジョン、存在意義をホームページや SNS 等で発信していますか？（○はひとつ）

1　発信している	2　現在は発信していないが、検討中	3　発信しておらず、検討も行っていない

問2　貴社では、経営戦略を実現するために必要な人材の要件やスキルを具体化していますか？（○はひとつ）

1　具体化している	2　具体化の必要性を認識し、検討している	3　具体化しておらず、検討もしていない

問3　問2で「1　具体化している」と答えた方にお聞きします。貴社では、具体化した人材の要件やスキルに応じた人材配置や人材獲得を実行していますか？（○はひとつ）

1　実行し、実現に向かっている	2　実行しているが、実現の途上にある
3　実行を検討している	4　実行は検討していない

問4　貴社の人材の充足度について、5年前と現在で当てはまるものをお答えください。（○はそれぞれ1つ）

5年前	1　不足していた	2　やや不足していた	3　適切	4　やや過剰だった	5　過剰だった
現　在	1　不足している	2　やや不足している	3　適切	4　やや過剰	5　過剰

問5　貴社の現在の人材採用の方針について、当てはまるものをお答えください。（○はひとつ）

1　事業規模・範囲の拡大に向けた採用を実施	2　事業規模の維持・事業継続のための採用を実施
3　人材採用は積極的に行っていない	

3．人的資本経営の取り組みついて

※人的資本経営…人材を「資本」として捉え、その価値を最大限に引き出すことで、中長期的な企業価値向上につなげる経営のあり方

問6　貴社では「人的資本経営」をどの程度重視していますか。（○はひとつ）

1　重要だと認識している	2　やや重要だと認識している	3　どちらとも言えない
4　あまり重要だと認識していない	5　重要だと認識していない	

問7　人的資本経営推進のための取り組みとして、貴社が実施しているものをお答えください。（複数回答可）

1　CHRO（最高人事責任者）の設置や社外取締役の選任等、役員構成の見直し
2　人材マネジメントに関するKPIの設置および各KPIの処遇（役員報酬等）への反映
3　サクセッションプラン（後継者育成計画）の具体的プログラム化
4　将来の事業構想を踏まえた人材ポートフォリオの策定および人材の再配置
5　人事情報基盤の整備・人事業務のデジタル化　6　企業理念等の定義・明確化
7　定量把握項目の一覧化およびモニタリング　8　経営陣と社員の対話の場の設定
9　企業理念等を社員の具体的行動や姿勢への紐づけ　10　外部からの専門人材等の獲得
11　採用・選考戦略の明確化および実行
12　社員のエンゲージメント（企業に対する従業員の思いや態度）レベルの把握及び改善
13　健康経営の推進やウェルビーイング（従業員の身体的、精神的、経済的、社会的な健康）の向上
14　その他（　　　　　　　　　　　　　　　）　15　わからない

問8　人的資本経営推進のための取り組みにより、貴社が得られたメリットについて、当てはまるものをお答えください。（複数回答可）

1　従業員エンゲージメントの向上　2　従業員ウェルビーイングの向上
3　データドリブンな経営（収集したデータを元にした意思決定）の実践
4　組織力の強化　5　生産性の向上　6　採用力の強化　7　企業イメージの向上
8　企業価値の持続的向上　9　従業員の価値向上　10　離職率の低下　11　投資家からの印象の向上
12　レジリエンス（弾力性・回復力）の向上　13　イノベーションに積極的な組織風土の形成
14 その他（　　　　　　　　　　　　　　　）　15　特にない

問9　以下の人材活用・ダイバーシティ＆インクルージョン（D&I）の取り組みについて、貴社で実施しているものをお答えください。（複数回答可）

1　シニア人材の活躍推進　2　女性の活躍推進　3　外国人の活躍推進
4　異なる見方・考え方をする人員で構成される組織づくり　5　副業人材の受け入れ
6　その他（　　　　　　　　　　　　　　　）　7　当てはまるものはない

問10　貴社がD&Iを推進することで期待される効果について、当てはまるものをお答えください。（複数回答可）

1　商品・サービスの開発や改善　2　勤務時間の柔軟性向上　3　勤務場所の柔軟性向上
4　従業員の意見の偏りの低減　5　優秀な人材の維持・獲得　6　事業継続性の向上
7　適材適所の人員配置による生産性向上　8　資金調達能力の向上
9　その他（　　　　　　　　　　　　　　　）　10　当てはまるものはない

問11　以下のリスキル・学び直しの取り組みについて、貴社で実施しているものをお答えください。（複数回答可）

1　組織改革のための経営陣のリスキル　2　社員に対する専門知識・スキルの学習機会の提供
3　企業理念等の企業文化に関する教育　4　資格取得・リスキルと処遇・報酬の連動
5　当てはまるものはない

問12　貴社がリスキル・学び直しの取り組みを実施することで期待される効果について、当てはまるものをお答えください。（複数回答可）

1　業績の向上　2　生産性の向上　3　従業員のモチベーション向上
4　営業力強化、販路開拓　5　人手不足の解消　6　新商品・サービスの開発
7　その他（　　　　　　　　　　　　　　　）　8　当てはまるものはない

問 13　貴社では、専門スキルを持つ人材、リスキルに取り組む人材に対して、キャリア・処遇面に反映していますか？それぞれの人材について、当てはまるものをお答えください。（それぞれ○はひとつ）

専門スキルを持つ人材	1　キャリア（昇格等）にも報酬にも反映される 2　キャリア（昇格等）に反映される 4　キャリアにも報酬にも反映されない	3　報酬に反映される 5　わからない
リスキルに取り組む人材	1　キャリア（昇格等）にも報酬にも反映される 2　キャリア（昇格等）に反映される 4　キャリアにも報酬にも反映されない	3　報酬に反映される 5　わからない

4．働き方改革の取り組みついて

問 14　以下の働き方改革の取り組みについて、貴社で実施しているものをお答えください。（複数回答可）

1　賃金の引き上げ	2　フレックスタイム制度など柔軟な勤務時間の設定	
3　選択的週休３日制の導入	4　リモートワークの実施	5　サテライトオフィスの設置
6　ジョブ型制度の導入	7　自己選択型キャリア制度の導入	8　勤務地限定正社員制度の導入
9　自社社員の副業制度の導入	10　その他（　　　　　　　）	11　当てはまるものはない

問 15　問 14 で「4　リモートワークの実施」を答えた方にお聞きします。リモートワークの実施を継続し、事業の拡大や効率化につなげるために工夫していることがあればお答えください。（自由記入）

5．省人化・省力化・効率化の取り組みについて

問 16　以下の事業・組織編成の工夫に関する取り組みについて、貴社で実施しているものをお答えください。（複数回答可）

1　業務部門間の人員のシェアリング	2　拠点間・社外との人員のシェアリング
3　クラウドソーシングの利用	4　オープンイノベーションによる事業創造・課題解決
5　非収益事業の縮小・廃止	6　組織のフラット化
7　当てはまるものはない	

問 17　以下の業務効率化・省人化・省力化の取り組みについて、貴社で実施しているものをお答えください。（複数回答可）

1　情報共有・コミュニケーションツールの導入（Microsoft Teams の導入など）	
2　RPA（ロボティック・プロセス・オートメーション）の導入	
3　書類作成・報告・決裁のシステム化	4　業務での生成 AI の導入
5　無人化システム（無人受付など）の導入	6　ロボット（配膳、調理、介護、搬送など）の導入
7　その他（　　　　　　　）	8　当てはまるものはない

問 18　生成 AI（Chat GPT など）の導入・活用状況について、当てはまるものをお答えください（○はひとつ）
※導入・活用している場合は、具体的な内容もお教えください。

1　導入･活用している（具体的な活用内容：　　　　　　　　　　）
2　導入しているが、活用はできていない
3　導入していないが、導入予定、あるいは導入を検討している
4　導入も検討もしていない

問19　人手がかかる業務において、実施している、もしくは実施を予定しているものをお答えください。
（複数回答可）

1　業務内容や工程の見直し	2　業務の縮小	3　無人化システムの導入
4　ロボット（配膳、調理、介護、搬送など）の導入	5　AI 導入による効率化	6　人員のシェアリング
7　アウトソーシング	8　日本人労働者の増員	9　外国人労働者の増員
10　その他（　　　　　　　　　　　　）	11　当てはまるものはない	

6．外国人雇用の取り組みについて

問20　外国人社員がいる企業様にご質問します。貴社における外国人社員を配置している部門をお答えください。（複数回答可）

1　管理職　2　専門的・技術的職業（技術士、設計士、建築現場監督、看護師、プログラマーなど）
3　生産工程　4　サービス（介護福祉士、ホームヘルパー、ウェイター・ウェイトレスなど）
5　事務（事務員、コールセンターなど）　6　販売（ショップ店員、セールス員など）
7　建設・採掘（土木作業員、電気工事作業員など）　8　運搬・清掃
9　その他（　　　　　　　　　　　　）

問21　外国人社員がいる企業様にご質問します。外国人社員を雇用する理由について、当てはまるものをお答えください（複数回答可）

1　日本人労働力が集まらない	2　賃金が安く労働コストが節約できる
3　外国人ならではの業務がある	4　外国人の方が真面目に働く
5　外国人を採用し、組織を活性化したい	6　たまたま外国人だった
7　その他（　　　　　　　　　　　　）	

問22　外国人社員がいる企業様にご質問します。貴社における外国人社員の活用について、課題となっていることがあればお答えください。（複数回答可）

1　すぐに離職する	2　せっかく育成した人材が一定期間しか雇えない
3　人材のばらつきが大きい	4　コミュニケーションに苦労する
5　日本人社員との関係がうまくいかない	6　将来、外国人が日本へ働きに来てくれなくなる
7　その他（　　　　　　　　　　　　）	

問23　今後の外国人社員の雇用について、当てはまるものをお答えください（複数回答可）

1　技能実習・特定技能の社員を増やしたい　2　技能実習・特定技能の社員を減らしたい
3　高度人材（専門的・技術的分野の在留資格）の社員を増やしたい
4　高度人材の在留資格の社員を減らしたい　5　未定・わからない

問24　技能実習制度の変更の見込みに対してどのような対応を考えていますか。当てはまるものをお答えください。（複数回答可）

1　技能実習生が定着するように教育を検討する	2　技能実習生が定着するように待遇を検討する
3　技能実習生が定着するように生活支援を検討する	4　その他の技能実習の定着に資する取り組みを行う
5　技能実習生ではなく、他の在留資格の外国人を採用する	
6　外国人社員の雇用をやめる	7　その他（　　　　　　　　　　　　）

アンケートにご協力いただきありがとうございました。返信用封筒もしくはFAX（092-721-4904）でご返送ください。
集計結果をご希望の方は、1ページ「連絡先」にメールアドレスを記入し、□にチェックを入れてください。

施 設 概 要

知の森(ビジネス情報の閲覧)

業界の最新動向や企業情報、九州のマーケティングデータなど、入門書から専門雑誌まで、インターネットで入手困難な幅広いビジネス情報が入手できます。

交流ラウンジ

談笑したり、ソファーでくつろいでいただくスペースです。バーカウンターを設置しており、打ちあわせなどにも利用可能です。

知の回廊(企画展示)

書籍に加え、写真・映像、グッズ等に触れることで、ビジネスにつながる気づきや発見が得られます。

情報検索ゾーン

日経テレコン21(日経各新聞記事などのビジネスデータベース)や東京商工リサーチ企業データベースが無料で利用できます。

リモートミーティングボックス

オンラインのweb会議に最適な個室タイプのボックスが利用できます。
15分100円。

マイデスクゾーン(予約制)

企画書作成や資格取得の学習に集中するための半個室のワークデスク15席が利用できます。定期会員のみ利用可。
1時間100円。

ミーティングルーム(予約制)

BIZCOLIや会員主催の多様なセミナー・勉強会が開催されます。24名収容(スクール形式)の会議室で、2つに分割して利用することが可能です。

■ミーティングルームご利用料金
・ハーフ利用(12名収容):1,500円
・フル利用(24名収容):3,000円
※ご予約は定期会員に限ります
※ご利用は1時間〜

■全館にて、電源・無線LANをご利用いただけます。

ご 利 用 料 金

			一般		九州経済調査協会の賛助会員に所属	
			定期会員(月額)	1回利用	定期会員(月額)	1回利用
日中の時間帯を有意義にご利用したい方に	デイタイム	平日 10:00〜18:00	9,000	2,000	無料	無料
仕事帰りの時間を有効活用したい方に	ナイト	平日 17:00〜22:00	6,000	1,700	4,000	1,700
時間を気にせずご利用したい方に	フルタイム	平日 10:00〜22:00	12,000	2,600		
週末の1日を自分のために過ごしたい方に	土曜日	土曜 10:00〜18:00	4,000 ※1	2,000	3,000 ※2	2,000
入会金			3,000		無料	

※1:一般の方は、デイタイム、ナイト、フルタイムのプランに、2,000円をプラスする事で当月全ての土曜日利用が可能
※2:九州経済調査協会の賛助会員に所属する方は、ナイトプランの方のみ、2,000円をプラスする事で当月全ての土曜日利用が可能

単位:円、すべて税込

<アクセス>
○**西鉄電車**:西鉄天神大牟田線「薬院駅」より徒歩5分
○**タクシー**:JR博多駅より7分、福岡空港より25分
○**西鉄バス**:「博多駅前A番」停留所より乗車→「渡辺通1丁目」停留所降車すぐ
「天神大丸前4C」停留所より乗車→「渡辺通1丁目」停留所降車すぐ
○**地 下 鉄**:七隈線「渡辺通駅」降車(電気ビル本館B2Fへ直結)
※「天神」より徒歩15分

BIZCOLI
BIZ COMMUNICATION LIBRARY

公益財団法人 九州経済調査協会
KYUSHU ECONOMIC RESEARCH CENTER

◎お問い合わせ/公益財団法人 九州経済調査協会 BIZCOLI 〒810-0004 福岡市中央区渡辺通2丁目1番82号 電気ビル共創館3F TEL092-721-4909 FAX092-721-4908
○開館時間/平日10〜22時、土曜10〜18時 ○休館/日祝日、年末年始 www.bizcoli.jp www.kerc.or.jp www.facebook.com/bizcoli

地域経済の最新「素材（データ）」を「鮮度」を活かし「下ごしらえ」して美味しく「料理」
食べ方いろいろ「データサラダ」

データメニュー　DATA MENU

アウトルック	都道府県CI（景気動向指数）をはじめ、景気動向を総括できる主要指標を掲載。
景気指標	景気分析のための月次や日次の時系列データ。
産業指標	産業分析のための年次の時系列データ。
社会指標	人口・労働・所得などの主要マーケティングデータ。
経済トピックス	個別企業の動向をまとめた「九州経済ヘッドライン」のほか、時事的トピックスなどを掲載。
レポート・蔵書	月報など九経調の研究業績約10,000タイトルをキーワード検索で抽出し、PDFでダウンロード可能。

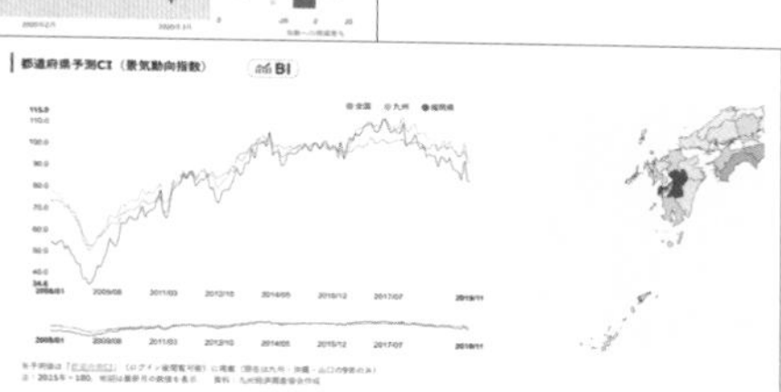

◎DATASALADの画像をキャプチャーして公表資料や社内資料としてご利用いただけます。
ご利用にあたっては、クレジット表記「九経調DATASALADより作成」を記載してください。

ご利用案内　SERVICE GUIDE

◎九経調の賛助会員（法人）にご所属の方は、何名でも無料でご利用いただけます。
◎初回のみ「WEB会員登録」をお願いします。
◎対応機器／パソコン、タブレット（インターネットへの接続が必要です）。
◎動作環境／Google Chrome（その他ブラウザは非対応です）。

●WEB会員登録（個人）の方法／個人単位でユーザーIDとパスワードを発行いたします。

データサラダのWEBサイト（datasalad.jp）にアクセスし「WEB会員登録ボタン」をクリック

「賛助会員確認フォーム」より九経調賛助会員（法人）の有無のご確認

賛助会員（法人）の方 → 「WEB会員登録」後、無料でご利用いただけます

賛助会員（法人）でない方 → 「無料WEB会員登録」後、翌月末まで（最大60日間）無料でご利用いただけます → 無料期間終了後のご利用は賛助会員（法人）へのご入会が必要です

●九経調賛助会員（法人）のサービス／詳しくはWEBをご覧ください。https://www.kerc.or.jp

●普通会員・維持会員

データサラダデータの閲覧（人数制限なし）

普通会員・維持会員にはデータサラダのご利用に加えて、定期刊行物（九州経済白書、九州経済調査月報、図説九州経済）もご送付いたします。加えて、会員制ビジネス図書館「BIZCOLI」や九経調主催の各種セミナーもご利用いただけます。

●維持会員のみ

データサラダデータのダウンロード

●維持会員2口以上限定オプションサービス

データサラダAPIデータ提供サービス

データサラダによる個別コンサルティングサービス

データサラダによる特定ページのカスタマイズ（要別途費用）

◎賛助会費（法人）

	入会金	年会費
普通会員	30,000円	120,000円
維持会員	80,000円	360,000円

お問合せ｜公益財団法人九州経済調査協会 事業開発部　TEL 092-721-4900　E-mail datasalad@kerc.or.jp

データサラダは、公益財団法人九州経済調査協会の創立70周年記念事業として構築、運営されています。

おでかけウォッチャーの特徴

データ

圧倒的サンプル数

140以上のスマホアプリを通じて利用者から明示的な同意を得て取得した、キャリア横断、月間3,000万人の位置情報

準リアルタイム更新

毎週月曜から日曜までの情報を翌木曜に表示する準リアルタイムデータ更新

緻密なスポット指定と重複除外で正確な人数把握

モニタリング対象スポットは10mメッシュ単位で指定可能。複数メッシュでも重複なしの人数集計を実施

分 析

自治体観光分析に特化したグラフィカルな可視化

地図、グラフ、表を組み合わせたダッシュボードで空間軸・時間軸で観光動態を表現

フィルタリングで見たい情報へ簡単アクセス

スポットや期間の指定など、知りたいことがスグ分かる快適なフィルタリング操作

ターゲットを一発把握

発地／属性／周遊分析などプロモーションや受入環境整備に役立つメニューを多数用意

提供条件

基本機能を無償提供

市区町村と観光スポット3ヶ所の来訪者数日次データを無償提供。WEBサイトから簡単お申込み

プレミアムサービスも低価格で

全機能をご利用いただけるプレミアムサービスは、登録可能な観光スポット数(10～2,000)に応じてリーズナブルな価格でご提供
※詳細はお問合せください

コンサルティングで地域観光 DX を強力にサポート

データ・レポート提供、デジタル広告配信・来訪効果検証、観光CRM基盤構築など各種コンサルティングをオプションでご提供

観光マーケティングをサポートする多彩な分析画面

基本機能(無償)で閲覧可

来訪地分析

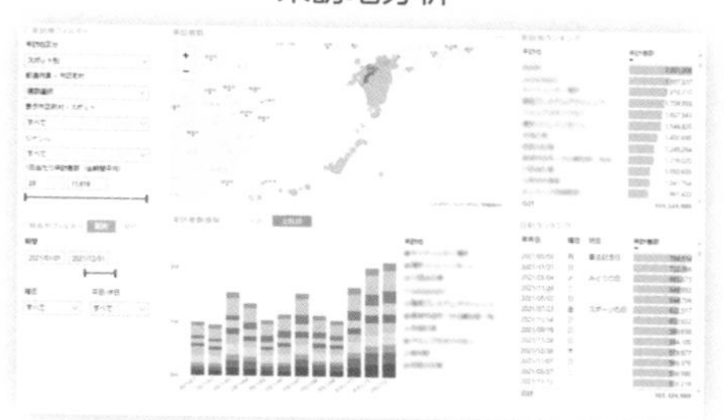

※基本機能(無償)では、全国の市区町村別の日別来訪者数および各市区町村につき最大3ヶ所の観光スポット日別来訪者数を閲覧可
※プレミアムサービスでは、最大2,000スポットを指定可能

プレミアムサービス(有償)

発地分析

スポット間周遊分析

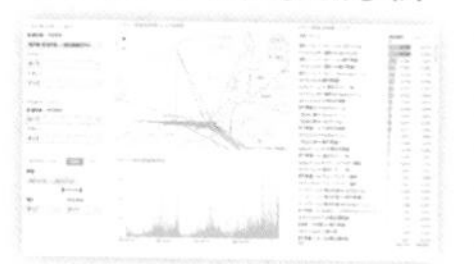

属性分析

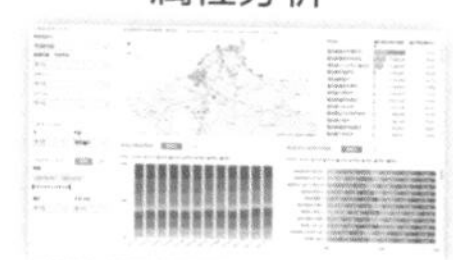

前後別周遊分析

旅程分析

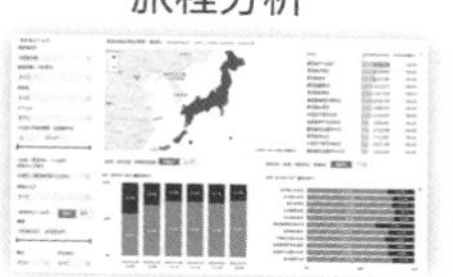

時間分析

こんなお悩みを、おでかけウォッチャーで解決！

時間がかかる…
必要な集計・分析を都度依頼
時間をかけて可視化が必要

▶ **すぐにグラフ化！**
データ分析初学者でも扱えるグラフィカルな可視化ツールをWEBで提供。データも自動更新(週次)され、常時最新の情報をキャッチアップできます

分析方法がわからない…
観光動態把握に必要な分析方法が分からない
汎用的な分析ツールでは対応できない

▶ **簡単に分析可能！**
過去10年間、250以上の自治体・官公庁案件での分析ノウハウを凝縮。発地／属性／周遊分析のほか、プロモーションや受入環境整備に役立つメニューを多数用意

詳細な分析ができない…
データ量が限定的で、地域スポットや日別等の細かな分析に対応できない

▶ **日本トップクラスのデータ量！**
月間3,000万アクティブユーザーから明示的な同意を得て取得される、豊富なデータ量をベースに、実来訪人数が数百人程度の場所や日別でも分析可能

費用が高い…
調査レポート費用が高額で気軽に依頼できない

▶ **まずは無償版から！**
基本機能を無償提供。継続的な来訪者数のモニタリングに、お気軽にご活用ください

※本サービスの開発には、国立研究開発法人情報通信研究機構(NICT)の委託研究「データ連携・利活用による地域課題解決のための実証型研究開発(第3回)」の研究成果の一部が活用されています。
※本サービスは、行政・自治体・DMO・観光協会の方がご利用頂けます。現在のところ、民間事業者の方はご利用になることができませんので、ご了承ください。

[執 筆 者 紹 介]

【総　論】	松　嶋　慶　祐	（当会　調査研究部　次長）
	相　川　弘　樹	（当会　調査研究部　研究員）
【各　論】		
第１章	永　野　敦　嗣	（当会　調査研究部　研究員）
	山　本　美　香	（当会　調査研究部　調査役）
第２章	野　中　彬　史	（当会　調査研究部　調査役）
	山　本　悠　太	（当会　調査研究部　研究員）
第３章	松　尾　　　厚	（当会　調査研究部　研究主査）
【事例集】	相　川　弘　樹	（当会　調査研究部　研究員）
	山　本　美　香	（当会　調査研究部　調査役）
	永　野　敦　嗣	（当会　調査研究部　研究員）
	野　中　彬　史	（当会　調査研究部　調査役）
	山　本　悠　太	（当会　調査研究部　研究員）
	松　尾　　　厚	（当会　調査研究部　研究主査）
【編集協力】		
	和　田　詩　織	（当会　調査研究部）

九州経済白書　テーマ一覧

第１回	1967年度	九州経済の概況
第２回	1968年度	都市化の中の九州経済
第３回	1969年度	大衆消費時代を迎えた九州経済
第４回	1970年度	大型投資と九州経済の新段階
第５回	1971年度	第３次産業の新展開
第６回	1972年度	新しい国際環境と九州経済
第７回	1973年度	都市成長と地域経済の変貌
第８回	1974年度	地域開発と土地問題
第９回	1975年度	中小企業と地域経済
第10回	1976年度	昭和60年の九州経済
第11回	1977年度	地方都市の新展開
第12回	1978年度	地域経済と雇用問題
第13回	1979年度	九州観光の現状と課題
第14回	1980年度	住宅需給の展望と住宅産業
第15回	1981年度	産業構造の変革と九州経済の展望
第16回	1982年度	国際化と地域経済
第17回	1983年度	成熟社会と九州市場
第18回	1984年度	情報化と地域経済
第19回	1985年度	地域ストックの変容と課題
第20回	1986年度	円高と地域経済
第21回	1987年度	サービス化と地域経済
第22回	1988年度	アジア時代と地域経済
第23回	1989年度	リゾートと地域開発
第24回	1990年度	福岡一極集中と九州経済
第25回	1992年（1991年度）	九州新時代への胎動
第26回	1993年	岐路に立つ地方拠点都市
第27回	1994年	変革期の個人消費と産業
第28回	1995年	新地方の時代と中堅企業
第29回	1996年	国際調整 九州からの挑戦
第30回	1997年	大転換期の九州
第31回	1998年	情報通信革命と九州
第32回	1999年	都市再編と地域の変容
第33回	2000年	分権社会と新しい主体
第34回	2001年	人材流動と新しい経営
第35回	2002年	循環型社会と新しい資本
第36回	2003年	新しい観光・集客戦略
第37回	2004年	フードアイランド九州
第38回	2005年	地方発 新規事業への挑戦
第39回	2006年	「都心衰退」その実態と再生の芽
第40回	2007年	人口減少時代の到来と地域経済
第41回	2008年	地域浮沈の分水嶺 ～拡大する地域格差と九州経済
第42回	2009年	世界同時不況と地域企業
第43回	2010年	変わる消費と流通イノベーション
第44回	2011年	訪日外国人観光の新段階
第45回	2012年	円高と九州経済 ～強まる生産の拠点性
第46回	2013年	アジア最前線 ～九州のグローバル戦略
第47回	2014年	アグリプレナーが拓く農業新時代
第48回	2015年	都市再構築と地方創生のデザイン
第49回	2016年	中核企業と地域産業の新陳代謝
第50回	2017年	人材枯渇時代を生き抜く地域戦略
第51回	2018年	スマホ時代の新しい消費と流通
第52回	2019年	スポーツの成長産業化と九州経済
第53回	2020年	ベンチャー企業の成長による地域活性化
第54回	2021年	コロナショックと九州経済
第55回	2022年	アフターコロナの企業戦略
第56回	2023年	九州地域の観光復興に向けて
第57回	2024年	人手不足時代に立ち向かう九州 ～労働供給制約下の持続的成長に向けて

九経調（公益財団法人九州経済調査協会）は……

九州地域の産官学により1946年に設立された民間のシンクタンクです。
九州地域の経済、産業、地域の調査を通じて、地域経済社会の発展に貢献することを目的とし、主に次のような活動を行っています。

★地域シンクタンク

・景気動向、経済予測、産業振興、地域振興、ベンチャー企業、アジア、社会資本整備等に関する調査研究
・「九州経済白書」「九州経済調査月報」「図説九州経済」等を刊行
・国や地方自治体等から年間約70本の調査事業を受託
・九州経済白書説明会、BIZCOLI TALK 等の講演会やリモートセミナーを年間50回程度開催
・福岡経済同友会、九州経済を考える懇談会、地域政策デザインスクール等の事務局を運営

★会員制ビジネス図書館「BIZCOLI（ビズコリ）」

・最新のビジネス書籍、経済・産業・経営・地域づくりの専門書籍、各種統計等を開架。蔵書数20万冊
・打合せやコワーキングのための交流ラウンジ。セミナー、勉強会等も開催
・九州地域のビジネス情報やマーケット情報を書籍、データベース、写真、映像、グッズ等で企画展示
・マイデスクゾーン：半個室タイプのワークデスク（15席）
・ミーティングルーム：貸し会議室（24名程度、２分割の利用も可能）
・リモートミーティングボックス：Web 会議に最適な個室タイプのボックス（２席）

★九州地域経済分析プラットフォーム「DATASALAD（データサラダ）」（https://datasalad.jp）

・九州地域や全国の多様かつ最新の地域経済データを提供するデジタル情報サービス
・政府等が公開するオープンデータや未活用のビッグデータを収集・解析し、新たな価値ある情報を創造
・サービスメニュー：景気指標、産業指標、社会指標、経済トピックス等
・九州地域の動きだけでなく、各県データからメッシュデータまで、地域に密着したデータや情報を提供
・年次データだけでなく、月次データ、日次データ等、迅速でタイムリーな情報を発信
・姉妹サイトとして、観光人流プラットフォーム「おでかけウォッチャー」（https://odekake-watcher.info）も展開

九経調の活動は、企業、自治体、大学、個人等の会員の皆様によって支えられています。
ご入会についてのお問い合わせ先：総務企画部（092-721-4900）またはホームページ（https://www.kerc.or.jp/）

人手不足時代に立ち向かう九州 2024年版 九州経済白書

2024年２月発行

発行者　縄　田　真　澄

発行所　公益財団法人　九州経済調査協会
福岡市中央区渡辺通２丁目１番82号
電気ビル共創館５階（〒810-0004）
電話　092－721－4900
［URL］https://www.kerc.or.jp/

印　刷　株式会社　昭　和　堂
電話　092－260－9494

ISBN 978－4－903775－60－9